道路桥梁工程建设与施工管理

刘长卿 李延锋 李善洲 主编

吉林科学技术出版社

图书在版编目（CIP）数据

道路桥梁工程建设与施工管理 / 刘长卿，李延锋，李善洲主编 . -- 长春：吉林科学技术出版社，2021.10（2023.4重印）
ISBN 978-7-5578-8850-3

Ⅰ．①道… Ⅱ．①刘… ②李… ③李… Ⅲ．①道路工程－工程施工②桥梁工程－工程施工③道路工程－施工管理④桥梁工程－施工管理 Ⅳ．①U415②U445

中国版本图书馆CIP数据核字（2021）第210924号

道路桥梁工程建设与施工管理

主　　编	刘长卿　李延锋　李善洲
出 版 人	宛　霞
责任编辑	汪雪君
封面设计	薛一婷
制　　版	长春美印图文设计有限公司
幅面尺寸	185mm×260mm
开　　本	16
字　　数	320千字
印　　张	14.625
版　　次	2021年10月第1版
印　　次	2023年4月第2次印刷
出　　版	吉林科学技术出版社
发　　行	吉林科学技术出版社
地　　址	长春净月高新区福祉大路5788号出版大厦A座
邮　　编	130118
发行部电话/传真	0431—81629529　　81629530　　81629531 　　　　　　　　　81629532　　81629533　　81629534
储运部电话	0431—86059116
编辑部电话	0431—81629520
印　　刷	北京宝莲鸿图科技有限公司
书　　号	ISBN 978-7-5578-8850-3
定　　价	60.00元

版权所有　翻印必究　举报电话：0431—81629508

编者及工作单位

主　编
刘长卿　中铁北京工程局集团第五工程有限公司
李延锋　广州华申建设工程管理有限公司
李善洲　广东冠粤路桥有限公司

副主编
段莹超　黄河勘测规划设计研究院有限公司
郭新东　驻马店市公路工程开发有限公司
侯东江　潍坊市经纬公路开发有限公司
李文明　驻马店市宇畅路桥养护工程有限公司
唐春梅　平度市交通运输局
唐志伟　山东鹏程路桥集团有限公司
胥　涛　铜川城市建设工程有限责任公司
周咏梅　山东省金乡县交通运输局

前　言

近年来，随着我国基础设施的大发展，与之相适应的道路与桥梁工程材料也得到了一个大发展。国内道路与桥梁工程施工技术与管理技术突飞猛进，特别是各项新规范、新标准的颁布以及新技术、新工艺的不断推广使用，路基路面和桥梁上下部施工技术日新月异。因此，必须在实践中研究和采用现代化的新理论，应用新方法和手段，以问题为导向，不断总结经验教训，提高道路桥梁工程建设与施工管理水平，这就要求道路工程建设管理者是有战略眼光并且懂技术和管理的复合型人才，但这既取决于道路桥梁工程管理人员的经验积累，也取决于管理人员对工程施工管理理论与方法掌握和理解的深度，所以，系统的理论学习有重要意义。

为更好地学习掌握道路与桥梁工程建设与施工管理基本知识，以适应日新月异的道路与桥梁工程技术发展需求，所以编制了本书，书以"道路桥梁工程建设与施工管理"为课题，针对道路和桥梁工程建设与施工管理问题展开分析，采取有效的针对措施，完善道路桥梁工程建设与管理的模式，确保道路桥梁工程建设与施工管理体系的健全和国家经济运作环境的稳定开展，有效协调以促进其内部各个应用环节的协同发展。

目 录

第一章 绪 论 ······ 1
- 第一节 道路工程施工技术概述 ······ 1
- 第二节 桥梁工程施工技术概述 ······ 3

第二章 路基施工技术 ······ 6
- 第一节 路基施工的准备工作 ······ 6
- 第二节 路基施工的主要机械 ······ 10
- 第三节 土方路基施工技术 ······ 19
- 第四节 石质路基施工技术 ······ 29
- 第五节 特殊路基施工技术 ······ 33

第三章 路面施工技术 ······ 43
- 第一节 沥青混凝土路面施工技术 ······ 43
- 第二节 水泥混凝土路面施工技术 ······ 61

第四章 梁桥上部结构施工技术 ······ 75
- 第一节 装配式预应力混凝土梁桥施工 ······ 75
- 第二节 预应力混凝土连续梁桥施工 ······ 78

第五章 桥梁下部结构施工技术 ······ 85
- 第一节 明挖基础施工 ······ 85
- 第二节 钻孔灌注桩基础施工 ······ 95
- 第三节 沉井基础施工 ······ 100
- 第四节 桥梁墩台及盖梁施工 ······ 107

第六章 桥梁工程项目管理研究 ... 117
第一节 桥梁工程施工全面质量安全管理研究 ... 117
第二节 桥梁安全运行管理研究 ... 129
第三节 桥梁养护管理研究 ... 143
第四节 桥梁应急管理研究 ... 153

第七章 道路桥梁建养一体化信息管理研究 ... 158
第一节 公路桥梁建养一体化的概念认知 ... 158
第二节 公路桥梁建养一体化信息管理的综合认知 ... 164
第三节 公路桥梁建养一体化信息管理过程解析 ... 169

第八章 道路桥梁工程施工环保与安全 ... 177
第一节 道路桥梁工程施工与环境保护 ... 177
第二节 道路桥梁工程施工安全 ... 186

第九章 道路桥梁工程施工组织与管理 ... 199
第一节 道路桥梁工程施工 ... 199
第二节 施工组织设计的任务与原则 ... 202
第三节 施工组织设计的阶段与内容 ... 205
第四节 施工组织的基本方法 ... 214
第五节 机械化施工组织 ... 217

结 语 ... 223

参考文献 ... 224

第一章　绪　论

第一节　道路工程施工技术概述

一、道路的分类及其工程组成

道路工程是供各类无轨车辆和行人等通行的基础设施。道路是一种带状构筑物，它的中心线是一条空间曲线，它具有高差大、曲线多且占地狭长的特点。道路工程施工图的表现方法与其他工程图有所不同。道路工程施工图由平面图、纵断面图、横断面图及构造详图组成。

1. 道路的分类

道路作为一个总称，它可分为城市道路、公路、农村道路、专用道路。

（1）城市道路

城市道路是在城市范围内，联系各组成部分，并供车辆及行人通行的、具备一定技术条件和设施的道路。按在道路系统中的地位、交通功能与对沿线建筑物的服务功能等来划分，城市道路可分为快速路、主干路、次干路与支路。

①快速路是为较高车速的长距离交通而设置的重要道路。快速路对向车道之间应设中间带以分隔对向交通，当有自行车通行时，应加设两侧带。快速路与高速公路、快速路、主干路相交时，必须采用立体交叉；与交通量较小的次干路相交时，可采用平面交叉；与支路不能直接相交。在过路行人集中地点应设置过街人行天桥或地下通道。

②主干路是城市道路网的骨架，为连接城市各主要分区的交通干路，以交通功能为主。自行车多时，宜采用机动车与非机动车分流形式，如三幅路或四幅路。

③次干路是城市的交通干路，兼有服务功能。次干路配合主干路组成道路网，起广泛连接城市各部分与集散交通的作用。

④支路是次干路与街巷路的连接线，解决局部地区交通，以服务功能为主。街巷内部道路，作为街巷建筑的公共设施组成部分，不列入等级道路以内。

（2）公路

公路是指在城市以外，连接相邻市县、乡村港口、厂矿和林区等，主要供汽车行驶，且具备一定技术条件和交通设施的道路。根据其功能、使用任务和远景交通量等综合因素可分为五个等级：高速公路、一级公路、二级公路、三级公路和四级公路。

①高速公路为专供汽车分向、分车道行驶，并应全部控制出入的多车道公路，一般能适应将各种汽车折合成小客车的远景设计年限年平均昼夜交通量25 000辆以上（四车道：25 000~55 000辆；六车道：45000~80 000辆；八车道：60 000~100 000辆）。

②一级公路为供汽车分向、分车道行驶，并可根据需要部分控制出入及部分立体交叉的多车道公路，一般能适应将各种汽车折合成小客车的远景设计年限年平均昼夜交通量15 000~55 000辆（四车道：15000~30 000辆；六车道：25 000~55 000辆）。

③二级公路为供汽车行驶的双车道公路，一般能适应将各种汽车折合；成小客车的远景设计，年限年平均昼夜交通量7500~15000辆。

④三级公路为主要供汽车行驶的双车道公路，一般能适应将各种汽车折合成小客车的远景设计年限年平均昼夜交通量2000~6000辆，为沟通县及县以上城市的一般干线公路。

⑤四级公路为主要供汽车行驶的双车道或单车道公路，一般能适应将各种汽车折合成小客车的远景设计年限年平均昼夜交通量2000辆（单车道400辆）以下，为沟通县、镇、乡的支线公路。

公路按其重要性和使用性质又可分为国家干线公路（国道）、省级干线公路（省道）、县级公路（县道）和乡级公路（乡道）。

（3）农村道路

农村道路一般是指在农村中联系乡、村、居民点的主要道路，其交通性质、特点、技术标准要求等均与公路不同。

（4）专用道路

专用道路包括厂矿道路和林区道路。厂矿道路是指修建在工厂、矿区内部以及厂矿到公路、城市道路、车站、港口衔接处的对外连接段，主要为工厂、矿山运输车辆通行的道路。林区道路是指修建在林区，主要供各种林业运输工具通行的道路。

2.道路工程的组成

道路工程的基本组成部分包括：路基、路面、桥梁、涵洞、隧道、防护与加固工程、排水设施、山区特殊构造物，城市道路还包括各种管线等，以及为保证汽车行驶的安全、畅通和舒适的各种附属工程，如公路交通安全设施、路用房屋、综合服务区（加油站、维修站、餐饮、宾馆等）及绿化栽植等。此外，还包括为防止路基填土或山坡土体坍塌而修筑的承受土体侧压力的挡土墙，以及为保持路基稳定和强度而修建的地表和地下路基排水设施，包括边沟、截水沟、排水沟、急流槽、渗沟、渗水井等。

二、道路工程施工的一般特点

新建、改造或扩建的道路工程，其施工都不同程度地呈现以下特点：

1. 道路工程是固定在土地上的构筑物，而施工生产是流动的，所以道路工程施工组织是复杂的，这是区别于工业生产的最根本的特点。由于道路工程的流动性，就需要把众多的劳力、施工机具、材料，在时间和空间上加以合理地组织，从而使它们在线性的施工现场按照科学的施工顺序流动，不致互相妨碍而影响施工，这是施工组织的重要内容。

2. 道路工程施工规模大、周期长，施工组织工作十分艰巨。由于道路工程往往工程量较大，需要消耗大量的人力和物力，施工组织工作不仅要做好统筹部署，还要考虑各种不同工种之间的开竣工的衔接，只有这样，才能保证公路工程施工生产连续且有序地进行。

3. 道路工程施工是在室外进行的，受气候和自然条件的影响与制约，决定了公路施工组织工作的特殊性和不能全年连续均衡地进行施工生产。因此，在施工组织中，要对雨季、冬季和高温季节采取特殊的技术措施和施工方法，在高空和地下作业则要采取必要的防护措施，并尽可能连续且均衡地施工，注意避免气候、自然条件对施工生产所产生的不利影响，以确保工程质量和施工安全以及工期要求。

综上所述，道路工程施工的特点集中表现在施工条件复杂多变，给施工生产活动带来很大的困难，故要求针对道路工程的不同对象、不同的施工条件，从实际出发，充分做好准备工作，包括施工管理和组织计划工作。施工中实行流水作业，严格施工管理，健全岗位责任制，加强质量保证体系工作，每道工序都要严格把关，前一道工序未经验收不得进行下道工序，稳妥而科学地做好施工组织工作。

第二节　桥梁工程施工技术概述

桥梁工程的建设一般需经过规划、勘察、设计和施工等阶段。施工阶段的主要任务是具体实现桥梁设计思想和设计的意图，将图纸上的内容变为实际的能够满足功能要求的工程结构物。

桥梁工程的施工主要包括桥梁的施工技术和施工组织。施工技术水平对桥梁的建设起着十分重要的作用，尤其是对于结构复杂、施工环境恶劣的桥梁，建设者的建设意图在实际的工程结构物中得以体现，很大程度上依赖于所采用的施工技术。桥梁工程施工技术的发展，为实现桥梁设计的意图，提供了丰富多样的手段，也为增大桥梁跨度、改进结构形式以及采用新材料提供了必要的条件。因此，先进的施工技术，能够影响和促进桥梁设计水平的提高和发展。此外，采用先进合理的施工技术，对于降低工程造价、保证工程质量、加快施工进度和实现安全生产都是十分重要的。桥梁施工包括桥梁下部结构施工和桥梁上部结构施工，下部结构主要包括桥墩桥台和基础，桥墩分为实体墩、柱式墩和排架墩等，桥台可分为重力式桥台、轻型桥台、框架式桥台、组合式桥台、承拉桥台等，桥梁基础按构造和施工方法不同可分为明挖基础，桩基础、沉井基础、沉箱基础和管柱基础等。

一、桥梁工程施工的一般特点

1. 流动性与地域性

桥梁工程施工生产不同于一般的工业生产，由于建造地点的不同，其施工是在不同的地区或同一地区的不同场地进行的，因此其生产在地区与地区之间、场地之间流动。桥梁工程施工受地区条件的影响和制约，其结构、造型、材料和施工方案等方面均有所不同，具有一定的地域性。

2. 固定性与单一性

具体到某一座桥梁工程施工，经过统一规划后，根据其使用功能，在选定的地点上单独设计、单独施工，不可更改，建设地点具有固定性。即使是提倡使用标准设计和通用构件，但受桥梁工程所在地区的自然经济和技术条件的约束，其结构、建筑材料、施工方法和施工组织等也可因地制宜地加以修改，以适应不同地区和不同桥型的需要，从而使桥梁工程的施工具有单一性。

3. 周期性与重复性

桥梁工程施工受混凝土龄期、同部位分节施工等影响，需按部就班地开展，如梁板预制、钢筋绑扎、模板安装固定、混凝土浇筑、顶推循环施工等，从而使桥梁工程施工具有周期性和重复性。

4. 露天性与高空性

桥梁工程地点的固定性和体形庞大的特征决定了其施工具有露天作业和高空作业多的特点。

随着社会经济发展和现代化交通运输的需要，各种大型桥梁的施工任务越来越多，使得桥梁工程高空作业的特点日益明显。

5. 施工周期长与占用流动资金多

桥梁体形庞大，其建造必然要消耗大量的人力、物力和财力，同时施工过程还要受到工艺流程和生产程序的制约，使各专业和各工种之间必须按照合理的施工顺序配合与衔接。而建造地点的固定性，使得施工活动的空间具有一定的局限性，从而导致桥梁施工具有生产周期长、流动资金大的特点。

6. 施工生产组织协作的复杂性

桥梁工程施工涉及工程力学、地基基础、工程地质、水文水力学、土力学、工程材料、工程机械设备、施工组织管理等学科的专业知识，施工涉及面较广，需要在不同时期、不同地点上组织多专业、多工种的综合作业。此外，它还涉及不同种类的专业施工队伍，以及规划与征用土地、勘察设计、"五通一平"、科研试验、质量监督、交通运输、电水热供应、劳务等社会各领域的外部协作配合，使得桥梁工程施工生产的组织协作关系错综复杂。

二、桥梁工程施工准备工作

施工单位承接桥涵施工任务后必须组织有关人员对设计文件、图纸及其他有关资料进行了解和研究，并进行现场勘察与核对，必要时进行补充调查。其内容包括：气候条件，气象资料，河流水文，地形地貌，河床地质，当地材料，可利用的现有建筑物，劳动力情况，工业加工能力、交通运输条件，施工场地的水，电源以及生活物资供应农田耕作的要求等。

1. 施工单位在编制施工组织设计前，应组织有关人员对设计文件、图纸、资料进行研究和现场核对，必要时进行补充调查。研究设计文件、图纸、资料时，应首先查明是否齐全、清楚，图纸本身及相互之间有无矛盾和错误。如发现图纸和资料欠缺、错误、矛盾等情况，应向建设单位提出，并予以补全、更正。较复杂的中桥、大桥和特大桥，可要求建设单位进行设计交底，施工单位可提出修改意见供建设单位考虑。

2. 在勘察现场及审阅图纸后，应请建设单位主持，请建设主管部门、监理单位、设计单位设计人员进行设计交底。交底后施工单位将发现的问题提出，请设计单位解答，会议纪要由建设单位于会后以正式文件分发给设计、施工及其他单位。

在施工单位内部应贯彻层层交底制度，施工技术部分应由技术负责人进行书面交底。交底内容应包括结构特点、施工季节特点、施工步骤、操作方法、质量要求、安全要求和各项有关的规程、技术措施，并结合设计意图，向各级人员及操作人员交代清楚。

3. 根据工程规模，编制施工组织设计或施工方案，施工组织设计具体包括下列内容：

（1）工程特点：应叙述工程结构情况与特点及工程地点的水文、地质、气候、地形等特殊情况，以及与工程有关的其他情况。

（2）主要施工方法：根据工程特点，简要叙述本工程主要部位的施工方法和保证工程质量、施工安全、节约以及推广新工艺、新技术、新结构、新材料等施工方法。

（3）施工现场总平面布置图及施工图纸：包括水、电、路和各加工厂与存料场的布置、面积，以及与场外的交通联系。

（4）施工进度计划：主要项目施工网络计划、施工物资供应计划及半成品供应计划、施工机具与劳动力计划。

（5）施工预算，科研项目及内容。

（6）对施工中间的障碍应做详细调查，并提出处理方法与时间，对旧建筑物的处理方法，如需爆破时，则应提前做准备，并报请有关单位批准，按计划施行。

（7）在河道中施工时，应划定足够的施工水域和拟定过往船只通行的措施，报请航道部门批准。对河床情况，除去探测外，还应向附近人员了解河道内有无特殊障碍，以便制订施工计划。在陆地施工时应充分考虑交通组织问题，应与铁道、公路及交通管理部门联系，并办理有关手续。

第二章　路基施工技术

路基是路面结构的基础，强固而又稳定的路基是路面结构长期承受荷载的重要保证。路基的强度和稳定性不仅要通过设计予以保证，而且要通过施工得以实现。因此，必须贯彻"精心施工，质量第一"的方针。

第一节　路基施工的准备工作

一、施工测量

1. 测量内容和精度

路基施工开工前应做好施工测量工作。其内容主要包括导线、中线、水准点的复测，横断面的检查与补测，必要水准点的增设等。施工测量是整个公路工程施工的基础，是确保线路、高程、尺寸、形状正确的手段，必须认真做好这项工作。施工测量的精度应符合中华人民共和国交通运输部颁布实施的《公路勘测规范》（JTGC10-2007）中的要求。

2. 导线复测工作

（1）当原测中线的主要控制桩由导线来控制时，施工单位必须根据设计资料认真做好导线复测工作，根据地面上的控制桩做好检查复测工作。

（2）导线复测要求精度较高，应采用现代先进的测量仪器（如红外线测距仪等）进行测量，测量精度应符合有关规程的规定。在正式测量前，应对使用的仪器认真检验、校正，以确保其测量精度。

（3）当原有导线点不能满足施工要求时，应适当加密，保证在公路施工全过程中相邻导线点间能互相通视。

（4）导线起、讫点应与设计单位的测定结果进行比较，测量精度应满足设计要求。当设计未具体规定时，应满足《公路路基施工技术规范》（JTGF10-2006）中导线测量技术要求的内容。

（5）复测导线时，必须确保其和相邻施工段的导线闭合。

（6）对妨碍施工的导线点，在施工前应当加以固定，固定方法可采用交点法或其他固定方法。设置的护桩应牢固可靠,桩位应便于架设测量仪器,并设在施工范围以外。其他控制点也可以参照此法进行固定。

3. 中线复测工作

(1)在路基工程开工前,应全面恢复中线并固定路线的主要控制桩,如交点、转点、圆曲线和缓和曲线的起、讫点等。为确保线路准确无误,对高速公路、一级公路应采用坐标法恢复主要控制桩。

(2)在恢复中线时,应特别注意与结构物中心、相邻施工段的中线进行闭合,发现问题时应及时查明原因,并报现场监理工程师和业主。

(3)如果发现原设计中线长度丈量错误或需要进行局部改线时,应做断链处理,相应地调整纵坡,并在设计图表的相应部位注明断链距离和桩号。出现此类错误时,应立即与设计单位联系,共同协商解决。

4. 校对及增设水准点

(1)在使用设计单位设置的水准点之前,应当仔细校核,并与国家水准点闭合。超出允许误差范围时,应查明原因并及时报告有关部门。大桥附近的水准点闭合差应符合《公路桥涵施工技术规范》(JTG/T F50-2011)中的有关规定。

(2)两相邻水准点的间距一般不宜大于1km,在人工结构物附近、高填深挖地段、工程量集中地段、地形复杂地段宜增设临时水准点。临时水准点必须符合精度要求,并与相邻路段的水准点闭合。

(3)如果发现个别水准点受施工影响,应将其移出影响范围之外,其标高应与原水准点闭合。

(4)增设的水准点应设在便于观测的坚硬岩石上或永久性建筑物的牢固处,也可设在埋入土中至少1m深的混凝土桩上。

5. 横断面图核对

横断面图是否准确关系到施工放样、工程量计算、施工标准、场地布置和工程结算等。在路基正式施工前,应详细检查、核对设计单位提供的横断面图。如果发现问题,应进行复测,并及时报告监理工程师和业主。如果设计单位未提供横断面图,应按照有关规定全部补测。

6. 路基工程放样

路基工程放样是一项非常重要的施工准备工作,是施工的标准和依据,也是确保路基工程质量的重要措施。因此,必须认真、准确地进行路基工程放样工作。

(1)在路基工程正式施工前,应根据恢复的路线中桩、设计图表、施工机械、施工工艺和有关规定,确定路基用地界桩、路堤坡脚桩、路堑堑顶桩、边沟、取土坑、护坡道、弃土堆等的具体位置。在距路中心一定安全距离处,还要设立控制桩,其间距一般不宜大于50m。在桩上应注明桩号、相对路中心的填挖高,通常用"+"表示填方,用"-"表示挖方。

（2）在放完边桩后，应进行边坡的放样。对于深挖高填地段，每挖、填5m应复测一次中线桩，测定其标高及宽度，以控制边坡角的大小。

（3）对于施工工期较长的公路工程，在路基工程施工期间，应至少每半年复测一次水准点。在季节冻融地区施工的路基，在冻融后也应对水准点进行复测。

（4）采用机械施工时，应在边桩处设立明显的填挖标志。高速公路和一级公路在施工过程中，宜在不大于200m的路段内距中心桩一定距离处埋设能够控制标高的控制桩，从而进行准确的施工控制。如果在施工中桩被碰倒或丢失，应当及时按规定将其补上，以免影响工程的正常施工。

（5）取土坑放样时，应在坑的边缘设立明显标志，注明土场供应里程桩号及挖掘深度；对于排水用的取土坑，当挖至距设计坑底0.2~0.3m时，应按照设计修整坑底纵坡。

（6）边沟、截水沟和排水沟放样时，宜先做成样板架检查，也可每隔10~20m在沟内外边缘钉上木桩并注明里程及挖深。

（7）在整个路基工程施工中，应注意保护设置的所有标志，特别注意保护一些原始控制点。

二、施工前的复查和试验

根据《公路路基施工技术规范》（JTG F10-2006）中的规定，路基施工前应认真地复查和试验，以确保工程质量，保证工程顺利进行。路基的复查和试验工作主要包括以下内容：

1. 在路基正式施工前，施工人员应对路基工程范围内的地质、地形、水文情况进行详细调查，通过取样、试验确定其性质和范围，并了解附近已有建筑物和对特殊土的处理方法。

2. 施工人员应根据设计文件提供的资料，对取自挖方、借土场、料场的路堤填料进行复查和取样试验。如果设计文件中提供的料场填料不足或不符合要求，施工单位应自行勘查寻找，并立即报告监理工程师和业主。

3. 挖方、借土场和料场中用作填料的土应严格进行下列试验项目。其试验方法应按照《公路土工试验规程》（JTG E40-2007）中的规定进行。

（1）液限、塑限、塑性指数、天然稠度或液体指数。

（2）颗粒大小分析试验。

（3）含水量试验。

（4）密度试验。

（5）相对密度试验。

（6）土的击实试验。

（7）土的强度试验。

（8）一级公路、高速公路应做有机质含量试验及易溶盐含量试验。

对于特殊土，除应进行以上试验外，还应结合对各种土定名的需要辅以相应的专门鉴别试验，以确定其种类及处置方法。

4.使用新材料（如工业废渣等）填筑路堤时，除应按照相关规范、规程进行有关试验外，还应做对环卫有害成分的试验，同时提出报告，经有关部门批准后方可使用。

三、场地准备

施工场地的准备一般根据合同文件的规定由建设单位配合施工单位进行。

1.用地划界及拆迁建筑物

路基施工前，应按设计要求进行公路用地放样，根据实际情况确定用地范围，进行公路用地测量，并绘制用地平面图及用地划界表，送交有关单位办理拆迁及占用土地手续。路基施工范围内的所有建筑物，设施等，均应同有关部门先行拆迁或改造。路基施工影响沿线附近建筑物的稳定时，应予以适当加固。

2.清理场地

清理场地也是路基工程施工前的一项重要准备工作。如果场地清理不符合要求，不仅不能保证公路工程的质量，而且会严重影响整个工程的施工进度。清理场地主要包括以下工作：

（1）施工前应按设计要求进行公路用地放样，由业主办理土地征用手续。施工单位可根据施工需要提出增加临时用地计划，并对增加部分进行公路用地测量，绘制出用地平面图及用地划界表，送交有关单位办理拆迁及临时占用土地手续。

（2）路基用地范围内的既有房屋、道路、河沟、通信设施、电力设施、上下水道、坟墓及其他建（构）筑物，均应同有关部门进行事先拆迁或改造；路基附近的危险建筑应予以适当加固；文物古迹应妥善保护。

（3）路基用地范围内的树木等均应在施工前砍伐或移植清理。砍伐的树木应移至路基用地之外，进行妥善处理。对于二级及二级以上公路和填方高度小于1m的公路路堤，应将路基基底范围内的树根全部挖除，并将坑穴填平夯实；对于填方高度大于1m的二级以下公路路堤，可以保留树根，但根部不能露出地面。取土坑范围内的树根也应全部挖除。

（4）应对路幅范围内，取土坑的原地面表层腐殖土、表土、草皮等进行清理，同时应对填方和借方地段的原地面进行表面清理。清理深度应根据种植土的厚度确定，清出的种植土应集中堆放。填方地段在清理完地表面后，应整平压实到规定要求后方可进行填方作业。清出的表层土宜充分利用。

3.场地排水

场地排水是指疏干、排除场地上所积的地表水，保持场地干燥，为施工提供正常条件。通常根据现场情况设置纵、横排水沟，形成排水系统，将水引入附近河渠、低洼处。在受地面积水或地下水影响的土质不良地段施工时，为了保证工程质量，减少土方挖掘、运送和夯实的困难，施工前也应切实做好场地排水工作。

四、铺筑试验路段

对于高速公路、一级公路，以及在特殊地区或采用新技术、新工艺、新设备、新材料进行路基施工时，应采用不同的施工方案铺筑试验路段。

铺筑试验路段的目的是获得施工经验，检验施工机械组合，根据压实机械情况及施工技术规范准许的压实厚度，松铺系数，确定松铺厚度、土的最佳含水量，达到设计要求密实度的碾压遍数，将其作为以后施工的经验资料，指导大面积路基施工。

试验路段要求如下：

1. 为了尽快开工及便于管理，试验路段应选在距驻地近、地形较平坦、交通方便、施工条件较好的地段。

2. 试验路段应选在填方工程量集中、施工时间较长或需尽早开工填筑完成的地段。

3. 当沿线填筑的土质变化较大时，试验路段应选在地质条件、断面形式等均具有代表性的地段，试验路段的长度不宜小于100m。

4. 当填方的原地面地基水文地质变化较大时，试验路段应避开水位较高的地基及软地基，宜选在不需要加固处理，地基承载力较高的地段。

5. 试验所用材料和机具应当与全线施工所用材料和机具相同。通过试验可确定采用不同机具压实不同填料时的最佳含水量、适宜的松铺厚度和相应的碾压遍数、最佳的机械配套和施工组织。高速公路和一级公路应按松铺厚度为30cm进行试验，以确保压实层的均匀性。

6. 试验路段施工过程中及完成试验后，应加强对有关压实指标的检测，完工后应及时写出试验报告。如发现路基在设计方面存在缺陷时，应提出变更设计意见并报审。

第二节 路基施工的主要机械

公路工程施工具有工程量大，工程质量要求高，施工工艺复杂等特点。为了提高施工的经济效益，机械化施工在公路工程施工中占有越来越重要的地位。施工机械对机械化施工起着决定性作用。

一、推土机

推土机是筑路机械中最基本、用途最广泛的一类机械。其特点是所需作业面小，机动、灵活、转移方便，短距离运土效率高，干、湿地带都可以独立工作，可以配合其他机械施工。同时，推土机可以推松土壤，堆集松散材料，为铲运机助铲，清除树桩、树根、草皮、积雪，可作为拖式机械或其他机械的牵引车、松土机械、犁翻机械，还可在其后外挂铲运斗，成为拖式铲运机。因此，推土机在土方工程机械化施工中得到广泛应用。

在道路工程施工中，推土机主要用于路堤填筑，路堑开挖，场地平整，管道、沟渠回填土，以便道路整修以及其他辅助作业。其运距一般不超过100m，为30~50m时效率较高。运距过大或过小都会降低其生产效率，当运距大于75m时生产效率明显降低。所推土质宜为Ⅰ、Ⅱ级，如遇Ⅲ级以上土壤应预先翻松。如土壤中有少量的大块孤石，应首先对大块孤石进行破碎，再进行作业；孤石数量过多时不宜使用推土机，否则会引起推土机的剧烈振动和磨损，缩短其使用寿命。

1.推土机的分类

（1）按基础车和行驶装置分为轮胎式和履带式

轮胎式推土机机动、灵活、转移快，不破坏路面，生产效率高，金属消耗量少，但附着性差，接地比压大，不利于作业，因此该类推土机较少使用。而履带式推土机具有附着力大，接地比压小，重心低，通过性好，爬坡能力强，恶劣环境下履带比轮胎耐磨、耐扎等特点。

（2）按操作方式分为机械操作和液压操作

机械操作系统是通过钢丝绳、滑轮和动力绞盘来控制铲刀升降的。由于铲刀不能强制入土，故只在早期采用。机械操作系统具有结构简单，制造容易等优点。液压操作系统轻便灵活，铲刀的升降均靠液压作用，能强制切入土壤且有浮动状态，作业效率高，效果好，因而得到广泛应用。

（3）按推土装置的构造分为固定（直铲）式与回转（万能或斜铲）式

固定式推土机是铲刀与推土机行驶方向（推土机纵轴线）垂直的推土机，回转式推土机是铲刀与推土机纵轴线可以不垂直的推土机。回转式推土机的适应性好，在修筑傍山公路时性能特别优越。

（4）其他分类方法

推土机按发动机功率可分为大、中、小型，按用途可分为工业用与农业用，按施工现场性质可分为地面式、水下式、两栖式，按传动方式可分为机械传动、液力机械传动、液压传动、电传动等。

2.推土机的工作过程

不同推土机的工作过程不同。固定式推土机是周期作业的，每个工程循环包括铲土、运土、卸土、回驶（一般倒回）四个过程。铲土过程为：调好铲土角，低速挡行进中缓慢放铲刀，使其切入土壤适当深度后前进，直到铲刀前堆满土为止；运土过程为：铲刀前堆满土后，行进中将铲刀提升到地面，视运距确定是否换挡，行驶到卸土点；卸土过程为：视需要卸土于一堆，或稍提铲刀继续行驶将土铺于地上；回驶过程为：挂倒挡返回铲土起点。固定式推土机就是如此周而复始地作业。

3. 推土机作业

影响推土机作业效率的主要因素是切土和运土两个环节。因此，以最短的时间和距离切满土，尽可能地减少土在推运中的散失，是衡量推土机作业方式优劣的依据。其基本作业方式有以下几种：

（1）下坡推土

其为利用下坡时推土机的重力加速切土，可增加推土量。但坡度不宜超过20%，否则空回时爬坡很困难。

（2）并列推土

其为用两台或三台推土机并列同速推进，可以减少土的流失。两铲刀间距一般为15~20cm。

（3）拉槽推土

推土机连续多次在同一处推土，形成一条浅槽，在槽内推运可以减少土的流失。槽深一般不大于铲刀的高度。

（4）接力推土

当取土场较长而土质较硬时，可自近而远分段将土推送成堆，然后由远而近将各段土堆一次推送至卸土点。这样不但可以提高推土效率，而且可以减少运土时间。

（5）波浪式推土

推土机开始切土时，铲刀应该最大限度地切入土中。当发动机出现超负荷现象时，应将铲刀缓缓提起，直至发动机恢复正常运转，再将铲刀降下切土。起刀时铲刀不应离开地面，这样多次起伏，直至铲刀前堆满土为止。这种推土方式的优点是可使发动机的功率得到充分发挥，同时可以缩短铲土时间和距离；缺点是空回时因铲土道不平容易导致推土机颠簸。

推土机进行傍山铲土和单侧弃土作业时，通常采用斜铲推土。铲刀的水平回转角一般可取为25°，将土一边切削一边移至弃土一侧。斜铲作业时，应注意保持推土机沿直线行驶，防止车身因受力不均而转动。斜铲作业的经济运距和生产率要比直铲作业低。

推土机在坡度不大的斜坡上作业时，宜采用侧铲作业，即铲刀在垂直平面内转动9°左右。这种作业方式的工作场地以纵坡坡角不大于30°、横坡坡角不大于25°为宜。

当地基松软时，可使用湿地推土机。湿地推土机与一般推土机的不同之处在于采用了三角形加宽履带板，使接地比压由$1.3GN/m^2$降低至$0.3GN/m^2$。这种履带板随土的硬度变化而变化。若三角履带板在硬土上压入深度小，接地面积小，则接地比压高；反之，则接地比压低。三角履带板在软土中的压入深度大，接地面积大，压实效果较好。三角履带板的顶角大于90°，不易黏结泥土，可以对履带起到自洁效果。所以湿地推土机不但可以用于沼泽、泥泞地段施工，而且可以用于一般土的施工。

二、铲运机

铲运机是一种使用范围很广的土方施工机械，主要用于较大运距的土方工程施工，如填筑路堤、开挖路堑和大面积平整场地等。铲运机行进时，可做自挖、自装、自运、自卸等各项工作，并有铺平及初步压实的作用。

1. 铲运机的分类

铲运机可按铲斗几何容积、行走方式、行走装置形式、装土方法、卸土方法等进行分类。

2. 铲运机作业

铲运机作业由铲装运送、卸铺、回程四个过程组成一个循环。欲提高铲运机的工作效率，应尽量在最短的距离和时间内装满铲斗，在运送和空回时应尽量提高速度。铲运机有以下几种铲土方法：

（1）一般铲土

铲运机在Ⅰ、Ⅱ级土中施工时，开始时应使铲刀以最大深度切入土中（不超过30cm），随着行驶阻力的增加而逐渐减小铲土深度，直到铲斗装满为止。

（2）波浪式铲土

这种铲土方法适用于较硬的土。开始铲土时，铲刀以最大深度切入土中，随着负荷的逐渐增加，发动机转速降低，相应地减小切土深度，这样反复操作直至铲斗铲满为止。这种铲土方法的优点是可以充分利用发动机功率，并能改善装土条件，从而可以提高工作效率。

（3）跨铲铲土

这种方法适用于较坚硬的土层，铲土时按程序来布置铲土道。作业时，先在取土场第一排（1、2、3区）铲土道上取土，两相邻铲土道之间留出半个铲斗宽的土不铲。再在第二排（4、5区）铲土道上取土，其起点应在第一排铲土道起点处向后移半个铲土道长度的位置上。第三、四排铲土道依次后移，使各铲土道前、后、左、右重合。采用这种方法时，由于铲土的后半段减小了切土宽度，故能有足够的牵引力将铲斗装满，又可以缩短铲土道的长度和铲土时间。

如果取土场比较狭窄，不能按上述施工程序布置，也可采用单排跨铲，每条铲土道间留出1.0~1.3m的宽度，在铲除这些土埂后可减小切土阻力。

（4）下坡铲土

这种方法主要是利用铲运机的重力分力来提高铲土效率。铲土下坡角一般为7°~8°，最大不超过15°。如在平地取土坑铲土，则应先将一端铲低，再保持一定的坡度向后延伸铲土道，人为地创造下坡铲土的有利地形。在进行下坡铲土时，应特别注意安全。一般情况下，下坡时铲运机应低速行驶；当铲运机进入坡道地段时应立即放下铲斗，以便利用铲斗与地面之间的阻力降低铲运机的行驶速度；当铲斗铲满，但后轮未进入缓坡地段前，不应提升铲斗和关闭斗门,以利用斗前土的阻力起到制动作用。

（5）顶推铲土

铲运机在坚硬的土、冻深在20cm以内的土或松散的干砂中作业时,拖拉机的附着力不足,牵引力不能充分发挥,这时可用推土机在铲运机铲土行程中进行顶推助铲。用这种方法施工须具有一定的工程量和工作面,方可避免推土机窝工。一般要求取土场的宽度不小于20m,长度不小于80m,铲运机半周行程运距不小于250m。

3. 铲运机的工作过程

铲运机一般铲土时形成的铲土道纵断面如图2-1（a）所示。铲运Ⅰ、Ⅱ级土时,铲刀一开始即以最大切土深度（不超过300mm）铲土,随着铲运机行驶阻力的不断增加逐渐减小铲土深度,直到铲斗装满为止。波浪式铲土适用于较硬的土质。铲运机开始铲土时即以最大切土深度切入土中,随着铲运机负荷的逐渐增加,发动机转速下降,相应地减小切土深度。如此反复,直到铲斗装满为止。

铲土道纵断面如图2-1（b）所示。下坡铲土时,利用铲运机的重力分力产生的下坡推力使牵引力增加,从而可提高铲土效率。铲土下坡角一般为7°~8°,最大不超过15°,如图2-1（c）所示。

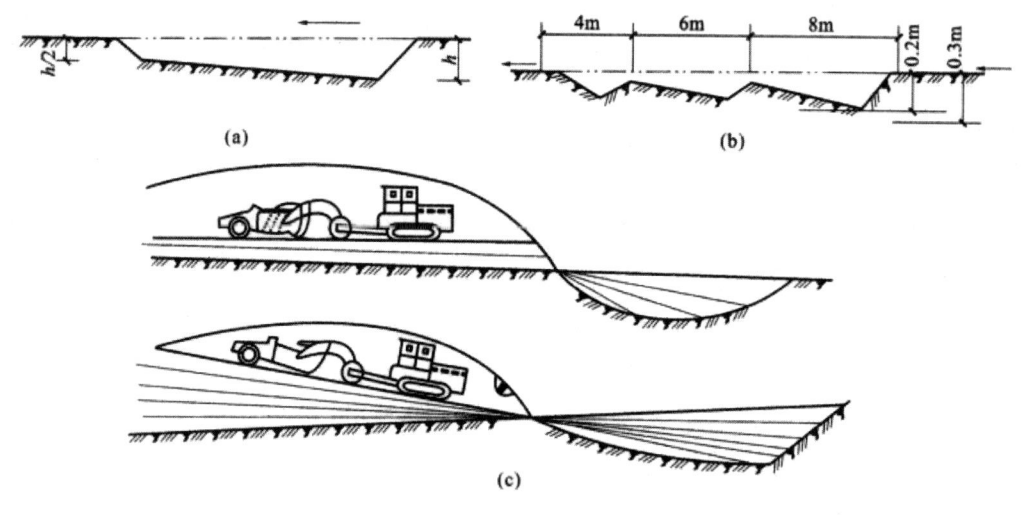

图2-1 铲运机的工作过程

4. 铲运机施工运行路线

铲运机施工运行路线的选择,要综合考虑施工效率、地形条件、机械磨损等因素,以达到运距短、坡道平缓和修筑通道的工作量小等目的。在填筑路堤和开挖路堑工程中,常用的运行路线有椭圆形、"8"字形、"之"字形、穿梭形和螺旋形等。

（1）椭圆形运行路线

这种路线如图2-2所示。它的最大优点是在不同的地形条件下布置灵活,顺、逆运行方向可以随时改变,同时在运行中干扰较小。其缺点是重载上坡的转向角大,转弯半径较小。

（2）"8"字形运行路线

所谓"8"字形，实际上是由两个椭圆形连接而成的，如图2-3所示，不同的是在铲、卸土间减少了两个180°的急弯。它在一次循环运行中可以完成两次铲土和两次卸土，同时重载和空载行驶的距离都比较短、效率高，在同一运行路线中可以容纳多台铲运机同时施工。其缺点是要求较大的施工场地，而且取土场应在路线的两侧，条件限制较多，因此小型工地较少采用。

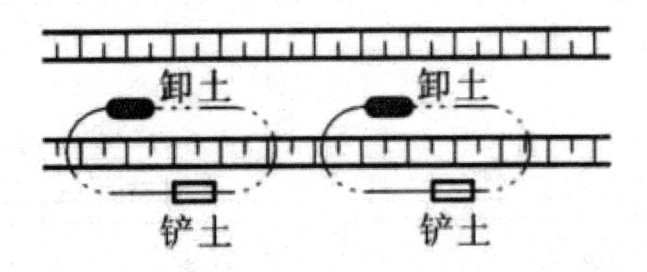

图2-2 铲运机椭圆形运行路线

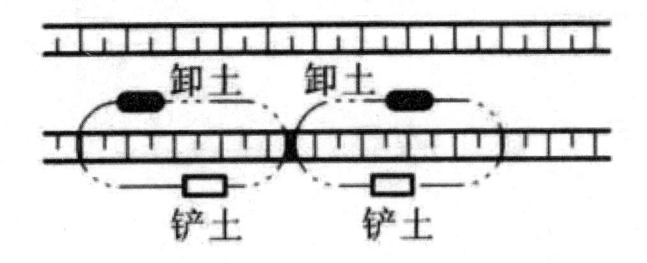

图2-3 铲运机"8"字形运行路线

（3）"之"字形运行路线

"之"字形实际上是若干"8"字形首尾相接形成的路线，如图2-4所示。这种路线适用于较长的地段施工，并宜于机群作业，即各机列队（每机间隔20m）依次进行填挖到尽头，做180°转弯后反向运行，只是所填挖的地段应与上次错开。这种运行路线一次循环量太大，施工面太长，在多雨季节很难应用。

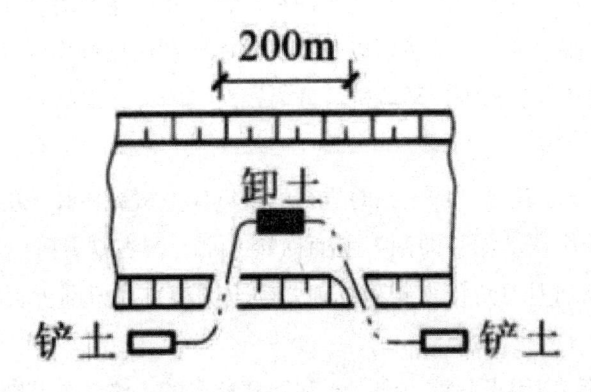

图2-4 铲运机"之"字形运行路线

（4）穿梭形与螺旋形运行路线

如图 2-5 所示，与上述几种运行路线相比，采用穿梭形运行路线时，铲运机空载行驶距离短，全程也较短，在一个循环中可以完成两次铲卸土作业，因此施工组织简单。其缺点是对一侧取土坑有局限性，运行路线中完成一个循环有四次转弯，增加了运行时间，同时拖拉机单侧磨损较严重。

螺旋形实际上是穿梭形的一种变形。铲运机纵向铲土后，转向路堤横向卸土，随后驶向路堤的另一侧取土坑再行铲装。这种运行路线的主要优点是运距小、工效高，缺点是急转弯多，拖拉机易产生偏磨。

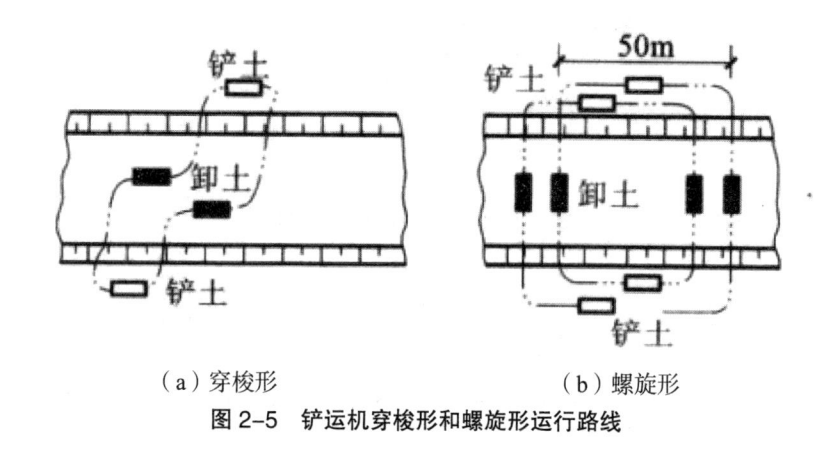

（a）穿梭形　　　　　　（b）螺旋形

图 2-5　铲运机穿梭形和螺旋形运行路线

三、平地机

平地机是一种以铲土刮刀为主，配备其他多种可换作业装置进行刮平和整型连续作业的工程机械。平地机的铲土刮刀较推土机的推土铲刀灵活：它能连续改变刮刀的平面角和倾斜角，使刮刀向一侧伸出；可以连续进行铲土、运土、大面积平地、挖沟、刮边坡等作业。此外，利用平地机还可以清除路肩上的杂草以及进行冬季道路除雪等。

1. 平地机的分类

平地机按走行方式可分为自行式和拖式两种。自行式应用最为普遍；按工作装置（刮刀）和走行装置的操作方式，平地机可以分为机械操作和液压操作两种，大多采用液压操作；按刮刀长度或发动机功率等，平地机可分为轻型、中型、重型。

2. 平地机作业

平地机是一种铲土、运土、卸土同时进行的连续作业机械，其主要工作装置是一把刮刀。它可以调整四种作业动作，即刮刀平面回转，刮刀左右端升降、刮刀左右引伸和刮刀机外倾斜，来完成刮刀刀角铲土侧移、刮刀刮土侧移、刮刀刮土直移和机身外刮土等作业。

刮刀刀角铲土侧移适用于开挖边沟，并利用开挖出的土修整路基断面或填筑低路堤。

刮刀刮土侧移适用于侧向移土修筑路堤、平整场地、回填沟壑等作业。刮刀刮土直移适用于修筑不平度较小的场地，在路基施工中可用于路拱的修整和材料的整平。机身外刮土主要用于刷路堤、路堑边坡和开挖边沟等。

四、挖掘机与装载机

1. 挖掘机

挖掘机主要用于挖土和装土，必须配备运土机械与之共同作业，一般适用于工程量大且集中的土石方挖掘。它的特点是效率高，产量大，但机动性较差。按作业特点，其可分为周期性作业式和连续性作业式。前者为单斗挖掘机，后者为多斗挖掘机。公路工程施工中以单斗挖掘机最为常见，本节仅介绍单斗挖掘机。

（1）单斗挖掘机的分类

单斗挖掘机按走行方式可分为履带式、轮胎式、步履式和轨行式；按采用的动力不同，单斗挖掘机可分为内燃式和电动式等；按传动方式，单斗挖掘机可分为机械传动和液压传动，近年来机械式逐步被液压式所取代；按适应的工作环境，单斗挖掘机可分为适于高原地区、寒冷地区、沼泽地区等的机型。

（2）单斗挖掘机的工作过程

单斗挖掘机是一种循环作业式机械，每一个工作循环均包括挖掘、回转调整、卸料、返回调整四个过程。反斗铲挖掘机的工作面可低于其停留面以下3~6m，常用于挖基坑、沟槽等，可进行沟端和沟侧开挖作业。正斗铲挖掘机主要用来挖掘高出挖掘机停留面的土堆。沟端开挖时，反斗铲挖掘机从沟的一端开始沿沟中线倒退开挖。当沟的宽度小于挖掘机回转半径的2倍时，运输车辆可停在沟侧，此时动臂只回转40°~45°即可卸料。当沟的宽度为挖掘机回转半径的2倍时，运输车辆只能停在挖掘机侧面，动臂需回转90°卸料。若所挖沟侧较宽，可分段挖掘。

利用反斗铲挖掘机进行沟侧开挖时，挖掘机停在沟侧，运输车辆停在沟端，动臂回转小于90°即可卸料。正斗铲挖掘机可采用侧向开挖或正向开挖的方式作业。

（3）挖掘机作业

①正铲挖掘机的基本作业。

A. 侧向开挖：运土车辆的运行路线位于挖掘机开挖路线的侧面。它的特点是：卸土时平均回转角度小于90°，而且车辆可以直线进出，不需要掉头和倒驶，缩短了循环时间，提高了效率。

B. 正向开挖：装车时车辆停在挖掘机后方。它的特点是：挖掘机前方挖土，回转至卸土处，其转角大于90°，从而增加了循环时间，但其开挖面较宽。此外，由于车辆不能直接开进挖掘道，而要掉头和倒驶，容易导致施工现场拥挤，挖掘机不能连续作业，效率降低。因此，这种方法只适宜于挖掘进口处。

②反铲挖掘机的基本作业。

A. 沟端开挖。开挖时挖掘机从沟的一端开始沿沟中线倒退开挖。运输车辆停在沟侧，此时动臂一般只需回转40°~45°即可卸料。如所挖沟宽为挖掘机最大回转半径的2倍，则车辆只能停在挖掘机的侧面，动臂要回转90°方可卸料。

如挖掘的沟渠较宽，可分段进行。当开挖到尽头时，再掉头开挖相邻的一段。采用分段开挖法时，每段的挖掘宽度不宜过大，以车辆能在沟侧行驶为原则，以达到减少作业循环时间的目的。

B. 沟侧开挖。它与前者不同的是：车辆停在沟端，挖掘机在沟侧，动臂回转小于90°即可卸料。由于每次循环所用的时间短，所以效率高。但挖掘机始终沿沟侧行驶，因此开挖边坡较陡。

2. 装载机

装载机是一种工作效率较高的铲土运输机械，兼有推土机和挖掘机的工作特性，可以进行铲掘、推运、整平、装卸和牵引等多种作业。其优点是适应性强，作业效率高，操作简便，是一种发展较快的循环作业式机械。

（1）装载机的分类

按工作装置的不同，装载机可分为单斗式、挖掘装载式和斗轮式三种；按动臂形式的不同，装载机可分为全回转式、半回转式和非回转式三种；按自身结构特点的不同，装载机可分为刚性式和铰接式两种；按行走方式的不同，装载机可分为轮胎式与履带式两种。

（2）单斗装载机的工作过程

单斗装载机的工作过程由铲装、转运、卸料和返回四个过程组成一个工作循环。铲装过程为：斗口朝前平放于地面，机械前行使斗插入料堆，若遇较硬土壤，则机械前行时边收斗边升动臂，到斗满时斗口朝上为止。转运过程为：若向自卸车卸料，则在转运过程中需要调整卸料高度和对准性。卸料过程为：向前翻斗卸料于车上。返回过程为：返回途中调整铲斗位置，至铲装开始处重复上述过程。

（3）装载机作业

装载机与运输车辆配合，可采用如下作业方式。

①I形作业。

运输车辆平行于工作面，装载机垂直于工作面，前进铲土后，沿直线后退一定距离，并提升铲斗。此时，运输车辆退到装载机铲斗卸土位置，装满后驶离。采用这种方式进行作业时，装载机不需掉头，但要求运输车辆与其配合默契。

②V形作业。

运输车辆与工作面约成60°，装载机垂直于工作面，前进铲土后，在倒车驶离过程中掉头60°，使装载机与运输车辆垂直，然后驶向运输车辆卸料。这种方式循环时间较短。

③L形作业。

运输车辆和装载机均垂直于工作面，装载机铲土后，倒退并调转90°，然后驶向运输车辆卸土。

这种方式需有较宽的工作场地。

五、压路机

路基工程应采用专门的压路机压实。压路机应根据工程规模、场地大小。填料种类、压实度要求、气候条件、压实机械效率等因素综合考虑确定。

1.压路机的分类

按压实力作用原理，压路机分为静作用碾压机械、振动碾压机械和夯实机械三种类型；按走行方式，压路机分为拖式和自行式两类；按碾轮形状，压路机分为钢轮、羊脚轮和充气轮胎三种，钢轮也有在其表面覆盖橡胶层的碾轮形式。

2.压路机的使用范围

（1）钢轮压路机

钢轮压路机按其质量可分为特轻型、轻型、中型、重型和特重型五种。这种压路机单位线压力小，压实深度小，适用于一般的筑路工程。

（2）羊足（凸块）压路机

羊足（凸块）压路机有较大的单位压力（包括羊足的挤压力），压实深度大面均匀，并能挤碎土块，因而具有很好的压实效果和较高的生产率。

（3）轮胎压路机

轮胎压路机机动性好，便于运输，在进行压实工作时土与轮胎同时变形，接触面积大，并有糅合的作用，压实效果好，适用于黏性土、非黏性土的压实及沥青混合料的复压。

（4）振动压路机

振动压路机单位线压力大，振动力影响深，因此压实深度较大，压实遍数相应减少。振动压路机种类繁多，应用广泛。

（5）夯实机械

夯实机械分为振动夯实机械和冲击夯实机械，体积及质量均较小，主要用于狭窄工作面的土层压实。

第三节　土方路基施工技术

一、路基土的分类与土石工程分级

1.路基土的分类

土的分类方法很多，依目的不同而方法各异，可按地质、工程等进行分类。每种分类方法只能反映土某些方面的特征，如按地质分类可突出土的成因，着重反映土的发生、变化过程，为确定其物理和化学性质服务。在工程实践中，需要的是能表达土主要工程特性的分类方法。例如，为了解决渗流问题，要突出土的渗透性；在考虑粒度成分界限值时，要注意使粒组的划分与其透水性的变化相协调。对路基土的分类要突出土的压实性和水稳定性。

我国公路路基土采用的分类方法如下：首先按有机质含量的多少划分成有机土和无机土两大类。其次，将无机土按粒组含量由粗到细划分为巨粒土、粗粒土和细粒土三类。最后，若为巨粒土和粗粒土，则按其细粒土含量和级配情况进一步细分；若为细粒土，则按其塑性指数和液限进一步细分。路基土可以归纳为如下四类。

（1）巨粒土：包括漂石、块石、卵石、碎石、卵石夹土；

（2）砾石土：包括级配良好砾与级配不良砾、含细粒土砾、粉土质砾与黏土质砾；

（3）砂类土：包括级配良好砂与级配不良砂、细粒土质砂、粉土质砂与黏土质砂；

（4）细粒土：包括高、低液限粉土和高、低液限黏土。

2.土石工程分级

对于安排施工和确定定额来说，最有实用意义的是将土石按其开挖的难易程度进行分级。表2-1所示为土石的六级分级与十六级分级的对应关系。土石的六级分级，即将土分为松土、普通土和硬土三级，将岩石分为软石、次坚石和坚石三级。土石的十六级分级，即将土分为Ⅰ—Ⅳ四级，将岩石分为Ⅴ—ⅩⅥ十二级。我国公路土石分级通常采用六级，但有时也会用到十六级。

表2-1　土石的六级分级与十六级分级的对应关系

分级	对应关系					
六级	松土	普通土	硬土	软石	次坚石	坚石
十六级	Ⅰ~Ⅱ	Ⅲ	Ⅳ	Ⅴ~Ⅵ	Ⅶ~Ⅸ	Ⅹ~ⅩⅥ

二、路堤基底处理及填料的选择

1.路堤基底处理

填方路段应将路基范围内的树根全部挖除并将坑穴填平夯实。填土范围内原地面表层上的种植土、草皮等应予以清除，清除深度一般不小于15cm。清除出来的含有许多植物根系的表土可以铺在路堤边坡上，以利植物生长，同时可起到边坡防护的作用。

路堤基底清理后应予以压实。在深耕（大于30cm）地段，必要时应先将土翻松、打碎，再整平、压实。路堤基底经过水田、池塘、洼地时，应根据具体情况采用排水疏干，换填水稳定性好的土，抛石挤淤等处理措施，以确保路堤基底具有足够的稳定性。

地面横坡坡度为1：5~1：2.5时，原地面应挖成台阶，台阶宽度不小于1m；地面横坡坡度大于1∶2.5时，应做特殊处理，以防止路堤沿基底滑动。常用的处理措施有以下几点：

（1）经检算下滑力不大时，先清除基底表面的薄层松散土，再挖1~2m台阶。坡脚附近的台阶应宽些，通常为2~3m。

（2）经检算下滑力较大或边坡下部填筑土层太薄时，先将基底分段挖成不陡于1∶2.5的缓坡，再在缓坡上挖1~2m的台阶，最下一级台阶宜宽些。

（3）若坡脚附近地面横坡比较平缓时，可在坡脚处做土质护堤或干砌片石垛护堤。护堤最好用渗水性土填筑，用于路堤相同的土填筑亦可。片石垛最好用大块的片石分层干砌，里外咬合紧密，不得只砌表面而内部任意抛填。片石垛的断面尺寸应通过稳定性检算确定。

2. 填料的选择

一般的土和石都能用作路堤的填料。用卵石、碎石、砾石、粗砂等透水性良好的填料时，只要分层填筑与压实，可不控制含水量；用黏性土等透水性不好的填料时，应在接近最佳含水量的情况下分层填筑与压实。淤泥、沼泽土、含残余树根和易腐烂物质的土，不能用作路堤填筑。液限大于50%及塑性指数大于26的土透水性很差，干时坚硬难挖。具有较强的可塑性、黏结性和膨胀性，毛细现象也很显著，浸水后能长时间保持水分，因而承载力很低，一般不作为填筑材料。如非用不可，应在接近最佳含水量的情况下充分压实，并设置完善的排水设施。

含盐量超过规定的强盐渍土和过盐渍土不能作为高等级公路的填料；膨胀土除非表层用非膨胀土封闭，一般也不宜作为高等级公路的填料。

工业废渣是良好的填料。高炉矿渣或钢渣应至少放置一年以上，必要时应予以破碎。粉煤灰属于轻质筑路材料。当路堤修筑在软弱地基或滑坡体上时，采用轻质填料有利于保持路堤的稳定。

有些矿渣在使用前应检验有害物质的含量，以免污染环境。

需要指出的是，有多种料源可供选择时，应优先选用挖取方便、压实容易、强度高、水稳定性好的土料。路堤受水浸淹部分应尽量选用水稳定性好的填料。

三、路堤填筑方式

每侧路堤填土宽度应大于填层设计宽度，压实宽度不得小于设计宽度，最后削坡。

对于山坡路堤，当地面横坡不陡于1∶5且基底符合填方路堤一般规定中的要求时，路堤可直接修筑在天然土基上。当地面横坡陡于1∶5时，原地面应挖成台阶（台阶宽度不小于1m），并用小型夯实机夯实。填筑时，应由最低一层台阶填起，并分层夯实，然后逐台阶向上填筑和分层夯实，所有台阶填完之后即可按一般填土进行。

路堤填筑是把填料用一定方式运到堤上铺平、碾压密实的过程。路堤填筑方法分为分层填筑法、竖向填筑法和混合填筑法三种。

1. 分层填筑法

采用分层填筑法时，必须考虑土质的不同，从原地面逐层填起并分层压实，每层填土的厚度可根据压实机具的有效压实深度和压实度确定。分层填筑法可分为水平分层填筑法和纵向分层填筑法两种。

（1）水平分层填筑法。填筑时按照横断面全宽分成若干水平层次，逐层向上填筑。如原地面不平，应由最低处分层填起。每填一层，经过压实并符合规定要求之后再填下一层，循环进行直至达到设计标高。这是最常用的一种填筑方法。

（2）纵向分层填筑法。其宜用推土机从路堑中取土填筑近距离的路堤，依纵坡方向分层，逐层向上填筑。原地面纵坡坡度大于12%的地段常采用此法。

在稳定的斜坡上分层填筑路堤时的填筑方法应注意以下几点：

（1）横坡不陡于1∶5时，应清除草木杂物、淤泥、松散土后再进行填筑；

（2）横坡大于1∶5时，除了清除草木杂物、淤泥、松散土外，原地面还应挖成台阶（台阶宽度不小于1m）并用小型夯实机加以夯实；

（3）对于高速公路、一级公路，必须在山坡上从填方坡脚向上挖成向内倾斜的台阶，台阶宽度不小于1m。其中，挖方一侧在行车范围之内的宽度不足一个行车道的宽度。

2. 竖向填筑法

其为从路基一端或两端同时按横断面的全部高度逐步推进填筑，仅用于无法自下而上填筑的深谷、陡坡、断岩、泥沼等运土机械无法进场的路堤。采用竖向填筑法时，因填土过厚不易压实，施工时需采取必要的技术措施：

（1）选用振动式或夯击式压实机械；

（2）选用沉陷量较小、透水性较好及颗粒粒径均匀的砂石材料或附近开挖路堑的废石方，并一次填足路堤全宽；

（3）暂时不修建较高级路面时，容许短期内自然沉落。

3. 混合填筑法

在深谷陡坡地段填筑路堤时，应尽量采用混合填筑法。即在路堤下层竖向填筑，在上层水平分层填筑，使上部填土经分层压实获得需要的压实度。混合填筑法适用于因地形限制或填筑堤身较高，不宜采用水平分层填筑法和竖向填筑法自始至终进行填筑的情况。其可以单机作业，也可多机作业。一般沿线路分段进行，每段距离以20~40m为宜，多在地势平坦或两侧有可利用山地土场的场合下采用。

对于旧路改建工程，路堤填筑方法是分层填筑、逐层压实。为使新、旧路堤紧密结合，加宽之前的旧路边坡须挖成阶梯形，然后分层填筑，层层夯实。阶梯宽一般为1m左右，阶高约0.5m。

采用不同土质填筑路堤在高等级公路施工中是十分常见的，但若将不同土质的土任意混填，将会造成路基病害，因此必须注意下列几点：

（1）不同土质的土应分层填筑，层次应尽量减少，每层总厚度最好不小于0.5m。不得混杂乱填，以免形成水囊或滑动面。

（2）将透水性差的土填筑在下层时，其表面应做成一定的横坡（一般为双向4%横坡），以保证将来自上层透水性填土的水分及时排出。

（3）为保证水分蒸发和排除，路堤不宜被透水性差的土层封闭，也不应覆盖在透水性较大的土所填筑的下层边坡上。

（4）根据强度与稳定性要求合理安排不同土质的层位。一般地，不因潮湿及冻融而发生体积变化的优良土应填在上层，强度较小的土应填在下层。

（5）为防止相邻两段用不同土质填筑的路堤在交接处发生不均匀变形，交接处应做成斜面，并将透水性差的土填在斜面的下部。

（6）若填方分几个作业段施工，两段交接处不在同一时间填筑，则先填地段应按1∶1坡度分层留台阶。若两个地段同时填筑，则应分层相互交叠衔接，其搭接长度不得小于2m。

四、桥涵等构造物处的填筑

1. 桥涵台背处路基产生沉陷的原因

桥涵台背处路基由于沉陷导致桥头跳车是高等级道路中的一种常见病害。其原因主要有：

（1）路基本身的压缩沉降。桥台台背、涵洞两侧及涵顶、挡土墙墙背的填筑是在这些构造物基本完成后进行的。由于场地狭窄，死角较多，又不能损坏构造物，故填筑压实比较困难，而且容易积水。如果填筑不良，完工后填土与构造物连接部分容易出现沉降差。

（2）地基沉降。一般情况下，台背后的地物、地貌与其他路段不同，地形起伏大，地质条件不一。

同时桥涵处路基的填筑高度较大，产生的基底应力也相对较大，因此在台背填筑地段产生的地基沉降较其他路段大。

（3）路基与台背接头处常会产生细小裂缝，雨水渗入裂缝后会使路基产生病害，导致该处路基发生沉降。

综上所述，填筑施工的质量直接关系到桥涵台背处路基是否出现沉降。要解决桥涵处填料的下沉问题，必须采取正确的施工措施和适宜的施工方法。

2. 台背填土的施工与控制

（1）填料选择

桥涵及其他构造物的填料，除设计文件中另有规定外，应采用砂类土或透水性土。在下列范围内，一般应选用渗水土填筑：台背顺路线方向，上部距翼墙尾端不小于台高加2m，下部距基础内缘不小于2m；拱桥台背不小于台高的3~4倍；涵洞填土每侧不小于

2倍孔径长度。挡土墙回填部分如果采用透水性材料有困难时,在冰冻地区自路堤顶面起2.5m以下,在非冰冻地区的高水位以下,可用于路堤相同的填料填筑。特别要注意不要将从构造物基础下挖出来的劣质土混入填料中。当确有困难,不得不采用非透水性土时,应在土中添加外加剂,如石灰、水泥等。

（2）填筑方式

桥梁台背后填土应与锥坡填土同时进行,涵洞、管道缺口填土时应在两侧对称均匀回填。涵顶填土的松铺厚度小于50cm时,不得通过重型车辆或施工机械；构造物1.0m范围内,不得有大型机械行驶或作业。

（3）排水措施

对于桥涵等构造物处的填土,在施工中应注意防止雨水流入。若对已有积水,应挖沟或用水泵将其排除。对于地下渗水,可设盲沟引出。当不得不用非渗水土填筑时,应在其上设置横向盲沟或用黏土等不透水材料封顶。挡土墙墙背应做好反滤层,使水能顺利地从泄水孔中流出。具体做法是：台背路基填筑前,在原地基土拱上设置泄水管或盲沟。在基底上,先对基底做必要的处理,然后填筑横坡为3%~4%的夯实黏土拱,再在黏土拱上挖一条双向坡的地沟（地沟一般宽40~60cm,深30~50cm）。最后在台背后全宽范围内满铺一层隔水材料（可用油毡,或下垫尼龙薄膜,上盖油毡）。在地沟四周铺设有小孔的硬塑料管（管径一般不小于10cm,其上小孔孔径为5mm,布成绢花形,间距控制在10cm以内）。塑料泄水管的出口应伸出路基外。然后在硬塑料管四周填筑透水性好、粒径较大的砂石材料,再分层填筑台背后透水性材料,直到路基顶面。横向盲沟的设置与上相同,取消泄水管,用渗透系数较大的透水性材料填筑地沟（如大粒径碎石）。用土工布包裹盲沟出口处,并对其做必要的处理。

（4）压实

桥涵及其他构造物处的填料应适时分层回填压实。压实时的含水量应控制在最佳含水量状态,分层松铺厚度宜小于20cm。当采用小型夯具时,对于一级以上的公路,松铺厚度不宜大于15cm,并充分压（夯）实到规定标准。

（5）填土前基底的加固处理

高速公路桥台填土路堤工后沉降量（使用期间地基的残余沉降量）一般控制在10cm以内。因此,为尽量减小路、桥衔接处的沉降差异,可采用加设钢筋混凝土搭板的形式,但对台背下的软弱地基进行加固处理是减小工后沉降量,控制桥头"跳车"的重要措施。目前,对地基的处理方法很多,如换土法、超载预压法、排水固结法、粉体搅拌法、高压喷射注浆法及振动碎石桩和矿渣桩等。

五、路堑开挖方式

应根据挖方量大小、土石质情况和施工要求确定路堑开挖方式。土质和软石路堑可采用机械开挖法，机械难以开挖的石质路堑或土石混合路堑可采取爆破方案或松土法。

1. 横向挖掘法

横向挖掘法分为单层横向全宽挖掘法和多层横向全宽挖掘法。采用单层横向全宽挖掘法时，需利用一台挖掘机，使其位于道路中心位置，左、右分别挖土，按断面全宽一次性挖掘至设计标高，边挖边沿中线移动，使路堑一次成型。这种方法适用于挖掘深度小，工程量较小，工作面较窄且较短的路堑。

多层横向全宽挖掘法和单层横向全宽挖掘法基本相同，一层挖完后再挖下层，分层挖掘至设计标高。该方法主要适用于深、短且较窄的路堑。

2. 纵向挖掘法

对于土方量比较集中的深路堑，可采用多层纵向挖掘法。先沿路堑挖一通道，然后将该通道向两侧拓宽扩大工作面，该通道可作为运土路线和场内排水的出路。该层拓宽至路堑边坡后，再开挖下层，直至挖至设计标高。该方法适用于较长、较深且两端纵坡较小的路堑开挖。当路堑过长时，也可分段纵挖，即将路堑分成两段或数段，各段分别安排多个施工队伍，同时按上述方法组织纵向开挖。纵向挖掘法可以使用推土机、铲运机施工，也可使用装载机或挖掘机配合自卸汽车施工。

3. 混合式挖掘法

当路线纵向长度和挖掘深度都很大时，为扩大工作面，可以将多层横向全宽挖掘法和通道纵向挖掘法混合使用，以增加工作面，提高作业效率。

六、路基压实

填土经过挖掘、搬运，其原状结构已被破坏，土团之间留下许多孔隙。在荷载作用下，可能会出现不均匀或过大的沉陷、坍落甚至失稳滑动，所以路基填土时必须压实。对于松土层构成的路堑表面，为改善其工作条件，也应将其压实。

土是三相体，土粒为骨架，颗粒之间的孔隙被水和气体占据。采用机械对土施以碾压能量时，土颗粒重新排列、彼此挤紧、孔隙减小，形成新的密实体，增强了粗粒土之间的摩擦和咬合以及细粒土之间的分子引力，从而可提高土的强度和稳定性。实践证明，经过压实的土，其塑性变形、渗透系数、毛细作用及隔温性能等都有明显改善。因此，压实是改善土工程性质的一种经济、合理的措施。

1. 影响压实效果的主要因素

（1）含水量

土中含水量对压实效果的影响比较显著。当含水量较小时，粒间引力（可能包括毛细管压力）使土保持比较疏松的状态或凝聚结构，土中孔家大多互相连通，水少而气多。在一定的外部压实功能的作用下，虽然土孔隙中的气体易被排出，密度增大，但由于水膜润滑作用不明显以及外部压实功能不足以克服粒间引力，土粒相对移动并不容易，因而压实效果比较差；当含水量逐渐增大时，水膜变厚，引力减小，在水膜的润滑作用和外部压实功能的作用下，土粒相对移动比较容易，压实效果渐佳；当土中含水量过大时，孔隙中出现了自由水，压实功能不可能将气体排出，压实功能的一部分被自由水所抵消。减小了有效压力，压实效果反而降低。只有在最佳含水量的情况下，压实效果才最好。

然而，当含水量较小时，土粒间引力较大，虽然干容重较小，但其强度可能比最佳含水量时还要高。此时，因土的密实度较低、孔隙多。一经饱水，其强度会急剧下降。因此又可得出一个结论：在最佳含水量的情况下，压实土的水稳定性最好。

最佳含水量和最大干容重是两个十分重要的指标，对路基设计与施工很有用处。

（2）土类

在同一压实功能的作用下，含粗粒越多的土，其最大干容重越大，最佳含水量越小，即随着粗粒土的增多，其击实曲线的峰点向左上方移动。施工时，应根据不同土类分别确定其最大干容重和最佳含水量。

（3）压实功能

对于同一类土，其最佳含水量随压实功能的增强而减小，而最大干容重则随压实功能的增强而增加。当土偏干时，增强压实功能对提高干容重影响较大，偏湿时则收效甚微。故对偏湿的土欲借助增强压实功能的办法来提高土的密实度是不经济的；若土的含水量过大，此时增强压实功能就会出现"弹簧"现象。另外，当压实功能增强到一定程度后，最佳含水量的减小和最大干容重的提高都不明显。这就是说，单纯地通过增强压实功能来提高土的密实度未必划算，压实功能过强会破坏土体结构，效果会适得其反。

2. 路基压实标准

衡量路基压实程度的指标是工地实际达到的干容重与由室内标准击实试验所得的最大干容重的比值，即压实度或压实系数。

路基受到的荷载应力随深度的增加而迅速减小，所以路基上部的压实度高一些。另外，公路等级高，其路面等级也高，对路基强度的要求相应提高，所以对路基压实度的要求也应高一些。因此，高等级公路路基的压实度标准（重型击实试验），对于路堤、路槽底面以下 0~80cm 应不小于 95%，80~150cm 应不小于 93%，150cm 以上应不小于 90%；对于零填土及路堑，路槽底面以下 0~30cm 应不小于 95%。

在平均年降水量小于 150mm 且地下水位低的特殊干旱地区（相当于潮湿系数小于等于 2.25 的地区），路基的压实度标准可降低 2%~3%。因为这些地区降水量较小，地下水位低，天然土的含水量大大低于最佳含水量，要加水到最佳含水量进行压实对施工确有很大困难，而压实度标准稍降低并不影响路基的强度和稳定性。在平均年降水量超过 2000mm，潮湿系数大于 2 的过湿地区和不能晾晒的多雨地区，天然土的含水量超过最佳含水量的 5% 时，要达到上述要求极为困难，应稳定处理后再压实。

在确定压实标准时，要通过室内标准击实试验求得。长期以来使用的室内标准击实试验是20世纪20年代初期形成的,它模拟当时的运输工具和碾压设备,即汽车质量一般不超过4t,压路机质量低于6t。20世纪50年代后,特别是近年来,载重汽车和碾压机械的质量已经大大提高,如仍沿用原击实标准,势必会造成路基强度过低,不能适应行车要求,故将击实试验改为重型击实试验。

所谓重型击实试验,是与原来的击实试验(现称轻型击实试验)相比较而言的。重型击实试验增强了击实功能,从而提高了路基的压实标准。其所得的最大干容重,对于砂性土提高6%~10%,对于黏性土提高10%~18%;而最佳含水量则有所降低,对于砂性土降低1%~3%,对于黏性土降低3%~9%。

重型击实试验的原理和基本规律与轻型击实试验类似,但击实功能提高4.5倍。

3.压实方法

压实土层的密实度随深度递减,表层5cm的密实度最大。填土分层压实厚度和压实遍数与压实机械类型、土的种类和压实度要求有关,应通过试验来确定。同样质量的振动压路机要比光轮静碾压路机的有效压实深度大1.5~2.5倍。如果压实遍数超过10遍仍达不到压实度要求,则继续增加遍数的效果很差,不如减小压实层厚。

碾压时,横向接头的轮迹应有一部分重叠,振动压路机一般重叠40~50cm,三轮压路机一般重叠1/2后轮宽;前后相邻两区段也宜纵向重叠1~1.5m。应做到无漏压、无死角,确保碾压均匀。压路机行驶速度过慢会影响生产率;行驶过快则压路机与土的接触时间过短,压实效果较差。一般来说,光轮静碾压路机的最佳行驶速度为2~5km/h,振动压路机的为3~6km/h。当压实度要求高,以及铺土层较厚时,行驶速度要更慢些。碾压开始时宜用慢速,随着土层的逐步密实,速度逐步提高。压实时的单位压力不应超过土的强度极限,否则土体将会遭到破坏。开始时土体较疏松,强度低,故宜先轻压;随着土体密度的增加,再逐步增大压强。所以,推运摊铺土料时,应力求机械车辆均匀分布行驶在整个路堤宽度内,以便填土能够得到均匀预压。否则,应采用轻型光轮静碾压路机(6~8t)进行预压。正式碾压时,若为振动压路机,第一遍应静压,然后由弱振至强振进行碾压。碾压时,在直线路段和大半径曲线路段,应先压边缘,后压中间;小半径曲线路段因有较大的超高,碾压顺序宜先低(内侧)后高(外侧)。

路堤边缘往往无法压实,处于松散状态,雨后容易滑塌,故两侧可多填宽度40~50cm,压实工作完成后再按设计宽度和坡度予以刷齐整平。也可以采用卷扬机牵引的小型振动压路机从坡脚向上碾压或采用人工拍实。坡度不大于1∶1.75时,可用履带式推土机从下向上压实。

不同的填料和场地条件要选择不同的压实机械。一般来说,轻型光轮静碾压路机(6~8t)适用于各种填料的预压整平;重型光轮静碾压路机(12~15t)适用于细粒土、砂类土和砾石土;重型轮胎压路机(30t以上)适用于各种填料,尤其是细粒土,其气胎压力应根据填料种类进行调整,土颗粒越小气压越高;羊足碾(包括格式和条式)最适用于细粒土,也适用于粉土质与黏土质砂,需要有光轮静碾压路机配合对被翻松的表层进行补压;振动压路机具有滚压和振动的双重作用,适用于砂类土、砾石土和巨粒土,其效果远远优于其他压实机械,但对细粒土的压实效果不理想。

牵引式碾压机械结构质量大,爬坡能力强,生产率高,适用于广阔的工作场地,宜采用螺旋形运行路线;自行式碾压机械结构质量较小,机动灵活,适用于一般工作场地,宜采用穿梭形运行路线,在尽头回转;夯实机械在路基压实中不是主要设备,仅用于狭窄工作场地的作业。

压实质量要求高的路基宜选用压实效果较好的碾压机械,如重型轮胎压路机和振动压路机。

4. 压实质量控制与检查

土的压实应在其接近最佳含水量的条件下进行。天然土通常接近最佳含水量,因此填铺后应随即碾压。当含水量过大时,应将土摊开晾晒至要求的含水量后再整平压实。

填土接近最佳含水量的容许范围,与土的种类和压实度要求有关。在一定的压实度要求下,砂类土比细粒土的范围大;对于同一种土类,压实度要求低的土比要求高的土范围大。最佳含水量的容许范围可从该种土的击实试验曲线上查得,即在该曲线图的纵坐标上在要求的干密度处画一横线,此线与曲线相交的两点所对应的两个含水量就是它的范围。

在压实过程中,施工单位的自检人员应经常检查压实度是否符合要求。压实度试验方法有环刀法、蜡封法、水袋法、灌砂法或核子密度湿度仪法。环刀法适用于细粒土,灌砂法适用于各类土。

核子密度湿度仪应先与环刀法、灌砂法等进行对比标定后才可应用。

每一压实层均应检验压实度,合格后方可填筑上一层。

检验取样频率:当填土宽度较小时(如路堤的上部),沿路线纵向每200m检查四处,每处左、右各1个点;当填土宽度较大时,每2000m²检查8个点。必要时可增加检查点数,以防止压实不足处漏检。

压实度的评定以一个工班完成的路段压实层为检验评定单元比较恰当。如检验不合格能及时补压,则不会因等待过久而使含水量变化过大。检验评定段的压实度K按下式计算,若K大于等于压实度的标准值,则为合格。

$$K = \overline{K} - \frac{t_0 S}{\sqrt{n}}$$

式中 $\overline{K}$——检验评定段内各检验点压实度的算数平均值;

t_0——分布表中随自由度和保证率(置信率)而变的系数,通常保证率为95%;

S——检验值的均方差;

n——检验点数应不少于8~10点,汽车专用公路取高限,一般公路取低限。

填筑碾压完成的路基,其路槽地面的回弹模量应满足路面设计的要求。然而实测土基

回弹模量 E_0 比较困难。可用测试弯沉值 l_0 代替。弯沉值与回弹模量有如下关系：

$$l_0 = 9308 E_0^{-0.938}$$

式中 l_0——以 BZZ-100 标准轴载试验车实测的弯沉值，为 1/10mm；

E_0——土基回弹模量，MPa。

弯沉值测试在不利季节进行。若在非不利季节测定，则应乘以季节影响系数。弯沉值测试频率为每车道 50m 检查 4 个点（即左、右两后轮隙下各 1 个点）。

路槽底弯沉值反映路基上部的整体强度，而压实度反映路基每一层的密实状态。只有弯沉值和压实度两者都合格，路基的整体强度、稳定性才能符合要求。如果经过反复检查，各层压实度均合格，而表面弯沉值仍然达不到设计要求值（这种情况极少），则应考虑按实测弯沉值调整路面结构设计，以适应该压实土所能达到的强度。

第四节　石质路基施工技术

一、岩石的开挖方法

石方路堑的开挖应根据岩石的类型、风化程度、岩层产状、岩体断裂构造、施工环境等因素确定开挖方案。爆破法施工是石质路基施工最有效的方法之一。此外，爆破还可以爆松冻土、爆除淤泥、开采石料等。山区公路路基石方工程量大量集中时，采用爆破法施工不但可以提高功效、缩短工期、节约劳动力，而且可以改善线形，提高公路使用质量。

1.炸药种类、起爆材料及起爆方法

为了爆破某一岩体，在其中或表面放置一定数量的炸药，称之为药包。按其形状或集结程度的不同，可以分为集中药包、延长药包和分集药包三种。凡药包形状接近球形或立方体，以及高度不超过直径 4 倍的近似圆柱体和最长边不超过最短边 4 倍的近似直角六面体，均属于集中药包；相反，药包的长度或高度超过上述情况者，属于延长药包。分集药包是提高炸药有效能量利用率的新型装药方式，它是将一个集中药包分为两个保持一定距离的子药包。

（1）炸药种类

炸药种类繁多，在爆破工程中常用的种类有以下两类：

①起爆炸药。起爆炸药是一种爆炸速度极高的烈性炸药，爆速可达 2000~8000m/s，用以制造雷管。起爆炸药可分为正起炸药和副起炸药。正起炸药对热能和机械冲击能均具有强烈的敏感性；副起炸药须由正起炸药引爆，其爆速甚高，可加强雷管的起爆能量。

②主要炸药。用以对岩石或其他介质进行爆破的炸药称为主要炸药。它的敏感性较低，要在起爆炸药的强力冲击下才能爆炸。在道路工程中常用的主要炸药有 TNT、黑火药、

硝铵等。

（2）起爆材料及起爆方法

①起爆材料。雷管是常用的起爆材料，黄色炸药和硝铵炸药一般用直接火花不会引起爆炸，需用雷管来引爆。按照引爆方式，雷管有火雷管和电雷管两种。火雷管也叫作普通雷管，它是用导火索来引爆的。火雷管由雷管壳、正副起炸药、加强帽三部分组成。在管壳开口的一端留有15mm长的空隙，以便插入导火索，另一端做成窝槽状。电雷管是用电流点火引爆的。电雷管的构造与火雷管的构造基本相同，不同之处在于管壳上的一段有一个电气点火装置，通电时电流通过电桥丝，灼热的电桥丝将引燃剂点燃，使起爆炸药爆炸。电雷管又可分为即发电雷管和迟发电雷管。即发电雷管用于同时点火、同时起爆的电点火线路中；迟发电雷管用于同时点火，但不同时爆炸的电点火线路中。迟发电雷管的构造与即发电雷管基本相同，只是在引火药与起爆药之间装有燃烧速度相当准确的缓燃剂。

②起爆方法。

A. 导火索及火花起爆法。导火索是点燃火雷管的配置材料，外形为圆形索线，索芯内装有黑火药，中间有纱导线，芯外紧缠着数层纱与防潮纸（或防潮剂）防潮，以避免变质。导火索应满足的要求是燃烧完全，燃速恒定。根据使用要求，导火索的正常燃烧速度有两种规格：一种为10mm/s，另一种为5mm/s。

B. 电力起爆法。电雷管是用点火器，通过电爆导线通电发热起爆的。点火器即为产生电流的电源，如干电池组、蓄电池、手摇起爆机等。

C. 传爆线起爆法。传爆线又称导爆线，其索芯用高级烈性炸药制成，内有双层棉织物：一层为防潮层，另一层为缠绕着的纱线。为了与导火索相区别，传爆线表面涂成红色或红黄相间色等。我国制造的传爆线是以黑索金或泰安为索芯的，爆速为6800~7200m/s。

2. 综合爆破方法

（1）中、小型爆破

①钢钎炮（眼炮）。在路基工程中，钢钎炮通常是指炮眼直径和深度分别小于70mm和5m的爆破方法。因其炮眼浅、用药少、工效低，一般情况下，单独使用钢钎炮爆破石方是不太经济的，但是由于其比较灵活，所以仍不失为一种重要的炮型，在地形艰险及爆破量较小的地段（如挖水沟，开挖便道、基坑等）仍属必需，在综合爆破中是一种改造地形，为其他炮型服务的辅助炮型。

②药壶炮（烘膛炮）。药壶炮是指在深2.5~3.0m以上的炮眼底部用少量炸药经一次或多次烘膛，使眼底呈葫芦形，将炸药集中装入药壶中以提高爆炸效果的一种炮型。它适用于Ⅺ级以下岩石，不含水分，阶梯高度（H）小于10~20m，自然地面坡角在70°左右的情形。

③猫洞炮（蛇穴炮）。猫洞炮是指炮洞直径为0.2~0.5m，洞穴水平或略有倾斜（台眼），深度小于5m，用集中药包在炮洞中进行爆破的一种方法。其特点是充分利用岩体本身的

崩塌作业，能用较浅的炮眼爆破较高的岩体，一般爆破可炸松15~50m³。采用这种爆破方法，可以获得较好的爆破效果。

（2）大爆破

其是指采用导洞和药室装药，用药量在1000kg以上的爆破。它主要用于石方大量集中、地势险要或工期紧迫路段。

（3）洞室炮爆破

为使爆破设计断面内的岩体大量抛掷（抛坍）出路基，减少爆破后的清方工作量，确保路基的稳定性，可根据地形和路基断面形式采用以下不同性质的洞室炮爆破方法。

①抛掷爆破。当自然地面坡角小于15°，路基设计断面为拉沟路堑，石质大多是软石时，为将石方大量抛掷到路基两侧，通常采用稳定的加强抛掷爆破。但此法在公路工程中很少采用。当自然地面坡角为15°~50°，岩石也较松软时，可采用斜坡地形半路堑的抛掷爆破。

②抛坍爆破。当自然地面坡角大于30°，地形地质条件均较复杂，临空面大时，宜采用这种爆破方法。在陡坡地段，岩石只要被充分破碎，就可以利用其自重坍滑出路基，这样既提高了爆破效果，又使爆后路堑边坡稳定，单位耗药量降低，从而降低路基工程造价。

③多面临空地形爆破。路线通过起伏的峡谷或鸡爪地形地段时，因地形状况的限制，会出现较多临空面，这将有利于爆破。

④定向爆破。这是利用爆能将大量土石方按照指定的方向，搬移到一定的位置并堆积成路堤的一种爆破施工方法。它减少了挖、装、运、夯等工序，生产率极高。采用定向爆破，一次可形成百米甚至数百米路基。

⑤松动爆破。大型松动爆破主要用于不宜采用抛掷爆破的次坚石而需进行机械化清方的地段。在坚石中，宜采用深孔炮。

（4）微差爆破

两相邻药包或前后排药包以毫秒的时间间隔（一般为15~75ms）依次起爆，称为微差爆破，也称毫秒爆破。其优点是可减震1/3~2/3，提高爆破效果，节省炸药200%，有利于挖掘机作业。

（5）光面爆破和预裂爆破

光面爆破是指在开挖限界的周边适当排列一定间隔的炮孔，在有侧向临空面的情况下，用控制抵抗线和药量的方法进行爆破，使之形成一个光滑、平整的边坡。预裂爆破是指在开挖限界处按适当间隔排列炮孔，在没有侧向临空面和最小抵抗线的情况下，用控制药量的方法预先炸出一条裂缝，使拟爆体与山体分开，将其作为隔离减震带，起减弱开挖限界以外山体或建筑物的地震破坏作用。光面爆破与预裂爆破后，在边坡壁上通常会留下半个炮孔的痕迹。

在进行光面爆破或预裂爆破时，应严格保持炮孔在同一平面内，炮孔间距和最小抵抗线之比应小于0.8。装药量应适当，并采用合理的药包结构，通常使炮孔直径大于药卷直径的1~2倍，或采用间隔药包、间隔钻孔装药。

3. 爆破方法的基本选用原则

为了充分发挥各种爆破方法的优点，利用地形和地质的客观条件，在路基石方工程中采取综合爆破，选用各种爆破方法组织炮群，有计划、有步骤地爆破拟开挖的石方是十分重要的。为此，石方工程的施工方案应全面规划，重点设计；由路基面开挖，形成高阶梯，以增加爆破效果；综合利用小炮群，以分段、分批爆破的原则进行爆破。

二、填石路堤

1. 对石料的要求

用于填石路堤的石料强度不应小于15MPa，用于护坡的石料强度不应小于20MPa；填料最大粒径不应大于500mm，并不宜超过分层压实厚度的2/3。当石料性质差异较大时，不同性质的石料应分层或分段填筑。暴露在大气中风化较快的石块不应用作填石路堤的填料。当必须用这种强风化石料或软质岩石填筑路堤时，应先检验其CBR值是否符合土质路堤的填土质量要求：CBR值符合要求的按土质路堤相关技术要求进行填筑，不符合要求的不得使用。高速公路和一级公路填石路堤路床顶面以下500mm范围内用符合路床要求的土填筑，土的最大粒径不得超过10mm，并分层压实。其他公路填石路堤路床顶面以下300mm范围内用符合路床要求的土填筑，填料粒径不大于150mm。

2. 石质路堤填筑方案

石质路堤的填筑施工方式有倾填（含抛填）和分层填筑、分层压实两种。

由于石料从高处自然落下，石料间难免重叠交错，空隙较大，故倾填路堤的压实、稳定等问题较多。高速公路、一级公路和铺设高级路面的其他等级公路的石质路堤不宜采用倾填式施工，而应采用分层填筑、分层压实的方法。对于二级及二级以下且铺设低级路面的公路，在陡峭山坡段施工特别困难或大量爆破移挖作填时，可采用倾填方式将石料填筑于路堤下部，但倾填路堤在路床底面下小于1.0m范围内仍应分层填筑、分层压实。分层填筑方式施工又可分为机械作业和人工作业两种方法。机械作业分层填筑时，高速公路及一级公路分层松铺厚度一般为500mm，其他公路为1000mm。

3. 注意事项

填石路堤应主要考虑石料性质、石块大小、填筑高度和边坡坡度，应逐层水平填筑，并夯压密实。用风化岩石填筑路堤时，石块应摆平、放稳，空隙用小石块或石屑填满铺平，边坡坡度同土质路堤；用不易风化且粒径在250mm以下的石块填筑路堤时，应分层铺填，当路堤高度不超过6m时，边坡要码砌1~2m厚，大面向下，小面向上，摆平靠紧，用小碎石填缝找平；用250mm以上的大石块填筑路堤时，可大致分层铺填，不必严格找平，尽量靠紧密实，边坡要码砌1~2m厚，如边坡码砌成台阶形，则上、下层石块应错缝互相压住。当用土、石混合填筑路堤时，如土石易分清，宜分开分段填筑；如不易分清，应尽量按上述情况施工，不得乱抛乱填。

第五节 特殊路基施工技术

一、软土路基施工

淤泥、淤泥质土以及天然强度低、压缩性高、透水性小的一般黏性土统称为软土。软土路基天然含水率大于等于35%与液限;天然孔隙比大于等于1 m;十字板抗剪强度小于35 kPa;压缩系数宜大于0.5 MPa^{-1}。

高速公路路基的软土系指:标准贯击数小于4,无侧限抗压强度小于50kPa,含水量大于50%的黏性土和标准贯击数小于10,含水量大于30%的砂性土。软土无论是按沉积成因还是按土质划分,它们都具有共同的工程性质,即:颜色以深色为主,粒度成分以细颗粒为主,有机质含量高。天然含水量高,容重小,天然含水量大于液限,超过30%;相对含水量大于10;软土的饱和度高达100%,甚至更大,天然重力密度为1.5~19km³。天然孔隙比大,一般大于1m。渗透系数小,一般小于10^{-6}cm/s数量级,沉降速度慢,固结完成所需时间较长。黏粒含量高,塑性指数大。高压缩性,压缩系数大,基础沉降量大,一般压缩系数大于0.5 MPa^{-1}。强度指标小,软土的黏聚力小于10 kPa,快剪内摩擦角小于5°。固结快剪黏聚力小于10 kPa,快剪内摩擦角小于5°。固结快剪的强度指标略高,黏聚力小于15 kPa,内摩擦角小于10º。软土的灵敏度高,灵敏度一般在2~10,有时大于10,具有显著的流变特性。软土路基应进行路基处理并观测路堤沉降,按图纸或经监理工程师批准的处理方法进行施工。

(一)软土路基处理方法

1. 换填法:是将原路基一定深度和范围内的淤泥挖除,换填符合规定要求的材料,使之达到规定压实度的方法。换填时,应选用水稳性或透水性好的材料,分层铺筑,逐层压实。

2. 抛石挤淤法:是在路基底从中部向两侧抛投一定数量的碎石,将淤泥挤出路基范围,以提高路基强度。所用碎石宜采用不易风化的大石块,尺寸一般不小于0.15 m。抛石挤淤法施工简单、迅速、方便。适用于常年积水的洼地,排水困难,泥炭呈流动状态,厚度较薄,表层无硬壳,片石能沉达底部的泥沼或厚度为3~4 m的软土;适用于在特别软的地面上施工,由于机械无法进入或是表面存在大量积水无法排出时;适用于石料丰富,运距较短的情况。

3. 排水固结法:堆载预压法、真空预压法、降水预压法、电渗排水法,适用于处理厚度较大的饱和软土和冲填土路基,但对于较厚的泥炭层要慎重选择。

4. 胶结法

(1)水泥搅拌桩:水泥搅拌桩的适用范围为淤泥、淤泥质土、含水量较高的地层、地基承载力不大于 120kPa 的黏性土、粉土等软土路基。在有较厚泥炭土层的软土路基上，宜通过试验确定其适用性，并可适量添加磷石膏以提高搅拌桩桩身强度。当地下水中含有大量硫酸盐时，应选用抗硫酸盐硅酸盐水泥。

（2）高压喷射注浆法：高压喷射注浆法的适用范围为淤泥、淤泥质土、黏性土、黄土、砂土、人工填土和碎石土等路基。尤其适用于软弱路基的加固。湿陷性黄土以及土中含有较多的大粒径块石、坚硬性黏性土、大量植物根茎或过多有机质时，应根据现场试验结果确定其适用程度。对地下水流速较大或涌水工程以及对水泥有严重侵蚀的路基应慎用。

（3）灌浆法：灌浆法适用于处理淤泥、淤泥质土、粉土和含水量较高且路基承载力标准值不大于 120 kPa 的黏性土等地基。当用于处理泥炭土或地下水具有侵蚀性时，宜通过试验以确定其适用性。

（4）水泥土夯实桩法：水泥土夯实桩法适用于地下水位以上的素填土、淤泥质土和粉土等。

5. 加筋土法：适用范围为人工填土、砂土的路堤、挡墙、桥台等；土工织物适用于砂土、黏性土和软土的加固，或用于反滤、排水和隔离的材料；树根桩适用于各类土，主要用于既有建筑物的加固及稳定土坡、支挡结构物；锚固法能可靠地锚固土层和岩层。对软弱黏土宜通过重复高压灌浆或采用多段扩体或端头扩体以提高锚固段锚固力。对液限大于 50% 的黏性土，相对密度小于 0.3 的松散砂土以及有机质含量较高的土层，均不得作为永久性锚固地层。

6. 振冲置换法：适用于不排水剪切强度 20 kPa≤CU≤50 kPa 的饱和软黏土、饱和黄土及冲填土。对不排水剪切强度小于 20 kPa 的地基应慎重选择。此法能使天然路基承载力提高 20%~60%。

7. 水泥粉煤灰碎石桩（简称 CFG 桩）法：CFG 桩法适用于淤泥、淤泥质土、杂填土、饱和及非饱和的黏性土、粉土，能使天然路基承载力提高 70% 以上。

8. 钢渣桩法：适用于淤泥、淤泥质土、饱和及非饱和的黏性土、粉土。

9. 石灰桩法：适用于渗透系数适中的软黏土、杂填土、膨胀土、红黏土、湿陷性黄土。不适合地下水位以下的渗透系数较大的土层。当渗透系数较小时，软土脱水加固效果不好的土层慎用。

10. 强夯置换法：适用于饱和软黏土，一般适合于 3~6 m 的浅层处理。

11. 砂桩法：适用于软弱黏性土，但应慎用且需要较长的时间，对不排水剪切强度小于 15kPa 的软土应采用袋装砂井桩。

12. 夯坑基础法：适用于软黏土、非饱和的黏性土、夯填土、湿陷性黄土。

13. 强夯法：适用于碎石、砂土、杂填土、素填土、湿陷性黄土及低饱和度的粉土和黏性土。对于高饱和度的粉土和黏性土，需经试验论证后方可使用，且应设置竖向排水通道。该法处理深度可达 10 多米，但强夯的震动可能会对周围环境造成不良影响，因此，使用时要考虑周围的环境因素。

14. 振冲法：是一种不添加砂石材料的振冲挤密法，一般宜用于 0.75mm 以上颗粒占土体 20% 以上的砂土，而添加砂石材料的振冲挤密法宜用于粒径小于 0.005mm 的黏粒含量不超过 10% 的粉土和砂土。

15. 挤密碎石桩法：适用于松散的非饱和黏性土、杂填土、湿陷性黄土、疏松的砂性土。对饱和软黏土应慎重使用。

（二）软土路基施工方法

1. 抛石挤淤施工

（1）抛石挤淤应按设计要求或监理工程师的要求进行。

（2）应选用不易风化的片石，片石厚度或直径不宜小于 300 mm。

（3）当软土地层平坦，软土成流动状时，填土应沿路基中线向前呈三角形方式投放片石，再渐次向两侧全宽范围扩展，使泥沼或软土向两侧挤出。当软土地层横坡陡于 1∶10 时应自高侧向低侧抛投，并在低侧边部多抛填，使低侧边部约有 2m 的平台。

（4）片石抛出软土面或抛出水面后，应用较小的石块填塞垫平，用重型压路机压实。

2. 垫层施工

垫层处置施工通常用于松软过湿的表面，采用排水、铺设填料或以掺加剂加固使地表层强度增加，防止地基局部剪切变形，从而保证重型机械通行，又使填土荷载均匀分布在地基上。

垫层材料宜采用无杂物的中粗砂，含泥量应不小于 5%；也可采用天然级配型砾料，其最大粒径应小于 50mm，砾石强度应不低于四级。垫层应分层摊铺压实，碾压到规定的压实度。垫层宽度应宽出路基边脚 500~1000mm，两侧宜用片石护砌或采用其他方式防护。垫层采用砂砾料时，应避免粒料离析。在软、湿路基上铺以 0.3~0.5m 厚度的排水层，有利于软湿表层的固结，并形成填土的底层排水，在一定程度上能提高地基强度，使施工机械可以通行。碎石、岩渣垫层的一般厚度为 0.4 m 左右，并铺设单层或双层土工织物或土工网格，有利于均匀支承填土荷载，提高地基承载力，减少地基的沉降量。掺合料垫层是利用掺合料（石灰、水泥、土、加固剂）以一定剂量混合在填料土中，可改变地基的压缩性和强度特性，从而保证施工机械的通行，垫层大部分松散，应进行大部或全部防护。

3. 袋装砂井施工

（1）袋装砂井施工工艺流程为：施工设备的准备→沉入套管→袋装砂沉入→就地填砂或井→预制砂袋沉放。

（2）袋装砂浆的成孔方法可根据机械设备条件进行比较选择：专用的施工设备一般为导管式的振动打设机械，只是在进行方式上有差异。成孔的施工方法有五种，即锤击沉入法、射水法、压入法、钻孔法及振动贯入法等。

4. 碎石柱（砂桩）施工

（1）材料要求：采用中、粗砂，大于 0.6 mm 颗粒含量宜占总重的 50% 以上，含泥量应小于3%，渗透系数大于5×10^{-2}mm/s。也可使用砂砾混合料，含泥量应小于5%。未风化碎石或砾石，粒径宜为19~63 mm，含泥量应小于10%。

（2）如果对砂桩质量要求较为严格或采用小直径管打大直径砂桩时，可以采用双管冲击法或单管振动重复压拨法成桩。

（3）施工前应按规定要求进行成桩试验：详细记录冲孔、清孔、制桩时间和深度、水压、冲水量、压入碎石用量及工作电流的变化等。通过试桩确定水压、工作电流等变化的幅值和规律（主要指土层变化与水压、工作电流的相应变化），并验证设计参数和施工控制的有关参数，作为振冲碎石桩成桩的施工控制指标。

（4）填料方式：采用"先护壁，后制桩"的办法施工。成孔时先达到软土层上部1~2 m范围内，将振冲器提出孔口加一批填料；下降振冲器使这批填料挤入孔壁，把这段孔壁加强以防塌孔；然后使振冲器下降至下一段软土中，用同样方法加料护壁。如此重复进行，直达设计深度。孔壁护好后，就可按常规步骤制桩了。

（5）桩的施工：桩的施工顺序一般采用由里向外、由一边推向另一边，或间隙跳打的方式。制桩操作步骤：先用振冲器成孔，而后借循环水清孔，最后倒入填料，再用振冲器沉至填料进行振实成型。

5. 加固土桩施工

（1）材料要求：

①生石灰粒径应小于2.36 mm，无杂质，氧化镁和氧化钙总量应不小于85%，其中氧化钙含量应不小于80%。

②粉煤灰中二氧化硅和三氧化二铝含量应大于70%，烧失量应小于10%。

③水泥宜用普通或矿渣水泥。

（2）成桩试验：加固土桩施工前必须进行成桩试验，桩数不宜少于五根，且满足以下要求：

①应取得满足设计喷入量的各种技术参数，如钻进速度、提升中速度、搅拌速度喷气压力、单位时间喷入量等。

②应确定能保证胶结料与加固软土拌和均匀性的工艺。

③掌握下钻和提升的阻力情况，选择合理的技术措施。

④根据地层、地质情况确定复喷范围。

（3）应根据固化剂喷入的形态（浆液或粉体），采用不同的施工机械组合。

（4）采用浆液固化剂时，制备好的浆液不得离析，不得停置过长。超过两小时的浆液应降低等级使用。浆液拌和均匀、不得有结块，供浆应连续。

（5）采用粉体固化剂时，应符合以下规定：

①严格控制喷粉标高和停粉标高，不得中断喷粉，确保桩体长度；严格控制粉喷时间停粉时间和喷入量；应采取措施防止桩体上下喷粉不匀、下部剂量不足、上下部强度差异

大等问题；应按设计要求的深度复搅。

②当钻头提升到地面以下小于500mm时，送灰器停止送灰，用同剂量的混合土回填。钻头直径的磨损量不得大于10mm。如喷粉量不足，应整桩复打，复打的喷粉量不小于设计用量。因故喷粉中断时，必须复打，复打重叠长度应大于1m。

③施工设备必须配有自动记录的计量系统。

（6）加固土桩施工质量，应符合相关规定。

6. CFG桩施工

（1）材料要求：

①集料：应根据施工方法，选择合理的集料：级配和最大粒径。

②水泥：宜选用普通硅酸盐水泥。

③粉煤灰：宜选用袋装Ⅱ、Ⅰ级粉煤灰。

（2）成桩试验：施工前应进行成桩试验，试桩数量宜为5~7根。CFG桩试桩成功，经监理验收合格后，方可开始施工。

（3）CFG桩施工要求：

①桩体施工应选择合理的施打顺序，一般应隔行隔桩跳打，相邻桩之间施工间隔时间应大于7天，避免对已成桩造成损害。

②成桩过程中，应对已打桩的桩顶进行位移监测。

③混合料应拌和均匀：在施工中，每台机械每天应做1组（3块）试块（试块为边长150mm的立方体），经标准养生，测定其立方体抗压强度，应符合图纸规定。

④CFG桩沉管时间宜短，拔管速度控制在1.2~1.5 m/min，不允许反插，以防止桩缩颈、断桩及桩身强度不均。

⑤桩顶设500mm保护桩长，CFG桩施工完成7天后，开挖至设计高程，截去保护桩长。CFG桩施工完成28天后，方可填筑路基。

⑥冬季施工时混合料入孔温度不得低于5℃，对桩头和桩间土应采取保温措施。

7. 铺设土工合成材料

（1）土工合成材料的质量应符合设计要求及规范要求，在采用土工合成材料加筋的路堤填筑正式开工前，应结合工程先修筑试验路段，以指导施工。

（2）铺设土工合成材料应按图纸施工，在平整的下承层上全断面铺设，铺设时，土工织物应拉直平顺，紧贴下承层，不得扭曲、折皱。在斜坡上摊铺时，应保持一定松紧度。可采用插钉等措施固定土工合成材料于填土下承层表面。

（3）土工合成材料在铺设时，应将强度高的方向置于垂直路堤轴线方向。

（4）应保证土工合成材料的整体性，当采用搭接法连接时，搭接长度宜为300~600mm；采用缝接法时，缝接宽度应不小于50mm；采用黏结法时，黏结宽度不应小于50mm，黏合强度应不低于土工合成材料的抗拉强度。

（5）铺设土工合成材料的土层表面应平整，表面严禁有碎、块石等坚硬凸出物；在距土工合成材料层 80mm 以内的路堤填料，其最大粒径不得大于 60 mm。

（6）土工合成材料摊铺以后，应及时填筑填料，以避免其受到阳光过长时间的暴晒，一般情况下，间隔时间不应超过 48 小时。填料应分层摊铺、分层碾压，所选填料及其压实度应符合规范的要求。与土工合成材料直接接触的填料中严禁含强酸性、强碱性物质。

（7）土工合成材料上的第一层填土摊铺宜采用轻型推土机或前置式装载机，一切车辆、施工机械只容许沿路堤的轴线方向行驶。

（8）对于软土地基，应采用后卸式货车沿加筋材料两侧边缘倾卸填料，以形成运土的交通便道，并将土工合成材料张紧。填料不允许直接卸在土工合成材料上面，必须卸在已摊铺完毕的土面上；卸土高度以不大于 1 m 为宜，以免造成局部承载能力不足。卸土后应立即摊铺，以免出现局部下陷。

（9）填成施工便道后，再由两侧向中心平行于路堤中线对称填筑，第一层填料宜采用推土机或其他轻型压实机具进行压实；只有当已填筑压实的垫层厚度大于 600 mm 后，才能采用重型压实机械压实。

（10）双层土工合成材料上、下层接缝应交替错开，错开长度不应小于 500 mm。

（11）在施工过程中土工织物不应出现任何损坏，以保证工程质量。

二、黄土地区路基施工

1. 黄土路基的特点

湿陷性黄土一般呈黄色或黄褐色，粉土含量常占 60% 以上，含有大量的碳酸盐、硫酸盐等可溶盐类，天然孔隙比在 1 左右，肉眼可见大孔隙。在自重压力或自重压力与附加压力共同作用下，受水浸湿后土的结构迅速破坏而发生显著附加下沉。

2. 施工准备工作

黄土地区路基施工，应做好施工期排水，将水迅速引离路基。在填挖交界处引出边沟时，应做好出水口的加固，排水设施接缝处应坚固不渗漏。

3. 湿陷性黄土地基的处理方法

湿陷性黄土地基应采取拦截、排除地表水的措施，防止地表水下渗，减少地基地层湿陷下沉。其地下排水构造物与地面排水沟渠必须采取防渗措施。

若地基土层有强湿陷性或较高的压缩性，且容许承载力低于路堤自重压力时，应考虑地基在路堤自重和活载作用下所产生的压缩下沉。除了采用防止地表水下渗的措施外，可根据湿陷性黄土工程特性和工程要求，因地制宜地采取换填土、重锤夯实、强夯法、预浸法、挤密法、化学加固法等措施对地基进行处理。

4. 黄土填筑路堤要求

（1）路床填料不得使用老黄土，路堤填料不得含有粒径大于 100 mm 的块料。

（2）在填筑横跨沟堑的路基土方时，应做好纵横向界面的处理。

（3）黄土路堤边坡应拍实，并应及时予以防护，防止路表水冲刷。

（4）浸水路堤不得用黄土填筑。

5．黄土路堑施工要求

（1）路堑路床土质应符合设计要求，密实度不足时，应采取措施碾压至要求的压实度。

（2）路堑施工前，应做好堑顶地表排水导流工程，路堑施工期间，开挖作业面应保持干燥。

（3）路堑施工中，如边坡地质与设计不符，可提出修改边坡坡度。

6．地基陷穴处理方法

陷穴表面的防渗处理层厚度不宜小于300 mm，并将流向陷穴的附近地表水引离。对现有的陷穴、暗穴，可以采用灌砂、灌浆、开挖回填等措施，开挖的方法可以采用导洞、竖井和明挖等。

挖方边坡坡顶以外50m范围内、路堤坡脚以外20m范围内的黄土陷穴宜进行处理。挖方边坡坡顶以外的陷穴，若倾向路基，应做适当处理。对串珠状陷穴应彻底进行处置。

三、滑坡地段路基施工

1．对于滑坡的处置，应分析滑坡的外表地形滑动面，滑坡体的构造、滑动体的土质及饱水情况，以了解滑坡体的形式和形成的原因，根据公路路基通过滑坡体的位置、水文、地质等条件，充分考虑路基稳定的施工措施。

2．路基滑坡直接影响到公路路基稳定时，不论采用何种方法处理，都必须做好地表水及地下水的处理。

3．对于滑坡顶面的地表水，应采取截水沟等措施处理，不让地表水流入滑动面内。必须在滑动面以外修筑1~2条截水沟，对于滑坡体下部的地下水源应截断或排出。

4．在滑坡体未处置之前，禁止在滑坡体上增加荷载（如停放机械、堆放材料、弃土等）。

5．对于挖方路基上边坡发生的滑坡，应修筑一条或数条环形水沟，但最近一条必须离滑动裂缝面最小5m以外，以截断流向滑动面的水流。截水沟可采用砂浆封面浆或砌片（块）石修筑，滑坡上面出现裂缝须填土进行夯实，避免地表水继续渗入，或结合地形，修建树枝形及相互平行的渗水沟与支撑渗沟，将地表水及渗水迅速排走。

6．当挖方路基上边坡发生的滑坡不大时，可采用（台阶）减重、打桩或修建挡土墙进行处理以达到路基边坡稳定，采用打桩时，桩身必须深入到滑动面以下设计要求的深度；采用修建挡土墙时，挡土墙基础必须置于滑动面以下的硬岩层上。同时，宜修统一的排水沟、暗沟（或渗沟）排出地下水。滑坡较大时，可采用修建挡土墙、钢筋混凝土锚固桩或预应力锚索等方法处理，不论采用何种方法处理，其基础都必须置于滑动面以下的硬岩层上或达到设计要求的深度。同时宜修筑渗沟、排水涵洞（管）或集水井。

7. 填方路堤发生的滑坡，可采用反压土方或修建挡土墙等方法处理。

8. 沿河路基发生的滑坡，可修建河流调治构造物（堤坝、丁坝、稳定河床等）及挡土墙等处理。

9. 滑坡表面处置可采用整平夯实山坡，填筑积水坑，堵塞裂隙或进行山坡绿化固定表土。

四、岩溶地区路基施工

以地下水为主、地表水为辅，以化学过程（溶解和沉淀）为主、机械过程（流水侵蚀和沉积、重力崩塌和堆积）为辅的石灰岩等可溶性岩石的破坏和改造作用称为岩溶作用。岩溶作用所造成的地表形态和地下形态称岩溶地貌，岩溶作用及其产生的特殊地貌形态和水文地质现象统称为岩溶。

我国西南地区岩溶现象分布比较普遍，在广西、贵州、云南及川东、鄂西、湘西、粤北一带连成一片，石灰岩分布面积达56万平方千米；全国石灰岩分布面积约130万平方千米，是岩溶比较发育的国家。

1. 岩溶地区公路路基工程的主要病害

（1）由于地下岩溶水的活动，或因地表水的消水洞穴阻塞，导致路基基底冒水、水淹路基、水冲路基以及隧道冒水、冒泥等病害。

（2）由于地下岩溶洞穴顶板的坍塌，引起位于其上的路基及其附属构造物发生坍陷、下沉或开裂。

（3）由于溶沟、溶槽、石芽等的存在造成地基不稳定，影响路基及其构筑物的稳定性或安全问题。

（4）某些岩溶形态的利用问题，如利用天生桥跨越地表河流，利用暗河溶洞扩建隧道等。

此外，岩石地区除了石灰岩类岩溶外，分布着各类危及路基的崩坍、岩堆，这类岩石多数属于炭质泥岩、页岩、麻岩、云母岩。还有煤田、矿区、油田及地下水过量开采和利用，形成的采空区，往往引起路基沉陷、变形或开裂。这些地区修筑的路基具有相似之处，把它们一并论述。

因此，在岩溶地区建造公路，应全面了解路线通过地带岩溶发育的程度和岩溶形态的空间分布规律，以便充分利用某些可以利用的岩溶形态，避让或防治影响路基稳定的岩溶病害。

2. 岩溶形态及岩溶类型

岩溶地区岩溶的形态类型很多：有石芽和溶沟（槽）、溶蚀裂隙、漏斗、溶蚀洼地、坡立谷和溶蚀平原、溶蚀残丘、孤峰和峰林、槽谷、落水洞、竖井、溶洞、暗河、天生桥、岩溶湖、岩溶泉以及土洞等。比较常见的岩溶形态有：

（1）漏斗：是常见的地表岩溶形态之一，由地表层的溶蚀和侵蚀作用伴随塌陷作用而成，呈碟状或倒锥状，平面上呈圆形或椭圆形，直径和深度一般由数米至数十米。

（2）溶蚀洼地：许多相邻的漏斗经流水溶蚀不断扩大汇合而成溶蚀洼地，平面。上呈圆形或椭圆形，但规模比漏斗更大，直径由数百米至一两千米。溶蚀洼地周围有溶蚀残丘或峰丛峰林，底部常有落水洞和漏斗。

（3）坡立谷和溶蚀平原：溶蚀洼地充分发育，相邻的洼地彼此连通，发展成坡立谷。坡立谷长度、宽度从几十米至数千米不等，四周山坡陡峻，谷底宽平，覆盖着溶蚀残余的黄色、棕色或红色的黏性土，有时还有河流冲积层。常有河流纵贯坡立谷，河水从一端流入，于另一端被落水洞吸收，最后转入地下成暗河。有些坡立谷还耸立着孤峰。坡立谷进一步发展，即形成开阔宽广的溶蚀平原，溶蚀平原上还有许多其他岩溶形态。

（4）槽谷：是岩溶山区比较常见的一种长条形的槽状谷地，谷底平坦，谷坡陡峻，主要是由水流长期溶蚀而形成。由于河谷底部发育有一系列漏斗、落水洞等，地表水流不断漏失，使原来的河谷失去排水作用，即成干谷。槽谷在大部分时间是干涸的，但在暴雨季节和排水不畅时，则会出现暂时的水流。

（5）落水洞、竖井，落水洞和竖井多由岩石裂隙经流水长期溶蚀扩大或由岩层坍陷而成，呈垂直或稍倾斜状，下部多与溶洞或暗河连通，是地表通向地下的流水通道。在广西所见到的，直径多在 10m 以下，深度多在 10~30m。落水洞常产生在漏斗、槽谷、溶蚀洼地和坡立谷的底部，或河床的边缘，多呈串珠状分布。在雨季，由于落水洞排水不畅，常使槽谷、溶蚀洼地和坡立谷产生暂时性的积水，甚至发生淹水现象。

（6）溶洞：是一种近于水平方向发育的岩溶形态，常由溶水对岩层的长期溶蚀和塌陷作用而形成，是早期岩溶水活动的通道。规模较大的水平溶洞系统，主要是在岩溶水的水平循环带中产生的。溶洞系统比较复杂，规模、形态变化很大，除少部分洞身比较顺直，断面比较规则外，大部分是忽高忽低，忽宽忽窄，洞身曲折起伏很大。洞内普遍分布各种堆积物，有时还有河流流痕及砂砾、卵石冲积物，支洞多，常有丰富的岩溶水。

（7）暗河、天生桥：暗河是地下岩溶水汇集、排泄的主要通道，在岩溶发育地区，地下大部分都有暗河存在。其中部分暗河常与地面的槽谷伴随存在，通过槽谷底部的一系列漏斗、落水洞使两者互相连通。因此，可以根据这些地表岩溶形态的分布位置，概略地估计暗河在地下的发展方向。地下的暗河河道或溶洞塌陷，在局部地段有时会形成横跨水流的天生桥。

（8）岩溶泉：岩溶水流出地面即成岩溶泉。它是岩溶发育地区分布最广泛的一种岩溶现象，其中以下降泉居多，上升泉较少。岩溶泉有经常性和间歇性之分。间歇性泉旱季干涸，雨季流水。

当暗河流向非岩溶地区时，在可溶岩层与非可溶岩层接触带的边缘，经常是岩溶泉最发育的地方。

（9）岩溶湖：由于槽谷、溶蚀洼地、坡立谷中的大型强斗底部的消水通道堵塞，或溶蚀平原局部洼地集水而成的湖泊。在溶洞中也常有小型的地下岩溶湖存在。

（10）土洞：在槽谷、坡立谷底部和溶蚀平原上，可溶性岩层常为第四纪的松散土层所覆盖，由于地下水位降低或水动力条件的改变，在岩溶水的淋滤、潜蚀、搬运作用下，使上部土层下落，流失或坍塌，形成大小不一、形态不同的土洞。如广西、贵州和粤北等地土层覆盖的岩溶地区（即埋藏岩溶地区），由于人为抽水、排水引起地下水位的变动，常形成土洞，直接危害路基的稳定。

3. 岩溶路基施工技术要点

岩溶地区路基常见病害主要表现为地下水位高而侵蚀路基路面，导致土基软化，路面开裂；暴雨时节冲垮路基，路床地面以下潜伏洞穴而产生凹陷。一般公路受造价的制约，当地往往又缺乏路基用土，故而采用矮路堤。矮路堤所固有的排水不畅、地基强度不足等病源在此得到充分暴露。因此，岩溶地区地基处理的措施是排水、填洞、跨越、利用。

岩溶地下水应因势利导，采用疏导、排除、降低地下水位的方法，消除对路床软化的影响，保证路基处于干燥或中湿状态。所有冒水的溶洞在施工过程中均不能堵塞水的出路。一般的做法是在与地下水道相连的漏斗、消水洞处一律修建涵洞。疏导建筑物一般可采用明沟、泄水洞、渗沟、涵洞等。

4. 崩坍、岩堆地区路基基底处理概要

在陡峭的山坡上，由于人工开挖、自然营力、风化、爆破的作用，岩（土）体从陡峭斜坡上向下倾倒、崩落、翻滚，破坏过程急剧、短促而猛烈，这个过程称崩坍。崩坍后的岩（土）体原来结构完全被打乱，互无联系，大石块抛落较远，土体集中，堆积而成倒石堆或岩堆。崩坍、岩堆地区路基处理的关键是边坡整治。路线应尽量避免通过原有的崩坍、岩堆地段。确有必要通过时，应探明其深度、范围、工程数量，采取清挖至原状土、设支挡结构物、桩基顶面打钢筋混凝土盖板、桩基与岩堆共同组成复合地基等措施。之后，按填土或填石路基施工。

第三章 路面施工技术

第一节 沥青混凝土路面施工技术

沥青混凝土路面是以沥青材料为结合料，黏结矿料形成沥青混合料，用其修筑面层，与各类基层和垫层共同组成的路面结构。沥青作为结合料，增强了矿料颗粒间的黏结力，同时提高了路面的技术品质。由于沥青材料具有较好的弹性、黏性和塑性，因而沥青混凝土路面具有平整、耐磨、不扬尘、不透水、耐久、平稳、舒适等特点，是目前各级道路常用的路面面层。

沥青混凝土路面施工过程中必须遵循以下规定：

1. 贯彻"精心施工，质量第一"的方针，保证沥青混凝土路面的施工质量。

2. 必须符合国家环境和生态保护的规定。

3. 沥青混凝土路面施工必须有施工组织设计，并保证合理的施工工期。沥青混凝土路面不得在气温低于10℃（高速公路和一级公路）或5℃（其他等级公路）以及雨天路面潮湿的情况下施工。

4. 沥青面层宜连续施工，避免与可能污染沥青层的其他工序交叉干扰，以杜绝施工和运输污染。

5. 沥青混凝土路面施工应确保安全，有良好的劳动保护。沥青拌和厂应具备防火设施，配制和使用液体石油沥青的全过程严禁烟火。使用煤沥青时，应采取措施防止工作人员吸入煤沥青或避免皮肤直接接触煤沥青而造成身体伤害。

6. 进行沥青混凝土路面试验检测的试验室应通过认证，取得相应的资质；试验人员应持证上岗；仪器设备必须检定合格。

7. 沥青混凝土路面工程应积极采用经试验和实践证明有效的新技术、新材料和新工艺。

8. 沥青混凝土路面施工除应符合《公路沥青路面施工技术规范》（JTG F4-2004）外，还应符合国家颁布的现行有关标准、规范的规定。特殊地质条件和地区的沥青混凝土路面工程，可根据实际情况制订补充规定。各省区市或工程建设单位可根据具体情况，制订相应的技术指南，但技术要求不应低于《公路沥青路面施工技术规范》（JTGF40-2004）中的规定。

热拌沥青混合料是由矿料与沥青在热态下拌和而成的混合料的总称，是高等级公路主要采用的路面施工方式。本节主要讲述热拌沥青混合料施工技术。

一、施工前的准备工作

施工前的准备工作主要有确定料源及进场材料的质量检验、检查施工机械、铺筑试验路段等。

1.确定料源及进场材料的质量检验

在沥青混凝土路面建设过程中，材料起着至关重要的作用。有些新建的高速公路沥青混凝土路面之所以会出现早期损坏，材料问题是重要原因。因此，在沥青混凝土路面施工过程中，应严把材料关，以试验为依据，严格控制材料质量。沥青混凝土路面使用的各种材料运至现场后，必须取样进行质量检验，经评定合格后方可使用。不得以供应商提供的检测报告或商检报告代替现场检测，以防止因使用不符合要求的材料而造成损失。

（1）沥青材料

沥青材料的选用应在全面了解各种沥青料源、质量及价格的基础上，从质量和经济两个方面综合考虑。对每批进场的沥青，均应检验生产厂家所附的试验报告、检查装运数量、装运日期、订货数量、试验结果等。对每批沥青进行抽样检测，试验中如有一项达不到规定要求，应加倍抽样试验。

如仍不合格，则应退货并提出索赔。沥青材料的试验项目有针入度、延度、软化点、薄膜加热、蜡含量、比重等。有时根据合同要求，可增加其他非常规测试项目。

沥青材料的存放应符合下列要求：沥青运至沥青厂或沥青加热站后，应按规定分批检验其主要性质指标是否符合要求，不同种类和标号的沥青材料应分别储存，并加以标记；临时性的储油池必须搭盖棚顶，并应疏通周围的排水渠道，防止雨水或地表水进入池内。

（2）集料

集料质量差是目前公路建设中特别严重的问题，突出表现是材料脏、粉尘多、针片状颗粒含量高级配不良等，经常达不到规范要求。我国公路部门的集料多半取自社会料场，国有企业、乡镇企业、个体企业都有，各料场的质量、规格参差不齐，使用时离析严重，导致实际级配与配合比与设计有很大的差距，这是造成沥青混凝土路面早期损坏的重要原因。

集料的准备应符合下列要求：①不同规格的集料应分别堆放，不得混杂，有条件时应加盖防雨顶棚。②各种规格的集料运达工地后，应对其强度、形状、尺寸、级配、清洁度、潮湿度进行检查。如尺寸不符合规定要求，应重新过筛；若有污染，应用水冲洗干净，干燥后方可使用。

集料质量的控制主要从粗集料、细集料、填料（矿粉）和纤维稳定剂几个方面进行。

粗集料的选择应遵循就地取材的原则，注重集料的加工特性，重点检查石料的技术标准能否满足要求,如石料:等级、保水抗压强度、磨耗率、磨光值、压碎值等,以确定石料料场。实际中,有些石料虽然达到了技术标准中的要求,但不具备开采条件,在确定料场时也应慎重考虑。在各个料场采集样品,制备试件并进行试验。考虑经济性等问题后确定料场。在选择集料时,勿过分迷信玄武岩。

有人认为表面层非玄武岩不能使用,当地没有就去外地买,对当地的石料如辉绿岩、安山岩、闪长岩、石灰岩等质量很好的石料视而不见,特别是花岗岩、砂岩等酸性石料。实际上,只要采取掺加消石灰或抗剥落剂等技术措施,酸性石料也具有较好的应用效果,且玄武岩未必都好,有的吸水率很大,受热稳定性并不好。

细集料的质量是确定料场的重要指标,进场的机制砂、天然砂、石屑应满足规定的质量要求。细集料应洁净、干燥、无风化、无杂质,并有适当的颗粒级配,其中最重要的是洁净。为保证细集料的质量,并从保护环境的角度来看,机制砂是今后细集料的发展方向。

填料(矿粉)必须为石灰岩或火成岩中的强基性岩石等憎水性石料经磨细得到的矿粉,原石料中的泥土杂质应除净。矿粉应干燥、洁净,能自由地从矿粉仓流出。拌和机的粉尘可作为矿粉的一部分进行回收使用,但每盘用量不得超过填料总量的25%,掺有粉尘填料的塑性指数不得大于4,当采用粉煤灰作为填料使用时,用量不得超过填料总量的50%,粉煤灰的烧失量应小于12%,与矿粉混合后的塑性指数应小于4,其余质量要求与矿粉相同。高速公路、一级公路的沥青面层不宜采用粉煤灰做填料。

纤维稳定剂宜选用木质素纤维、矿物纤维等。其掺加比例以其占沥青混合料总量的质量百分率计算。通常情况下,用于SMA路面的木质素纤维不宜低于0.3%,矿物纤维不宜低于0.4%,必要时可适当增加纤维用量。纤维掺加量的允许误差宜不超过±5%。纤维应存放在室内或有棚盖的地方,松散纤维在运输及使用过程中应避免受潮、结团。使用纤维时必须符合环保要求,不危害身体健康。矿物纤维宜采用玄武岩等矿石制造,易影响环境及造成人体伤害的石棉纤维不宜直接使用。

2. 检查施工机械

沥青混凝土路面施工前,应对各种施工机械做全面检查。具体检查项目为:

(1)检查洒油车的油泵系统、洒油管道、量油表、保温设备等有无故障,并将一定数量的沥青装入油罐,在路上试洒,校核其洒油量。每次喷洒前应保持喷油嘴干净,管道畅通。喷油嘴的角度应保持一致,并与洒油管成15°~25°的夹角。

(2)检查矿料撒铺车的传动和液压调整系统,并应事先进行试撒,以确定撒铺每一种规格矿料时应控制的间隙和行驶速度。

(3)检查沥青混合料拌和与运输设备。拌和设备在开始运转前要进行一次全面检查,注意各个连接部件螺栓连接的紧固情况,传动链的张紧度,搅拌器内有无积存余料,振动筛筛网规格及网面有无破损,冷料运输机是否运转正常和有无跑偏现象;仔细检查沥青、燃油、导热油和压缩空气供给系统是否畅通,是否有漏沥青、漏油、漏气现象;注意检查沥青拌和设备的电气系统；检查运输车辆是否符合要求，保温设施是否齐全。

（4）检查摊铺机的规格和主要机械性能，如振捣板、振动器、熨平板、螺旋摊铺器、离合器、刮板送料器、料斗闸门、厚度调节器、自动调平装置，并检查纵坡、横坡控制器的灵敏性，是否正常工作。作业前，应使用喷雾器向接料斗、推滚、刮板送料器、螺旋摊铺器及熨平板等可能黏着沥青混合料的部位喷洒柴油，但严禁在熨平板预热时喷洒柴油。

（5）检查压路机的规格和主要机械性能（如转向、启动、振动、倒退、停驶等方面的能力）及滚筒表面的磨损情况；检查发动机冷却水量、机油量、液压油量是否符合压路机的使用要求；检查燃油量、喷水水箱的水量是否充足，保证能够顺利完成当天的生产任务。

3. 铺筑试验路段

（1）铺筑试验路段的目的

铺筑沥青混合料道路时一般就地取材。每个地区的材料性能和特点各不相同，在进行道路设计时，要根据现有的材料确定矿料的级配、沥青用量。道路施工时，各个施工单位使用的设备不同。

随着施工技术的不断发展，新技术、新工艺、新材料、新设备不断应用。

铺筑试验路段的目的如下：

①为了减少不定因素造成的风险，防止道路铺筑后产生缺陷。

②通过铺筑试验路段，对采用的新技术、新工艺、新材料、新设备进行综合验证和评定。待各项指标完全满足设计要求后，才能正式摊铺施工。

③通过试验路段的作业，总结出全套的作业参数，供正式施工时参照执行。

（2）铺筑试验路段的要求

铺筑试验路段绝不是一种形式，必须达到所要求的目的。具体应满足以下要求：

①高速公路和一级公路在正式施工前，都应铺筑试验路段；

②其他等级的公路，在缺乏施工经验或使用新材料、新设备、新施工方法时，也应铺筑试验路段；

③只有施工单位、材料、机械设备以及施工方法都相同时，才能用已有的经验施工，无须铺筑试验路段；

④试验路段的长度一般为100~200m；

⑤为了确保试验结果准确，应选择直线路段进行试验；

⑥沥青混合料路面的每个结构层都要铺筑试验路段；

⑦确定各层试验路段位置时，不能在同一地段。

（3）通过试验路段应得到的数据

热拌热铺沥青混合料路面试验路段的铺筑分试拌及试铺两个阶段，通过试验路段应得到以下数据：

①验证设计阶段取得的沥青混合料配合比数据，如目标配合比、生产配合比等数据是

否满足设计要求。

②对施工准备阶段设定的沥青拌和站的各项参数进行验证，包括拌和时矿料的加热温度、沥青的加热温度、混合料的拌和时间及其他设备生产参数，测量混合料的出厂温度，还要测算拌和站的实际生产率。

③测量运输车将混合料运达现场后混合料的温度、运输过程所用的时间、运输车数量是否满足施工要求。

④验证各种施工机械的性能是否满足施工质量要求，施工机械的数量是否足够，施工机械匹配是否合理，全套施工机械是否能够满足均衡生产的要求；设备的技术状况是否可靠，性能是否达到最佳稳定运转状态。

⑤测量摊铺机的摊铺温度、松铺系数、摊铺机的各项作业数据。

⑥测量压路机初压时混合料的温度，复压时混合料的温度，复压遍数后终压时混合料的温度及碾压过程所用的时间。使用振动压路机时，比较各振动频率和振幅的碾压效果，确定最佳振动频率和振幅参数。

⑦进行路面渗水系数试验，检查路面沥青混合料的防水性能。

⑧建立用钻孔法与核子密度仪无破损检测路面密度的对比关系，确定压实度的标准检测方法。核子密度仪等无破损检测在碾压成型后的热态条件下测定，取13个测点的平均值为1组数据，一个试验路段不得少于3组；钻孔法在第2d或第3d以后测定，钻孔数不少于12个。

试验路段的铺筑应由有关各方共同参加，及时商定有关事项，明确试验结论。铺筑结束后，施工单位应就各项试验内容提出完整的试验路段施工、检测报告，取得业主或监理的批复。热拌沥青混合料路面施工工艺包括混合料的拌和、运输、摊铺、压实及接缝处理等。铺筑沥青层前，应检查基层或下卧沥青层的质量，不符合要求的不得铺筑沥青面层。旧沥青路面或下卧层已被污染时，必须清洗或经铣刨处理后方可铺筑沥青混合料。以下对热拌沥青混合料路面的各施工工艺分别进行阐述。

二、沥青混合料的拌和与运输

1. 沥青混合料的拌和

沥青混合料必须在沥青拌和厂（场、站）采用拌和机械拌制。拌和厂的设置必须符合国家有关环境保护、消防、安全等的规定；设计拌和厂与工地现场距离时，应充分考虑交通堵塞的可能性，确保混合料的温度下降符合要求，且不致因颠簸造成混合料离析；拌和厂应具有完备的排水设施，各种集料必须分隔储存，细集料应设防雨顶棚，料场及场内道路应做硬化处理，严禁泥土污染集料。

在拌制一种新配合比的混合料之前，或生产中断一段时间后，应根据室内配合比进行试拌，通过试拌及抽样试验确定施工质量控制指标。

（1）拌和设备

沥青混合料拌和设备按工艺流程可分为间歇式强制搅拌式和连续滚筒式，根据生产能力（即按每小时拌和成品料的数量确定）又分为小型（40t/h以下）、中型（40~350t/h）和大型（400 t/h以上）三种。间歇式强制搅拌式拌和设备的生产能力最高可达700t/h，连续滚筒式拌和设备的生产能力最高可达1200t/h。

对于间歇式强制搅拌式拌和设备，冷矿料的烘干、加热与热沥青的拌和先后在不同的设备中进行，采用分批计量、强制拌和的生产工艺，所生产的沥青混合料的油石比和骨料级配具有精度高、拌和均匀、残余含水率低的特点，但设备庞大，动力消耗较高。对于高速公路和一级公路而言，为了保证路面施工质量，以适应大负荷，大流量的运输工况，规范规定宜选择间歇式强制搅拌式拌和设备。

对于连续滚筒式拌和设备，冷矿料的烘干、加热与热沥青的拌和在同一滚筒内连续进行，采用连续作业、自由拌和的生产工艺，热砂石料和热沥青液连续计量供应，不断搅拌并卸出。其搅拌器较长，装有多对按螺旋形方向安装的搅拌叶片，一端连续进料，另一端连续出料。此种拌和设备紧凑，同等生产率条件下动力消耗小。其一般装有自动控制装置，可以实现自动化生产，生产率较高，但对沥青混合料的油石比和骨料级配控制精度比较低，而且由于沥青接触火焰易老化，使用性能降低。连续滚筒式拌和设备使用的集料必须稳定不变，当一个工程从多处进料，料源或质量不稳定时，不得采用连续滚筒式拌和设备。

按其安装情况，沥青混合料拌和设备又可分为固定式和移动式。前者的全部机组固定安装在场地上，多用于规模较大、工程量集中的场合。后者若为大、中型设备，则全部机组分装在几辆特制平板挂车上，拖运到施工地点后拼装架设，多用于公路施工工程；若为小型设备，则机组安装在一辆特制平板挂车上，可随时转移，多用于道路维修工程。

选择沥青混合料拌和设备时还应注意以下情况：

①间歇式强制搅拌式拌和设备的总拌和能力需满足施工进度要求。拌和设备除尘设备完好，能达到环保要求。冷料仓的数量满足配合比需要，通常不宜少于5~6个。拌和设备应配备有添加纤维、消石灰等外掺剂的设备。

②沥青混合料拌和设备的各种传感器必须定期检查，每年不少于一次。冷料供料装置需经标定得出集料的供料曲线。

（2）材料要求

集料进场后，宜在料堆顶部平台卸料。经推土机推平后，铲运机从底部按顺序竖直装料，以减少集料离析。集料与沥青混合料取样应符合现行试验规程的要求。从沥青混合料运料车上取样时，必须设置取样台，分几处采集一定深度下的样品。热拌沥青混合料宜当天拌和、当天摊铺。若遇特殊情况时，如下雨或摊铺设备出现故障不能立即摊铺时，可于成品储料仓内储存。

（3）拌和质量控制

①高速公路和一级公路施工采用的间歇式强制搅拌式和设备必须配备计算机，拌和过

程中逐盘采集并打印各个传感器测定的材料用量和沥青混合料拌和量、拌和温度等各种参数，每个台班结束时打印出一个台班的统计量。按现行《公路沥青路面施工技术规范》(JTG F40-2004)中规定的方法，进行沥青混合料生产质量及铺筑厚度的总量检验，若总量检验数据有异常波动，则应立即停止生产并分析原因。

②控制沥青混合料的温度。沥青混合料的出厂温度通常由沥青、矿料的加热温度控制。沥青混合料拌制完成出厂，运到施工现场时混合料的温度对摊铺质量影响很大，摊铺完成后铺层混合料的温度对压实的密实度影响最大。如果混合料的温度过低，铺筑的混合料还没有完全压实就已经冷却，铺筑层混合料将不能被压实，路面就达不到规定的密实度、路面的强度、防水性能均会受到很大的影响。普通沥青混合料和改性沥青混合料的施工温度应分别满足要求。通常改性沥青混合料凝结温度高，施工温度要比普通沥青混合料的施工温度高。

③拌和机的矿粉仓应配备振动装置以防止矿粉起拱。添加消石灰、水泥等外掺剂时，宜增加粉料仓，也可由专用管线和螺旋升送器直接加入拌和锅。若消石灰、水泥与矿粉混合使用，应注意二者因密度不同容易发生离析。

④拌和机必须有两级除尘装置。经一级除尘的部分可直接回收使用，二级除尘的部分可进入回收粉仓使用（或废弃）。对因除尘造成的粉料损失应补充等量的新矿粉。

⑤沥青混合料拌和时间根据具体情况经试拌确定，以沥青均匀裹覆集料为度。间歇式强制搅拌式拌和设备每盘的生产周期不宜少于45s（其中干拌时间不少于5~10s），改性沥青和SMA混合料的拌和时间应适当延长。

⑥间歇式强制搅拌式拌和设备的振动筛规格应与矿料规格相匹配，最大筛孔宜略大于混合料的最大粒径，其余筛的设置应考虑混合料的级配稳定，并尽量使热料仓大体均衡，不同级配的混合料必须配置不同的筛孔组合。

⑦间隙式强制搅拌式拌和设备宜备有保温性能好的成品储料仓，储存过程中混合料温降不得大于10℃且不能有沥青滴漏。普通沥青混合料的储存时间不得超过72h，改性沥青混合料的储存时间不宜超过24h，SMA混合料只限当天使用，OGFC混合料宜随拌随用。

⑧生产添加纤维的沥青混合料时，纤维必须在混合料中充分分散，拌和均匀。拌和设备应配备同步添加投料装置，松散的絮状纤维可在喷入沥青的同时或稍后采用风送设备喷入拌和锅，拌和时间宜延长为5s以上。颗粒纤维可在粗集料投入的同时自动加入，经5~10s干拌后再投入矿粉。纤维的添加量很小时，也可分装成塑料小包或由人工量取直接投入拌和锅。

⑨使用改性沥青时，应随时检查沥青泵、管道、计量器是否堵塞，堵塞时应及时清洗。

⑩沥青混合料出厂时，应逐车检测沥青混合料的质量和温度，记录出厂时间，签发运料单。

2．沥青混合料的运输

沥青混合料成品应及时运往工地。运输前应查明工地的具体位置、施工条件、摊铺能力、运输、路线、运距、运输时间以及所需混合料的种类和数量等，合理确定运输车辆数量。沥青混合料在运输过程中极易发生离析现象，其中尤以级配离析和温度离析居多。因此，控制和减少离析现象的发生是运输过程中质量控制的重点。

（1）运输过程中的级配离析

运输过程中级配离析的发生主要有以下几种情况：

①沥青拌和设备生产的混合料进入储存罐储存时，由于储存罐装置有所不同，粗集料滚向一侧，使得混合料发生离析。

②在沥青混合料从拌缸直接装车的过程中，规格大的石料和多面体、圆形的石料滚动较快，从而被堆放在沥青混合料周围的下部。由于沥青的黏结作用，规格小的集料相互吸附而不易滚动，因此被堆放在沥青混合料堆的中间。如果一次装完沥青混合料，易使较大的碎石滚到车辆前部、后部和两侧，从而造成离析。

③在沥青混合料从运输车中倒入摊铺机料斗的过程中，堆放在沥青混合料堆四周的粗集料聚集部分同时进入摊铺机料斗，而摊铺机的输料器无法消除这种离析现象，铺筑在路面上就造成周期性的离析。

④载货汽车在储料仓下快速装料时，驾驶员若不移动车辆，较大粒径碎石将滚到载货汽车前部、后部和两侧，使得卸料时开始卸下的料和最后卸下的料都是粗集料，两侧的粗集料被卸到摊铺机受料斗的两块侧板上。这种装料方式使该车料铺筑路面的中间部分区域产生离析现象。此外，运输过程中路况不平或运料车的突然制动也会加剧沥青混合料的离析。

（2）运输过程中的温度离析

沥青混合料从拌和厂向摊铺现场运输的过程中，沥青混合料温度与周围温度相差很多，热交换的作用会导致混合料温度在到达现场前有较大的下降。沥青混合料的温度愈高，其温度下降愈多；周围环境温度愈低，热量损失愈大。由于沥青和集料的导热系数较小，热量传导缓慢，在产生热量损失的车厢周边，冷混合料较多，中心混合料温度下降量较小。这样就在载货汽车的周边混合料与中心混合料之间产生温度差异。

即使在炎热的夏天，环境温度比沥青混合料的温度也要低得多。车厢壁传导、对流、辐射三种方式的热量交换，会造成沥青混合料的热量损失，从而引起沥青混合料温度的下降。热量的损失主要出现在靠近车厢壁的混合料中，中心区域混合料温度下降量较小。

（3）运输过程中离析的控制

要实现运输过程中沥青路面的施工质量控制，必须有效控制和减少离析现象的发生，可以从以下几个方面入手：

①装料和卸料方法。在从储料仓卸料至运料车的过程中，为减少沥青混合料颗粒的离析，应尽量缩短出料口至车厢的下料距离，以保持50cm为宜，且运料车应停在不同位置受料。汽车位置需要进行前后、中三次改变，以实现平衡装料，从而减小载货汽车中混合料的离析程度。此外，也可分两层装料，装每层时先装载中间再装载前部、后部。通过试

验路段验证该措施克服离析现象的效果更佳。

当载货汽车将料卸入摊铺机受料斗时，应尽量使混合料整体卸落，而不是逐渐将混合料卸入受料斗。因此，车厢底板需要处于良好的启闭状态并涂润滑剂，使全部混合料同时向后滑动。快速卸料可预防粗粒料集中在摊铺机受料斗两侧的外边部。经调研发现，我国较多高速公路的施工现场均存在粗集料集中于摊铺机受料斗两侧板边部的情况。

②运输过程的控制。由于大吨位的运输车辆易于保温，因此热拌沥青混合料宜采用较大吨位的运料车运输，但不得超载运输或急刹车、急弯掉头使透层、封层发生损伤。在运输过程中，混合料宜用篷布覆盖，以保温、防雨、防污染。为更好地减轻温度离析现象，可采用双层篷布中间加海绵的方式覆盖，将其固定在车上，卸料时不揭开。

③合理的施工组织管理。在沥青混合料成品运达工地之前，应对工地的具体摊铺位置、运输路线、运距、运输时间、施工条件、摊铺能力以及所需混合料的数量等做详细核对。

（4）运输过程中的注意事项

①运料车每次使用前后必须清扫干净，在车厢板上涂一薄层防止沥青黏结的隔离剂或防黏剂，但不得有余液积聚在车厢底部。运料车进入摊铺现场时，轮胎上不得沾有泥土等可能污染路面的脏物，宜设水池洗净轮胎后进入工程现场。

②沥青混合料在摊铺地点凭运料单接收。若混合料不符合施工温度的要求，或已经结成团块已遭雨淋，则不得铺筑。

③摊铺过程中，运料车应在摊铺机前100~300mm处停放，空挡等候。由摊铺机推动前进开始缓缓卸料，避免撞击摊铺机。

④有条件时，运料车可将混合料卸入具有保温作用的转运车，经二次拌和后再向摊铺机连续、均匀地供料。运料车每次卸料时必须倒净，尤其是对改性沥青或SMA混合料，如有剩余，应及时清除以防止硬结。

⑤SMA及OGFC混合料在运输、等候过程中，如发现有沥青结合料沿车厢板滴漏，应采取措施予以避免。

三、沥青混合料摊铺技术

摊铺作业是沥青混凝土路面施工的关键工序之一，常包括下承层准备、施工放样、摊铺机各种参数的调整与选择、摊铺机作业等主要内容。

1. 准备工作

（1）下承层的准备

沥青混合料的下承层（即前一层）是指基层、联结层或面层下层。虽然下承层完成之后已进行过检查验收，但在两层施工的间隔很可能因某种原因，如雨天、施工车辆通行或其他施工干扰等，使其发生不同程度的损坏，如基层可能会出现弹软、松散或表面浮尘等，因此需对其进行维修。沥青类联结层下层表面可能被泥泞污染，必须将其清洗干净。下承层表面出现的任何质量缺陷，都会影响到路面结构的层间结合强度，以致于影响路面整体强度。特别是当桥头及通道两端基层出现沉陷时，应在两端全宽范围内进行挖填处理（在一定深度与长度范围内重新分层填筑与压实），并在两端适当长度内，线型略向上抬起0~3cm，使线型"饱满"。对下承层的缺陷进行处理后，即可撒透层油或黏层油。

①透层油。为使沥青面层与非沥青材料基层结合良好，沥青路面各类基层上都必须喷撒透层油。根据基层类型选择渗透性好的液体沥青、乳化沥青、煤沥青做透层油，喷撒后通过钻孔或挖掘确认透层油渗入基层的深度宜不小于5（无机结合料稳定集料基层）~10mm（无结合料基层），并能与基层联结成一体。

②黏层油。黏层油使上、下层沥青结构层或沥青结构层与结构物（或水泥混凝土路面）完全黏结成一个整体。黏层油宜采用快裂或中裂乳化沥青、改性乳化沥青，也可采用快、中凝液体石油沥青，其规格和质量应符合规范中的要求，所使用的基质沥青标号宜与主层沥青混合料相同。

（2）施工放样

施工放样必须超前于摊铺施工，要尽可能减少放样误差。施工放样包括标高测定与平面控制两项内容。

标高测定的目的是确定下承层表面高程与原设计高程相差的确切数值，以便在挂线时纠正到设计值或保证施工层厚度。根据标高值设置挂线标准桩，借以控制摊铺厚度和标高。无自控装置的摊铺机不存在挂线问题，但应根据所测的标高值和本层应铺厚度综合考虑并确定实铺厚度，用适当垫块或定位螺旋调整就位。为了便于掌握铺筑宽度和方向，还应放出摊铺的平面轮廓线或设置导向线。

标高放样时应考虑下承层的标高差值（设计值与实际标高值之差）、厚度和本层应铺厚度。综合考虑后定出挂线桩顶的标高，再打桩挂线。当下承层的厚度不够时，应在本层内加入厚度差并兼顾设计标高。如果下承层的厚度足够而标高低，则应根据设计标高放样。如果下承层的厚度与标高都超过设计值，则应按本层厚度放样。若下承层的厚度和标高都不够，则应按差值大的为标准进行放样。总之，标高放样不但要保证沥青路面的总厚度，而且要考虑使标高不超出容许范围。当两者矛盾时，应以满足厚度为主考虑放样，放样时计入实测的松铺系数。

（3）摊铺机的准备

热拌沥青混合料应采用沥青摊铺机摊铺。在喷撒过黏层油的路面上铺筑改性沥青混合料或SMA时，宜使用履带式摊铺机。摊铺机的受料斗应涂刷薄层隔离剂或防黏结剂。

铺筑高速公路、一级公路沥青混合料时，一台摊铺机的铺筑宽度不宜超过6（双车道）~7.5m（三车道以上），通常宜采用两台或两台以上摊铺机前后错开10~20m呈梯队方式同步摊铺。两幅之间应有30~60mm宽的搭接，并躲开车道轮迹带，上、下层的搭接位置宜错开200mm以上。

开工前应提前0.5~1h预热熨平板，使其温度不低于100℃。铺筑过程中应保证熨平板的振捣或夯锤压实装置具有适宜的振动频率和振幅，以提高路面的初始压实度。熨平板加宽连接时，应仔细调节至摊铺的混合料没有明显的摊铺痕迹。

2. 摊铺机施工作业

（1）摊铺机的作业速度

摊铺机的作业速度对摊铺机的作业效率和摊铺质量影响极大。正确选择作业速度是加快施工进度，提高摊铺质量的重要手段。如果摊铺机时快时慢、时开时停，将导致熨平板受力系统平衡变化频繁，会对铺层平整度和密实度产生很大影响；过快则铺层疏松，供料困难；停机会使铺层表面形成台阶状，且料温下降，不易压实。

（2）摊铺机的调平方式

现代沥青混合料摊铺机有完善的自动调平装置，包括纵坡调平和横坡调平两种调平装置。纵坡调平装置是在摊铺机一侧的地面上设置一条水平的纵坡基准线作为参照物，摊铺机作业时比照该基准线摊铺，使该侧摊铺始终保持设定高度。横坡调平装置是在纵坡控制的基础上进行控制的。当熨平板的一侧用纵坡控制保持设定高度后，横坡调平装置可使熨平板保持横向水平，使铺筑的路面成为一个水平面。横坡调平装置也可使熨平板始终保持一定的横向坡度，以满足道路横向路拱的坡度要求。使用时可根据需要采用纵坡和横坡配合控制，也可以选择使用两个纵坡控制。

纵坡基准是摊铺机能够摊铺出平整路面的基础，分为绝对高程基准和地面平均高程基准。在实际施工中，绝对高程基准适用于摊铺下面层和中面层，以保证路面各个部位的高程；地面平均高程基准适用于摊铺表面层，使摊铺表面圆润、平滑，以提高车辆行驶的舒适性。绝对高程基准包括钢丝绳基准、铝合金梁基准、路缘石基准等，一般应在摊铺施工前在地面上设置。地面平均高程基准包括拖梁基准、滑靴平衡梁基准、多足式基准梁基准、大型平衡梁基准、声呐平衡梁基准等。其中，声呐平衡梁是通过声呐测量地面的平整度，采用非接触测量，也称为非接触式平衡梁。一般情况下，摊铺机应采用自动调平方式。下面层或基层宜采用钢丝绳引导的高程控制方式，上面层宜采用平衡梁或雪橇式摊铺厚度控制方式，中面层应该根据情况选用找平方式。直接接触式平衡梁的轮子不得黏附沥青，铺筑改性沥青或 SMA 路面时宜采用非接触式平衡梁。

（3）摊铺温度

沥青路面施工必须有施工组织设计，并保证合理的施工工期。寒冷季节遇大风降温，不能保证迅速压实时不得铺筑沥青混合料。热拌沥青混合料的最低摊铺温度根据铺筑层厚度、气温、风速及下卧层表面温度按规范执行。每天施工开始阶段宜采用较高温度的混合料。

（4）松铺系数

沥青混合料的松铺系数应根据混合料类型经试铺试压确定。摊铺过程中，应随时检查摊铺层厚度及路拱、横坡。摊铺层的平均压实厚度利用一个评定周期内的沥青混合料总生产量、施工总面积、沥青混合料密度求得，具体按下式计算。

$$H = \frac{\sum m_i}{Ad} \cdot 1000$$

式中 H——该评定周期内沥青路面摊铺层的平均压实厚度，mm；

m_i——第 i 盘沥青混合料的质量；

$\sum m_i$——一个评定周期内沥青混合料的总生产量 t；

A——该评定周期内沥青路面摊铺层的总面积，当遇有加宽等情况时，铺筑面积应按实际计算，m^2；

d——该评定周期内摊铺层现场压实密度的平均值，由钻孔试件的干燥密度（即实验室标准密度乘以压实度）测定得到，t/m^3。

确定沥青混合料的松铺系数时应注意以下几点：

①沥青混凝土的松铺系数为 1.15~1.35，沥青碎石混合料的松铺系数为 1.15~1.30，不同混合料的松铺系数不同；

②不同型号熨平板的初压实能力不同，松铺系数也不相同；

③准确的松铺系数应在道路试验路段铺筑完成后经过实测确定。

3. 摊铺过程中的质量检验、质量缺陷及防止对策

（1）质量检验

①沥青含量的直观检查。若混合料又黑又亮，料车上的混合料呈圆锥状或混合料在摊铺机受料斗中"蠕动"，则表明沥青含量正常；若混合料特别黑亮，料车上的混合料呈平坦状或沥青结合料从骨料中分离出来，则表明沥青含量过大（或骨料没有充分烘干，表面上看起来沥青太多）；若混合料呈褐色，暗而脆，粗集料没有被完全裹覆，受料斗中的混合料不"蠕动"，则表明沥青含量太少（或过热，拌和不充分）。

②混合料温度检测。沥青混合料在正常摊铺和碾压温度范围内，往往冒出淡蓝色蒸气。沥青混合料产生黄色蒸气或缺少蒸气分别说明温度过高或过低。通常在运料车到达工地时测定混合料的温度，有时在摊铺后测定。每天早晨要特别注意做这项检查，因此时下承层表面的温度和气温都比较低。只要混合料温度较低或初次碾压，而压路机跟不上时，就应测定温度。测量摊铺层的温度时，应将温度计的触头插进未压实的面层中部，然后周围轻轻用足踏实。目前，也有许多地方采用电子点温计测定。

③厚度检测。摊铺机在摊铺过程中应经常检测虚铺厚度。

④表观检查。未压实混合料的表面结构无论是纵向还是横向都应均匀、密实、平整，无撕裂小波浪、局部粗糙、拉沟等现象，否则应查明原因并及时处理。

（2）摊铺中的质量缺陷及防止对策

在沥青混合料的摊铺过程中，常见的质量缺陷主要有：厚度不准、平整度差（小波浪、台阶）、混合料离析、裂纹、拉沟等。产生这些质量缺陷的原因主要是机械本身的调整、摊铺机的操作和混合料的质量等方面。为了防止和消除在施工中可能产生的各种质量缺陷，

在沥青混合料摊铺过程中应注意以下几点：

①波浪形基层的摊铺不必考虑摊铺厚度的均一性，实际的混合料用量应比理论计算值大。在波浪地段，即使摊铺得很平整，碾压后仍会出现与基层相似的波形。因此，对有大波浪的基层应在其凹陷处预先铺上一层混合料，并予以压实。

②摊铺机的操作及本身的调整对摊铺质量影响很大。一般非操作人员不准上、下摊铺机；不准在熨平板上放置物体，如水桶、工具等；不准随意调节熨平板的厚度调节手柄，厚度变化较大时应查明原因，按坡度标准要求进行调节；纵向传感器与熨平板边沿的距离应当恒定，不能时远时近，特别是在有横坡的路段，该距离变化将引起铺层厚度的变化；应时刻注意摊铺机的行走方向线，避免急掉方向；摊铺机的螺旋布料器应相应于摊铺速度调整到一个稳定的速度均衡转动，两侧应保持有不少于送料器 2/3 高度的混合料，以减少摊铺过程中混合料的离析。

③沥青混合料的性质也是影响摊铺质量的主要原因之一。混合料的性质不稳定，易使摊铺厚度发生变化，如温度过高，沥青量过多，矿粉掺量过多等都会使摊铺层变薄。当矿料中的大颗粒尺寸大于摊铺厚度时，在摊铺过程中该大颗粒将被熨平板拖着滚动，导致铺层产生裂纹拉沟等，所以应严格控制矿料粒径，使其最大粒径小于摊铺厚度的一半。混合料的配合比不当会产生全铺层的裂缝，所以必须调整混合料的配合比。同时，在混合料摊铺过程中，用机械摊铺的混合料不宜用人工反复修整。当不得不由人工做局部找补或更换混合料时，需仔细进行，特别严重的缺陷应整层铲除。

④其他因素。摊铺过程中应设专人指挥自卸车的停车、起顶、卸料，防止自卸车撞击摊铺机。在雨季铺筑沥青路面时，应加强气象联系，已摊铺的沥青层因遇雨未行压实的应予以铲除。在路面狭窄部分、平曲线半径过小的匝道或加宽部分，以及小规模工程中不能采用摊铺机铺筑时，可用人工摊铺混合料。

四、沥青混合料的压实技术

压实是沥青混凝土路面施工的最后一道工序，目的是提高沥青混合料的强度、稳定性以及疲劳特性。若采用优质的筑路材料。精良的拌和与摊铺设备以及良好的施工技术，则可以摊铺出较理想的混合料层。但一旦碾压中出现任何质量缺陷，则必将前功尽弃。因此，必须重视压实工作。

1. 压实机械的选择

压路机种类很多，目前最常用的压路机有静力光轮压路机、轮胎压路机和振动压路机。静力光轮压路机和轮胎压路机一般采用机械传动，振动压路机大多采用液压传动。

（1）静力光轮压路机

静力光轮压路机按其质量可分为特轻型（0.5~2t）、轻型（2~5t）、中型（5~10t）、重型（10~15t）和特重型（15~20t）五种，按轮数可分为拖式、双轮式和三轮式三种。目前使用较多的是中型和特重型两轮或三轮压路机,依靠其自重或附加配重对路面产生静压力,单位直线静压力为4000~12000kPa。两轮静力光轮压路机的后轮为驱动轮,其质量一般为8~10t,适用于沥青路面的初压和终压。三轮静力光轮压路机也是两后轮为驱动轮,质量一般为12~18t,由于其单位直线静压力大,易使混合料推移,且启动、停机不灵活,目前已不多用。

（2）轮胎压路机

轮胎压路机通常有5~11个光面橡胶碾压充气轮胎,工作质量一般为5~25t。目前常用前5轮,后6轮的9~16t机型,轮胎压力为500~620kPa。使用轮胎压路机进行初压时产生的推移小,过去使用较多。但使用轮胎压路机进行初压时,由于混合料温度较高而易出现轮胎压痕,在低温季节或大风环境中混合料的温度下降较快,该痕迹难以被后续的碾压作业消除。轮胎压路机目前主要用作中间碾压,利用其揉压作用可以有效提高压实度,减少静力压路机碾压后表面产生的细裂纹和孔隙。应用轮胎压路机压实摊铺侧边时对路缘石的擦边碰撞破坏也较小。当铺层温度较高时（大于80℃）不宜用轮胎压路机进行终压,以免留有轮胎印痕。

（3）振动压路机

振动压路机的压实功主要来自自重和钢轮振动的共同作用。沥青路面施工常用的振动压路机质量为7~18t,激振力为150~300kN,主要机型为单碾压轮式振动压路机和双碾压轮式（串联）振动压路机。单碾压轮式振动压路机前面有1个振动轮,后面配置2个橡胶驱动轮。由于其轮胎的印花较深,且自重和激振力较大,通常只用作复压。双碾压轮式振动压路机依靠2个碾压轮共同驱动,具有可调的振频和振幅,目前使用最为广泛。

沥青路面施工应配备足够数量的压路机,选择合理的压路机组合方式及初压、复压、终压（包括成型）的碾压步骤,以达到最佳碾压效果。在高速公路上铺筑双车道沥青路面的压路机不宜少于5台。当施工气温低、风大、碾压层薄时,压路机的数量应适当增加。

2.碾压速度、温度和厚度

（1）碾压速度

压路机应以慢且均匀的速度碾压,压路机的碾压速度应符合规定。压路机的碾压路线及碾压方向不应突然改变而导致混合料推移。碾压区的长度应大致恒定,两端的折返位置应随摊铺机的前进而推进,横向不得在相同的断面上。

（2）碾压温度

压路机的碾压温度应符合相关要求。并根据混合料种类、压路机、气温、层厚等经试压确定。在不产生严重推移和裂缝的前提下,初压、复压、终压都应在尽可能高的温度下进行。同时,不得在低温状况下反复碾压,以免石料棱角被磨损、压碎,破坏集料嵌挤。

（3）碾压厚度

沥青混凝土压实层的最大厚度不宜大于100mm,沥青稳定碎石混合料的压实层厚度不宜大于120mm，但当采用大功率压路机且经试验证明能达到压实度时允许增大到150mm。

3.碾压作业程序

碾压分为初压、复压和终压三道工序。

（1）初压

初压的目的是整平和稳定沥青混合料，同时为复压创造有利条件，因此要注意压实的平整性。初压应紧跟摊铺机后进行，并保持较小的初压区长度，以尽快将表面压实，减少热量散失。摊铺后初始压实度较大，经实践证明采用振动压路机或轮胎压路机直接碾压无严重推移而有良好效果时，可免去初压直接进入复压工序。通常宜采用钢轮压路机静压1~2遍。碾压时应将压路机的驱动轮面向摊铺机，从外侧向中心碾压，在超高路段则由低处向高处碾压，在坡道上应将驱动轮从低处向高处碾压。初压后应检查平整度、路拱，有严重缺陷时应进行修整乃至返工。

（2）复压

复压的目的是使沥青混合料密实、稳定、成型，混合料的密实程度取决于复压，因此复压必须与初压紧密衔接，不得随意停顿。压路机碾压段的总长度应尽量小，通常不超过60~80m。采用不同型号的压路机组合碾压时，宜安排每一台压路机做全幅碾压，以防止不同部位的压实度不均匀。密级配沥青混凝土的复压宜优先采用重型轮胎压路机进行搓揉碾压，以增强密水性，其总质量不宜小于25t，每一轮胎的压力不小于15kN。相邻碾压带应重叠1/3~1/2的碾压轮宽度，压完全幅为一遍。碾压至要求的压实度，且无显著轮迹为止。总的碾压遍数由试压确定且不宜少于4~6遍。对于以粗集料为主的较大粒径的混合料，尤其是大粒径沥青稳定碎石基层，宜优先采用振动压路机复压。厚度小于30mm的薄沥青层不宜采用振动压路机碾压。振动压路机的振动频率宜为35~50Hz，振幅宜为0.3~0.8mm。层厚较大时选用低频率、大振幅，以产生较大的激振力；厚度较小时采用高频率、低振幅，以防止集料破碎。相邻碾压带重叠宽度为100~200mm。振动压路机折返时应先停止振动。

当采用三轮钢筒式压路机时，总质量不宜小于12t，相邻碾压带宜重叠后轮的1/2宽度，并不应小于200mm。

（3）终压

终压的目的是消除轮迹，形成平整的压实面，因此这道工序不宜采用重型压路机在高温下完成，否则会影响平整度。终压应紧接在复压后进行，如经复压后已无明显轮迹，可免去终压。终压可选用双轮钢筒式压路机或关闭振动的振动压路机进行，碾压不宜少于两遍，至无明显轮迹为止。对未压实的边角应辅以小型机具压实。

4.碾压注意事项

为保证沥青混合料的压实质量，在碾压过程中还应注意以下事项：

（1）碾压过程中，碾压轮应保持清洁，有混合料沾轮时应立即清除。对钢轮可涂刷隔离剂或防黏结剂，但严禁刷柴油。当采用向碾压轮喷水（可添加少量表面活性剂）的方式时，必须严格控制喷水量且使其呈雾状，不得漫流，以防混合料降温过快。轮胎压路机在开始碾压阶段可适当烘烤，涂刷少量隔离剂或防黏结剂，也可少量喷水，并先到高温区碾压使轮胎尽快升温，之后停止洒水。轮胎压路机轮胎外围宜加设围裙保温。

（2）压路机不得在未碾压成型的路段上转向、掉头、加水或停留。在当天成型的路面上，不得停放各种机械设备或车辆，不得散落矿料、油料等杂物。

（3）路边碾压。压路机在设有支承边的厚层上碾压时，可在离边缘 30~40cm（较薄层时，预留 20cm）处开始碾压作业。这样就能在路边压实前形成一条支承侧面，以减少沥青混合料碾压时铺层塌边。在碾压留下的未压部分时，压路机每次只能向自由边缘方向推进 10cm。

（4）弯道或交叉口碾压。应选用铰接转向式压路机作业，先从弯道内侧或弯道较低一边开始碾压（以利于形成支承边）。急弯处应尽可能地采取直线式碾压（即缺角式碾压），并逐一转换压道，缺角处用小型机具压实。压实中应注意转向同速度要吻合，尽可能采用振动碾压，以减小剪切力。

（5）陡坡碾压。在陡坡碾压时，压路机的很大部分作用力将作用于下坡方向，因而增加了混合料顺坡下移的趋势。为抵消这种趋势，除了下承层表面必须清洁、干燥，喷撒黏层油外，压实时还应注意先采用轻型压路机进行预压（轮胎压路机不宜用作预压）。无论是上坡还是下坡，压路机的从动轮应始终朝着摊铺方向，驱动轮在后（与一般路段碾压时相反）。这样从动轮可以起到预压作用，从而使沥青混合料能够承受驱动轮所产生的剪切力。如果采用振动压路机，应先静碾，待混合料稳定后方可采用低振幅的振动碾压。在陡坡碾压中，压路机的启动、停止、变速要平稳，避免速度过高或过低，同时沥青混合料的温度也不宜过高（取压实时温度范围的下限为宜）。

（6）SMA 路面。SMA 路面宜采用振动压路机或钢筒式压路机碾压，不宜采用轮胎压路机碾压，以防将沥青结合料搓揉、挤压、上浮。振动压路机应遵循"紧跟、慢压、高频、低幅"的原则，即紧跟在摊铺机后，采取高频率、低振幅的方式慢速碾压。一般情况下，用 10t 钢筒式压路机紧跟摊铺机后初压 1~2 遍，复压时静碾 3~4 遍或振动碾压 2~3 遍，最后用较宽的钢筒式压路机终压一遍即可切忌过碾。如发现 SMA 混合料高温碾压有推拥现象，应复查其级配是否合适。

（7）OGFC 路面。OGFC 路面宜采用小于 12t 的钢筒式压路机碾压。

五、接缝处理

沥青路面必须接缝紧密，连接平顺，不得产生明显的接缝离析。接缝处若处理不当极易产生病害，施工过程中必须十分注意。在接缝处，上、下层的纵缝至少应错开 15cm（热接缝）或 30~40cm（冷接缝），相邻两幅及上、下层的横向接缝均应错开 1m 以上。接缝处施工应用 3m 直尺检查，确保平整度符合要求。

1. 纵向接缝

（1）摊铺时采用梯队作业的纵缝应采用热接缝，将已摊铺部分留下 100~200mm 宽暂不碾压，作为后续摊铺部分的基准面，待后续摊铺部分碾压时采用跨缝碾压以消除缝迹。

（2）半幅施工或因特殊原因而产生纵向冷接缝时，宜加设挡板或用切刀切齐，也可在混合料尚未完全冷却前用镐刨除边缘留下毛茬，但不宜在冷却后采用切割机做纵向切缝。加铺另半幅前应涂撒少量沥青，重叠在已铺层上 50~100mm，再铲走铺在前半幅上的混合料，碾压时由边向中碾压，预留 100~150mm，再跨缝挤紧压实。或者先在已压实路面上行走碾压新铺层 150mm 左右，然后压实新铺部分。

2. 横向接缝

横向接缝的形式有斜接缝，阶梯形接缝和平接缝。在具体选择过程中应满足以下要求：

（1）高速公路和一级公路表面层的横向接缝应采用垂直的平接缝，以下各层可采用自然碾压的斜接缝，沥青层较厚时也可做阶梯形接缝。其他等级公路的各层均可采用斜接缝。

（2）斜接缝的搭接长度与层厚有关，宜为 0.4~0.8m。搭接处应撒少量沥青，混合料中的粗集料颗粒应予以剔除，并补上细料，以使搭接平整，充分压实。阶梯形接缝的台阶经铣刨而成，并撒黏层油，搭接长度不宜小于 3m。

（3）平接缝宜趁尚未冷透时用凿岩机或人工垂直刨除端部层厚不足的部分，使工作缝成直角连接。当采用切割机制作平接缝时，宜在铺设当天混合料冷却但尚未硬结时进行。刨除或切割不得损伤下层路面。切割时留下的泥水必须冲洗干净，待干燥后涂刷黏层油。铺筑新混合料前，应加热接茬使其软化。碾压开始时，先用钢筒压路机进行横向碾压，可将压路机置于已压实的混合料层上。

跨缝伸入新铺层宽 150mm 碾压。每压一遍向新铺混合料方向移动 150~200mm，直至全部在新铺路面上为止。然后改为纵向碾压，此时应注意不要在横接缝上垂直碾压，以免引起新旧层错台。

热拌沥青混合料路面应待摊铺层完全自然冷却，混合料表面温度低于 50℃后，方可开放交通。需要提早开放交通时，可洒水以降低混合料温度。铺筑好的沥青层应严格控制交通，做好保护，保持整洁，不得造成污染，严禁在沥青层上堆放施工产生的土或杂物，严禁在已铺沥青层上制作水泥砂浆。

六、沥青混凝土路面施工质量控制

1. 沥青混凝土路面铺筑过程中的质量控制标准

在沥青混凝土路面铺筑过程中，必须随时对铺筑质量进行评定。质量检查的内容、频度、允许差应符合规定。

（1）施工厚度的控制

施工厚度的检测应按以下方法执行，并相互校核。当差值较大时通常以总量检验为准。

①利用摊铺过程沿线控制，即不断地用插尺或其他工具插入摊铺层测量松铺厚度；

②利用拌和厂沥青混合料总生产量与实际铺筑的面积计算平均厚度进行总量检验；

③当具有地质雷达等无破损检验设备时，可利用其连续检测路面厚度，但其测试精度需经标定认可；

④待路面完全冷却后，钻孔检测压实度的同时测量沥青层的厚度。

（2）压实度的控制

沥青混凝土路面的压实度控制采取重点对碾压工艺进行过程控制，适度钻孔抽检压实度的方法。

①碾压工艺的控制内容包括压路机的配置（台数、吨位及机型）、排列和碾压方式、压路机与摊铺机的距离、碾压温度、碾压速度、压路机洒水（雾化）情况、碾压段长度、掉头方式等。

②碾压过程中宜采用核子密度仪等无破损检测设备进行压实度过程控制，测点随机选择，一组不少于13点，取平均值，与标定值或试验路段测定值比较评定。测定温度应与试验路段测定时一致，检测精度通过试验路段与钻孔试件标定。

③在路面完全冷却后，随机选点钻孔取样。如一次钻孔同时有多层沥青层，需用切割机切割，待试件充分干燥后（在第二天之后）分别测定密度。钻孔后应及时将孔中灰浆淘净，吸净余水，待干燥后以相同的沥青混合料分层填充夯实。为减少钻孔数量，有关施工、监理、监督各方宜合作进行钻孔检测，以避免重复钻孔。

④测试压实度的一组数据最少取自3个钻孔试件。当一组检测的合格率小于60%，或平均值小于要求的压实度时，可将检测点数增加一倍。如仍然不能满足要求，应核查标准密度的准确性，以确定是否需要返工以及返工的范围。当所有钻孔试件检测的压实度持续稳定并符合要求时，钻孔频度可减少至每千米不少于1个孔。施工过程中钻孔的试件宜编号，贴上标签并予以保存，以备工程交工验收时使用。

⑤对于压实层厚度小于等于3cm的超薄表面层或磨耗层、厚度小于4cm的SMA表面层、易发生温缩裂缝的阴寒地区表面层、桥面铺装沥青层，以及使用改性沥青后钻孔试样表面形状改变，难以准确测定密度时，可免于钻孔取样，严格控制碾压。

（3）渗水性检测

压实成型的路面应按《公路路基路面现场测试规程》（JTGE60-2008）规定的方法随机选点检测渗水情况，渗水系数的平均值宜符合要求。对排水式沥青混合料，应要求水能够迅速排走。如需要测定构造深度，宜在测定渗水系数的同时在附近选点测定，记录实测结果。

（4）平整度检测

施工过程中必须随时用3m直尺检测接缝及与构造物连接处的平整度，正常路段的平整度采用连续式平整度仪或颠簸累积仪测定。

（5）外观检测

施工过程中应随时对路面进行外观（色泽、油膜厚度、表面空隙）评定，尤其要特别注意防止粗、细集料的离析和混合料温度不均，其会造成路面局部渗水严重或压实不足，酿成隐患。如果某路段严重离析、渗水，且经两次补充钻孔仍不能达到压实度要求，确属施工质量差的，应予以铣刨或局部挖补，返工重铺。

（6）施工动态质量管理

高速公路和一级公路沥青路面的施工应利用计算机实行动态质量管理，并计算平均值、极差、标准差，变异系数以及各项指标的合格率。

公路施工的关键工序或重要部位宜拍摄照片或进行录像，作为实态记录及保存资料的一部分。

2.沥青混凝土路面交工验收阶段质量检验

沥青混凝土路面工程完工后，施工单位、监理单位和建设单位应按相同的工程项目划分进行工程质量的监控和管理。施工单位应将全线以 1~3km 作为一个评定路段，每侧车行道按规定频度随机选取测点，对沥青面层进行全线自检。将单个测定值与规定的质量要求或允许偏差进行比较，计算合格率，然后计算一个评定路段的平均值、极差、标准差及变异系数。施工单位应在规定时间内提交全线检测结果及施工总结报告，申请交工验收。

沥青混凝土路面交工时应检查验收沥青面层的各项质量指标，包括路面的厚度、压实度、平整度、渗水系数、构造深度、摩擦因数等。

第二节　水泥混凝土路面施工技术

水泥混凝土路面是由混凝土（包括素混凝土、碾压混凝土、钢筋混凝土和钢纤维混凝土等）面层板组成的路面。其中，应用最普遍的是就地浇筑的素混凝土路面，简称普通混凝土路面或混凝土路面。

一、概述

水泥混凝土路面主要有小型机具、三辊轴、轨道摊铺机碾压混凝土和滑模摊铺机铺筑五种施工方法。

无论采用何种施工方式，施工前都要做好准备工作。准备工作是保证施工顺利进行和施工质量的前提，具体工作有以下几个方面：

编制好施工组织设计，建立健全且全面的质量管理体系；做好现场清理和水电供应、施工道路拌和站建设、办公生活用房等辅助设施建设；进行原材料的准备和性能检验以及混凝土配合比检验、调整；对基层的平整度、压实度、高程、横坡等指标进行检查和处理、修整，并洒水湿润；严格按要求安装模板。

1. 小型机具施工

由于我国经济水平的限制和施工的需要，虽然小型机具施工慢，人为影响较严重，但由于其施工操作简易，维修方便，故目前仍然得到了广泛应用，在二级以下公路建设中仍占很大比例。

2. 三辊轴施工

三辊轴机组是介于小型机具和滑模摊铺机之间的一种中型施工设备，比滑模摊铺机成本低，适应性强，操作简单、方便，能达到较高的平整度。自20世纪90年代以来，其在我国得到了广泛应用。其施工工艺流程与小型机具施工接近，不同之处有两点：一是使用排式振捣机代替手持式振捣棒，二是将振捣梁与滚杠两步工序合为三辊轴整平机一步。三辊轴施工时，推荐使用真空脱水工艺和硬刻槽来保证表面的耐磨性和抗滑性。

3. 轨道摊铺机施工

轨道摊铺机施工是指在基层上铺设两条轨道板，作为路面侧向支撑和路型定位模板，顶部作为路面表面基准，施工机械在轨道上进行布料之后振动密实、成型、修整、拉毛、养生的水泥混凝土路面施工方法。轨道摊铺机是由摊铺机、整面机、修光机等组成的摊铺列车。轨道既是列车的行驶轨道，又是水泥混凝土的模板。摊铺机上装有摊铺器（即布料器），用来将倾卸在路面基层上的水泥混凝土按一定厚度均匀摊铺在基层上，在此过程中轨道是固定不动的。轨道摊铺机的优点是可以倒车反复做路面；缺点是轨模过重，轨模安装劳动强度大。从国内外水泥混凝土路面大型机械化施工技术的发展角度看，轨道摊铺机铺筑方式有被滑模摊铺机取代的明显趋势，凡是可使用轨道摊铺机的场合，均可使用滑模摊铺机。现行《公路水泥混凝土路面施工技术细则》（JTG/T F30-2014）中已取消了轨道摊铺机施工方法。

4. 碾压混凝土施工

碾压混凝土路面是指水泥和水的质量较普通混凝土显著减少的水泥混凝土拌合物经摊铺，碾压后成型的路面。碾压混凝土路面施工技术是利用沥青混凝土摊铺机铺筑碾压混凝土的施工方法。为保证高等级公路水泥混凝土路面的施工质量，必须从拌和、运输、摊铺直至养生成型均采用机械化施工与现代化的质量检测手段。在高等级公路水泥混凝土路面的各种施工方法中，滑模摊铺机施工是最常用的施工方式。

二、滑模摊铺机施工

滑模摊铺技术具有施工质量最高，施工速度最快，装备现代化高新成熟技术的特点，是我国高速公路、一级公路水泥混凝土路面施工的首选方法。滑模摊铺机施工不需要轨道板，依靠四个液压缸支承腿控制的履带行走机构行走。整个摊铺机支承在四个液压缸上，它可以控制机构上、下移动,调整摊铺层厚度。在摊铺机的两侧设置有随机移动的固定滑模板。这种摊铺机一次通过就可以完成摊铺、捣实、整平等多道工序。首先由螺旋摊铺器把堆积在基层上的水泥混凝土向左右铺开,并通过刮平器进行初步刮平,然后振捣器进行捣实,刮平器进行振捣后整平,形成密实且平整的表面,再利用搓动式振捣板对混凝土层进行振实和整平,最后用光面带饰面。滑模摊铺机的整面工作与轨道摊铺机基本相同,只是工作时工作装置均由电子液压操作机械来控制。

1. 机械选型与配套设备

(1) 机械选型

高速公路、一级公路施工时宜选配能一次摊铺 2~3 个车道宽度(7.5~12.5m)的滑模摊铺机,二级及二级以下公路的最小摊铺宽度应小于单车道设计宽度。硬路肩的摊铺宜选配中、小型多功能滑模摊铺机,并宜连体一次摊铺路缘石。

(2) 布料设备选择

滑模摊铺路面时,可配备一台挖掘机或装载机辅助布料。采用前置钢筋支架法设置缩缝传力杆的路面、钢筋混凝土路面、桥面和桥头搭板时,应选择下列适宜的布料机械:侧向上料的布料机、侧向上料的供料机、带侧向上料机构的滑模摊铺机、挖掘机加料斗侧向供料、吊车加短便桥钢凳、车辆直接卸料、吊车加料斗起吊布料。

(3) 抗滑构造机械

为提高路面的抗滑性,路面必须具有一定的粗糙度,即具有抗滑构造。抗滑构造施工可采用拉毛养生机或人工软拉槽制作抗滑沟槽。工程规模大、日摊铺进度快时,宜采用拉毛养生机。高速公路、一级公路宜采用刻槽机进行硬刻槽。其刻槽作业宽度不宜小于 500mm,所配备的硬刻槽机数量及刻槽能力应与滑模摊铺进度相匹配。

(4) 切缝机械

滑模摊铺混凝土路面的切缝,可使用软锯缝机、支架式硬锯缝机和普通锯缝机。配备的锯缝机数量及切缝能力应与滑模摊铺进度相匹配。

(5) 滑模摊铺系统机械配套

无论是哪种设备,首先必须满足施工路面、路肩、路缘石和护栏等的基本施工要求;其次,摊铺机的工作配件要齐全,滑模摊铺机应配备螺旋或刮板布料器、松方高度控制板、振动排气仓、足够的振捣棒、夯实杆或振动搓平梁、自动抹平板、可提升边模板、侧向及中部打拉杆装置,必要时还可配备自动传力杆插入装置。

滑模摊铺现场配套设备分为重型设备和轻型设备。重型设备配置有布料机、摊铺机和拉毛养生机。其优点是施工钢筋混凝土路面和桥面时很便捷;缺点是设备多,出故障的概率高。轻型设备配置有 1 台摊铺机。其缺点是人工辅助工作量大,且需要其他设备辅助施工钢筋混凝土桥面。但实际经验证明,轻型设备也能施工优质混凝土路面,国内滑模施工最快的日进度和最高的平整度均在轻型设备上实现。

施工单位应根据工程特点,选择配备布料机、滑模摊铺机和拉毛养生机 3 台设备联合施工方式,也可只配备1台滑模摊铺机,其他的由人工辅助施工完成。滑模连续摊铺规模较大的钢筋混凝土路面、桥面、桥头搭板时,宜配备侧向上料的布料机或自带侧向上料机构的滑模摊铺机。

2.基准线设置

(1)基准线形式

滑模摊铺混凝土路面施工应设置基准线。基准线的设置形式视施工需要可采用单向坡双线式、单向坡单线式和双向坡双线式三种。

①单向坡双线式。所摊铺的混凝土面板横向坡度为单向坡,而拉线位于摊铺机两侧(双线),这种拉线形式称为单向坡双线式。拉线间距反映路面横坡宽度,顺直段平面上的两条拉线长度相等并平行。

②单向坡单线式。所摊铺的混凝土面板横向坡度为单向坡,而拉线仅位于摊铺机其中一侧(单线),已铺筑好的一侧不拉线,这种拉线形式称为单向坡单线式。该种拉线形式在路面分两幅以上摊铺的情况下,于后幅摊铺时采用。此时,修筑好的路面、边沟或路缘石可作为摊铺机不拉线一侧的平面参考系。

③双向坡双线式。所摊铺的混凝土面板横向坡度为双向坡,而拉线位于摊铺机两侧(双线),这种拉线形式称为双向坡双线式。顺直段上的两条拉线完全平行且对应高程相等,拉线上设置有横坡。

(2)基准线宽度

基准线宽度除应保证摊铺宽度外,还应满足两侧650~1000mm横向间距的要求。

直线段基准线桩的纵向间距不应大于10m,竖曲线、平曲线路段视曲线半径大小应加密布置,最小间距为2.5m。

(3)线桩的固定

线桩固定时,基层顶面到夹线臂的高度宜为450~750mm。基准线桩夹线臂夹口到桩的水平距离宜为300mm,基准线桩必须钉设牢固。

(4)基准线长度

单根基准线的长度不宜大于450m。

(5)基准线拉力

基准线拉力不应小于1000N。

(6)基准线精确度

基准线设置的精确度应符合表3-1的规定。

表3-1 基准线设置的精确度

项目	中线平面偏位/mm	路面宽度偏差/mm	面板厚度 代表值	面板厚度 极值	纵断高程偏差/mm	横坡偏差/%	连续纵缝高差/mm
规定值	≤10	≤±15	≥-3	≥-8	±5	±0.10	±1.5

（7）基准线保护

准确安装、设置基准线极其重要，它是滑模施工水泥混凝土路面的"生命线"。基准线是为了给摊铺机上的四个水平传感器和两个方向传感器提供一个精确的与路面平行的水平（横坡）和纵向（转弯）几何参考系，路面摊铺的几何精度和平整度很大程度上取决于基准线的测设精度。水平参考系的精度一般是通过测桩水平面与基准线之间保持相同的距离来控制和保证的。基准线设置后，严禁扰动、碰撞和振动。一旦碰撞变位，应立即重新测量并纠正。多风季节施工时，应缩小基准线桩间距。

3.摊铺现场准备

（1）机具设备

所有施工机具均应处于良好状态，试运转正常并全部就位。

（2）表面清理

基层、封层表面及履带行走部位应清扫干净。摊铺面板位置应洒水湿润，但不得积水。热天高温条件下，在旧有沥青或老路面加铺时，可喷撒白色石灰膏降温。基层上的降温和保温措施是为了使面板硬化，提供设计所需要的弯拉强度。

（3）纵缝处理

横向连接摊铺时，前次摊铺路面的纵缝溜肩胀宽部位应切割顺直。侧边拉杆应校直，缺少的拉杆应钻孔锚固植入。纵向施工缝的上半部缝壁应涂满沥青，以保证纵缝顺直及防止水进入。

（4）板厚检查

板厚控制必须在摊铺前的拉线上进行，并要求场站监督，否则摊铺后不合格很难弥补。施工过程中要随时注意检查和控制板厚。当板厚偏小时，铣刨基层的效果并不好，原因为：一是基层表面损伤有缝且基层厚度不足；二是基层部位与平整基层对面板的摩阻力相差过大，会造成路面运行前两年内断板数量大大增加。因此，必须严格控制基层标高；同时，在面板标高误差范围内，可适当调整面板（拉线）高程，但应在30m以上长度内调整。

4.滑模摊铺机施工参数设定

滑模摊铺机各工作机构施工位置的正确设定是滑模摊铺技术中最关键的技术环节之一，也是滑模摊铺机调试工作中的主要内容。摊铺开始前，应对摊铺机进行全面的性能检查和正确的施工部件位置参数设定。若工作参数设置不正确，无论如何也摊铺不出高质量的路面，所以必须透彻地了解振动黏度理论，并严格遵循摊铺机工艺设计原理，使每项工作参数都设定在正确摊铺的位置。

（1）振捣棒的位置

振捣棒下缘位置应在挤压底板最低点以上，振捣棒的横向间距大于450mm，均匀排列；两侧最边缘振捣棒与摊铺边缘的距离不宜大于250mm。

振捣棒的位置是保证面板不产生纵向收缩裂缝的关键。振捣棒随滑模摊铺机拖行时，将粗集料推开，会形成无粗集料的砂浆暗沟。由于砂浆的干缩量是混凝土的 20 倍，所以如果振捣棒掉下，摊铺后的路面将留有发亮的砂浆条带，路面必纵向开裂。在所有公路路面摊铺时，振捣棒的最低点位置必须设置在路表面以上。如广州白云国际机场面板厚度达 42cm，除了将加密振捣棒的横向间距缩小一半外，还将一半振捣棒安装在表面，另一半隔条振则插入板中。若公路没有这么厚的面板，则振捣棒均必须设置在路表面以上，以防止开裂。

（2）前倾角

挤压底板前倾角宜设置为 3° 左右，提浆夯板位置宜在挤压底板前缘以下 5~10mm。这是是否产生横向拉裂的关键要素。无须设置前倾角的滑模摊铺机可将挤压底板前后调至水平。

（3）超铺角及搓平梁

设超铺角的摊铺机两边缘超铺高程，根据混合料的稠度应在 3~8mm 间调整。带振动搓平梁的摊铺机应将搓平梁前缘调整到与挤压板后缘高程相同，搓平梁的后缘比挤压底板后缘 1~2mm，并与路面高程相同。

（4）位置校准

首次摊铺前，应在直线路段采用钉桩或基准线法校准滑模摊铺机挤压底板 4 角点的高程和侧模前进方向，4 个水平传感器控制挤压底板 4 角点的高程，2 个方向传感器进行导向控制。按路面设计高程、横坡度或路拱测量设定 2~3 根基准线或 4~6 个桩，将 6 个传感器全部挂到两侧基准线上，并检查传感器的灵敏度和反应方向。开动滑模摊铺机进入设置好的桩位或线位，调整水平传感器立柱高度，使滑模摊铺机挤压底板恰好落在经精确测量并设置好的木桩或基准线上，同时调整好滑模摊铺机机架前、后、左、右的水平度。令滑模摊铺机挂线自动行走，再返回校核 1~2 遍，正确无误后方可开始摊铺。

（5）复核测量

在开始摊铺的 5m 内，必须对摊铺出的路面标高、边缘厚度、中线、横坡度等技术参数进行复核测量。

①操作机手应根据测量结果及时而缓慢地在滑模摊铺机行进中反向旋转机上水平传感器立柱手柄，校准挤压底板摊铺路面的高程和横坡度，误差应在规定范围之内。及时调整拉杆打入深度和压力，以及抹平板的压力和边缘位置。

②检查摊铺中线时，应在设方向传感器的一侧，通过钢尺测量基准线到摊铺机侧模前后的横向距离，消除误差。

③禁止停机剧烈，以免严重影响平整度等质量指标。

④滑模机起步→调整→正常摊铺，应在 10m 内完成，并应将滑模摊铺机工作参数设置固定并保护起来，不允许非操作机手更改或撞动。

⑤第二天的连接摊铺应先检查滑模摊铺机挤压底板四个角点的位置，再将滑模摊铺机后退到前一天做了侧向收口工作缝的路面内，将挤压底板前缘对齐工作缝端部开始摊铺。

需着重指出的是：摊铺中线误差的调整、消除，应通过在行进中调整方向传感器横杆距离实现，禁止停机调整，以防止路面出现剧烈调整的棱槽。若出现了严重影响平整度的棱槽，则部分路面必须重新摊铺。

5. 摊铺作业技术要领

在摊铺过程中，滑模摊铺机与其他工艺不同的是必须一遍铺成，以达到振动密实排气充分、挤压平整、外观规则的目标。因此，不可倒车重铺。要实现此目标，既不能漏振、欠振，造成麻面或拉裂，又不得过振、提浆过厚，形成塌边或溜肩现象。因此，振捣频率必须与速度、混合料稠度达到最优匹配。

（1）摊铺速度

滑模摊铺机操作应缓慢、匀速、连续不间断地进行。摊铺速度应根据拌合物稠度和设备性能控制为 0.5~3.0m/min，一般宜为 1m/min 左右。当混合料的稠度发生变化时，应首先调整振捣频率，然后改变摊铺速度，不得在混合料多时提高摊铺速度，然后随意停机等待、间歇摊铺。

（2）布料作业

①布料高度。无论采用哪种布料方式，滑模摊铺机前的料线高度都应控制在螺旋布料片最高点以下，并不得缺料。卸料、布料应与摊铺速度相协调。混凝土运到路面铺筑处卸下时，可以采用直接卸在基层上和用卸料机械卸到摊铺机内两种方法。直接将混凝土卸到基层上时，为防止混凝土离析，便于刮板摊铺，应尽可能卸成 2~3 堆。

②松铺高度。在滑模摊铺机摊铺过程中，操作机手应随时调整松方高度以控制板进料位置，开始应略设高一些，以保证进料。正常状态下，应保持振捣仓内的砂浆料位高于振捣棒 100mm 左右，料位高低波动宜控制在 ±30mm 以内。为防止因挤压力忽大忽小而影响平整度，挤压底板的料与振动仓内的混凝土之间应始终维持相互间压力的均衡。

（3）振捣频率

滑模摊铺机以正常速度施工时，振捣频率可在 6000~1000r/min 之间调整，宜采用 9000r/min 左右。应注意防止混凝土过振、漏振、欠振。操作机手应根据混凝土稠度的大小随时调整摊铺速度和振捣频率。当混凝土稠度较小时，应适当降低振捣频率，提高摊铺速度，但最高不得超过 3m/min，最小振捣频率不得小于 6000r/min；当混凝土稠度较大时，应提高振捣频率，但最大不得大于 11000r/min，并降低摊铺速度，最小速度宜控制为 0.5~1.0m/min。滑模摊铺机起步时，应先开启振捣棒振捣 2~3min，再行推进。摊铺机脱离混凝土后，应立即关闭振捣棒。

（4）纵坡施工

滑模摊铺机满负荷时可铺筑的路面最大纵坡坡度：上坡为 5%，下坡为 6%。上坡时，挤压底板前倾角宜适当调小，并适当调小抹平板压力；下坡时，前倾角宜适当调大，并适当调大抹平板压力。

（5）弯道和渐变段路面施工

滑模摊铺机施工的弯道半径不宜小于50m，最大超高横坡坡度不宜大于7%。滑模摊铺机摊铺弯道和渐变段路面时，在单向横坡处，滑模摊铺机应跟线摊铺，随时调整抹平板内外侧的抹面距离，防止压垮边缘。在双向路拱处，应向计算机中输入弯道和渐变段边缘及路拱的几何参数，计算机会自动形成路拱。进出渐变段时，应保证路拱的生成和消失，以及弯道渐变段路面几何尺寸的正确性。

（6）拉杆安装

单车道摊铺时，应视路面设计要求配置一侧或双侧打纵缝拉杆的机械装置。侧向拉杆打入装置的正确插入位置应在挤压底板的中下部或偏后部。拉杆打入方式分手推、液压、气压等几种方式，应力应满足一次打（推）到位的要求，不允许多次打入或人工后打。滑模摊铺没有固定模板的快速施工方式，在毫无支撑的软混凝土路面边侧或中间打拉杆时容易造成塌边或破坏，要采取措施补救。

同时摊铺两个以上车道时，除侧向打拉杆的装置外，还应在假纵缝位置中间配置一个以上的中间拉杆自动插入装置。该装置有前插和后插两种配置。前插时，应保证拉杆的设置位置；后插时，要消除插入上部混凝土的破损缺陷。有振动搓平梁和振动修复板的滑模摊铺机应选择机后插入方式，其他滑模摊铺机可采用机前插入方式。打入的拉杆必须处于路面板厚中间。中间和侧向拉杆打入的高低均不得大于±20mm，前后误差不得大于±30mm。

（7）砂浆表面厚度

操作机手应随时密切观察所摊铺路面的情况，注意调整和控制摊铺速度、振捣频率，以及夯实杆、振动搓平梁和抹平板的位置、速度和频率。软拉抗滑构造表面砂浆层厚度宜控制为4mm，硬刻槽路面的砂浆表层厚度宜控制在2mm左右。

（8）连接摊铺

连接摊铺时，摊铺机一侧履带驶上前次路面的时间应控制在路面养护7d以后，最短不得少于5d。同时，钢履带底部应铺橡胶垫或使用有挂胶履带的滑模摊铺机。纵向连接摊铺路面时，连接纵缝部位应进行人工整修，连接纵缝的横向平整度应符合相应规定的要求。用钢丝刷刷干净黏附在前幅路面上的砂浆，并刷出粗、细抗滑构造。高速公路、一级公路路面抗滑沟深平均值不应大于3mm，极值不应大于5mm；二、三级公路路面抗滑沟深平均值不应大于5mm，极值不应大于7mm。

6.摊铺过程中的问题处理

（1）摊铺中应经常检查振捣棒的工作情况和位置。路面出现麻面或拉裂现象时，必须停机检查或更换振捣棒。摊铺后的路面上出现发亮的砂浆条带时，必须调高振捣棒的位置，使其底缘在挤压底板的后缘高度以上。

（2）摊铺宽度大于7.5m时，若左、右两侧拌合物稠度不一致，摊铺速度应按偏干一侧设置，并应将偏稀一侧的振捣棒频率迅速调小。

（3）应通过调整拌合物稠度、停机待料时间、挤压底板前倾角、起步及摊铺速度等措施控制和消除横向拉裂现象。

（4）摊铺中的滑模摊铺机停机等料最长时间超过当时气温条件下混凝土初凝时间的4/5时，应将滑模摊铺机迅速开出摊铺工作面，并做施工缝。

7. 路面修整

在滑模摊铺过程中，应采用自动抹平板装置对路面进行抹面。对少量局部麻面和明显缺料部位，应在挤压板后或搓平梁前补充适量拌合物，由搓平梁或抹平板机械修整。滑模摊铺的混凝土面板在下列情况下，可用人工进行局部修整：

（1）人工操作抹面抄平器，精整摊铺后表面的小缺陷，但不得在整个表面加薄层修补路面标高；

（2）对纵缝边缘出现的倒边、塌边、漏肩现象，应顶侧模或在上部支方铝管进行边缘补料修整；

（3）对起步和纵向施工接头处，应采用水准仪抄平并采用大于3m的靠尺边测边修整。

8. 混凝土的养生

混凝土路面在铺筑完成或抗滑构造制作完毕后应立即开始养生。机械摊铺的各种混凝土路面、桥面及搭板宜采用喷洒养生剂，同时保持覆盖的方式养生。在雨天或养生用水充足的情况下，也可采用覆盖保湿膜、土工毡、土工布、麻袋、草袋、草帘等洒水湿养生方式，不宜使用围水养生方式。

养生时间应根据混凝土弯拉强度的增长情况而定，不宜小于设计弯拉强度的80%。应特别注重前7d的保湿（温）养生，一般养生天数宜为14~21d，高温天不宜少于14d，低温天不宜少于21d。

混凝土板养生初期，严禁人、畜、车辆通行，在达到设计强度40%后，行人可通行。在路面养生期间，平交道口应搭建临时便桥。面板达到设计弯拉强度后，方可开放交通。

9. 接缝施工

水泥混凝土路面接缝分为纵缝和横缝两大类。其中，横缝又分为缩缝、胀缝和施工缝，纵缝一般分为缩缝和施工缝。接缝是水泥混凝土路面的薄弱环节。接缝质量的好坏，直接影响行车的舒适性和路面的使用寿命。因此，对接缝应加以重视并认真做好接缝施工。

（1）纵缝施工

①纵向施工缝。当一次铺筑宽度小于路面宽度时，需要分幅施工，并应设置纵向施工缝。纵向施工缝的位置应避开轮迹，并与车道线重合或靠近，构造上可采用设拉杆平缝形式。当所摊铺的面板厚度大于等于260mm时，也可采用插拉杆的企口型纵向施工缝。采用滑模摊铺机施工时，纵向施工缝的拉杆可用摊铺机的侧向拉杆装置插入；采用固定模板施工时，应在振实过程中从侧模预留孔中手工插入拉杆；采用钢纤维混凝土施工时，由于

纵缝中没有钢纤维提供拉力，所以应与普通水泥混凝土路面一样设置拉杆。

②纵向缩缝。当一次摊铺宽度大于4.5m时，应设置纵向缩缝。纵向缩缝处应设置拉杆，可用人工或机械自动插入拉杆，并用切缝法施工假纵缝。纵缝位置应按车道宽度设置，并在摊铺过程中用专用的拉杆插入装置插入拉杆。

钢筋混凝土路面桥面和搭板的纵缝拉杆可用横向钢筋延伸穿过接缝代替。钢纤维混凝土路面切开的假纵缝可不设置拉杆，纵向施工缝应设置拉杆。插入的侧向拉杆应牢固，不得松动、碰撞或拔出。若发现拉杆松脱或漏插，应在横向相邻路面摊铺前重新植入钻孔。当发现拉杆可能会被拔出时，宜进行拉杆拔出力（握裹力）检验。

（2）横缝施工

①横向施工缝。每日施工结束或因临时原因中断施工时，必须设置横向施工缝，其位置宜选在缩缝或胀缝处。设在缩缝处的横向施工缝应采用加传力杆的平缝形式；设在胀缝处的横向施工缝，其构造应与胀缝相同。

②横向缩缝。横向缩缝可等间距或变间距布置，应采用假缝形式。极重、特重和重交通荷载公路的横向缩缝，中等和轻交通荷载公路邻近胀缝或自由端部的三条横向缩缝，收费广场的横向缩缝，应采用设传力杆假缝形式。其他情况下用不设传力杆假缝形式。传力杆的设置应不妨碍相邻混凝土板的自由伸缩，钢筋表面应做防锈处理。

（3）胀缝施工

胀缝应与混凝土路面的中心线垂直、缝壁垂直于板面，宽度均匀一致，缝中不得有黏浆或坚硬杂物，相邻板的胀缝应设置在同一横断面上。普通混凝土路面、钢筋混凝土路面和钢纤维混凝土路面的胀缝间距视集料的温度膨胀性大小、当地年温差和施工季节综合确定。高温条件下施工时，可不设胀缝。常温条件下施工时，若集料温缩系数和年温差较小，可不设胀缝；若集料温缩系数或年温差较大，且路面两端构造物间距大于等于500m，宜设一道中间胀缝。低温条件下施工时，若路面两端构造物间距大于等于350m，宜设一道胀缝。胀缝宽宜为20~25mm，缝内应设置填缝板和可滑动的传力杆。传力杆应采用光圆钢筋。传力杆的准确定位是胀缝施工成功的关键，传力杆固定端可设在缝的一侧或交错布置。胀缝传力杆的尺寸、间距和要求应与横向缩缝相同，最外侧传力杆与纵向接缝或自由边的距离宜为150~250mm。

胀缝施工时应注意两点：一是保证钢筋支架和胀缝板准确定位，使机械或人工摊铺时不推移，支架不弯曲，胀缝板不倾斜，支架和胀缝板固定有力；二是胀缝板上部软嵌入临时木条，应保证该处缝宽均匀和边角完好直至填缝，防止胀缝板顶部提前开裂（即来不及硬切缝，已经弯曲断开，缝宽不一致）。

（4）切缝施工

贫混凝土基层，各种混凝土面层，加铺层，桥面和搭板的纵、横向缩缝均应采用切缝法施工。切缝作业应符合下列规定：

①横向缩缝。横向缩缝的切缝方式有全部硬切缝、软硬结合切缝和全部软切缝三种。

切缝方式的选用，应根据施工期间该地区路面摊铺完毕到切缝时的昼夜温差确定，宜参照规定选用。对于分幅摊铺的路面。应在先摊铺的混凝土板横缩缝已断开的部位做标记，在后摊铺的路面上应对齐已断开的横缩缝提前软切缝。有传力杆缩缝的切缝深度应为1/4~1/3板厚，最小不得小于70mm；无传力杆缩缝的切缝深度应为1/5~1/4板厚，最小不得小于60mm。

②纵向施工缝。高速公路、一级公路及路基高度大于等于10m的高边坡、软基及填挖交界路段、桥头搭板、桥面板的纵向施工缝，应在上半部分涂满沥青，然后硬切缝并填缝。二级及以下公路一般路段的纵向施工缝在上半部涂满沥青后，可不切缝。

③纵向缩缝。对已插入拉杆的纵向假缩缝，切缝深度不应小于1/4~1/3板厚，最小切缝深度不应小于70mm，纵、横缩缝宜同时切缝。

④缩缝宽度和填缝槽。缩缝的切缝宽度宜控制为4~6mm，切缝时锯片晃度不应大于2mm。可先用薄锯片锯切到要求深度，再使用6~8mm厚锯片或叠合锯片扩宽填缝槽，填缝槽深度宜为25~30mm，宽度宜为7~10mm。

⑤变宽度路面。在变宽度路面上，宜先切缝划分板宽。匝道上的纵缝宜避开轮迹位置，横缝应垂直于每块面板的中心线。变宽度路面上的缩缝允许切割成小转角的折线，相邻板的横向缩缝切口必须对齐，允许偏差不得大于5mm。

（5）灌缝施工

混凝土板养生期满后，应及时灌缝。灌缝施工的各个工序应满足以下技术要求：

①清缝。灌缝前应先采用切缝机清除接缝中夹杂的砂石、凝结的泥浆等，再使用压力大于等于0.5MPa的压力水和压缩空气彻底清除接缝中的尘土及其他污染物，确保缝壁及内部清洁、干燥。缝壁检验以擦不出灰尘为灌缝标准。

②灌缝。采用常温聚氨酯和硅树脂等填缝料时，应按规定比例将两组分材料按1h灌缝量混拌均匀，随拌随用。当采用加热填缝料时，应将填缝料加热至规定温度。加热过程中应将填缝料熔化，搅拌均匀，并保温使用。

③灌缝质量控制。灌缝的形状系数（形状系数是指填缝料灌缝时的深度与宽度之比）宜控制在2左右，灌缝深度宜为15~20mm，不得小于15mm。先挤压嵌入直径为9~12mm的多孔泡沫塑料背衬条，再灌缝。灌缝顶面热天时应与板面齐平；冷天时应填为凹液面，中心低于板面1~2mm。填缝必须饱满、均匀、厚度一致并连续贯通，填缝料不得缺失、开裂和渗水。

④灌缝料养护。常温施工时填缝料的养生期，低温天宜为24h，高温天宜为12h。加热施工时填缝料的养生期，低温天宜为2h，高温天宜为6h。在灌缝料养生期间应封闭交通。

对于路面胀缝和桥台隔离缝等，应在填缝前凿去接缝板顶部嵌入的木条，涂黏结剂后嵌入胀缝专用多孔橡胶条或灌进适宜的填缝料。当胀缝的宽度不一致或有哨边、掉角等现象时，必须灌缝。

10.滑模摊铺结束后的工作要点

滑模摊铺结束后，应及时将摊铺机驶离工作面，先将所有传感器从基准线上脱开，并解除摊铺机上基准线自动跟踪控制，再升起机架，用水冲洗干净黏附的混凝土；已硬结在机架上的混凝土，应轻敲打掉。混凝土清理干净后，应对与混凝土接触的机件喷涂废机油或吹（揩）干防锈。同时，应对摊铺机进行当日保养，如加油加水、打润滑油等。

三、质量控制与验收

水泥混凝土路面的施工质量控制与验收是保证路面施工达到高质量的关键环节，必须引起高度重视。水泥混凝土路面的施工应根据全面质量管理的要求，建立健全、有效的质量保证体系，实行严格的质量、工期和投资控制、工序管理与岗位责任制度，对施工各阶段的质量进行检查、控制、评定，使之达到所规定的质量标准，从而确保施工质量的稳定性。水泥混凝土路面的施工应实行监理制度，除施工企业按规定项目、批量或频率进行自检外，工程监理还应按有关规定进行质量检查与认定，各级质监站及工程建设单位（业主）应对工程质量进行监督。

1.施工前的材料检查

（1）准备和调研工作

在施工准备阶段，应依据施工经验和规模，对工程附近的水泥厂、钢材厂、电厂粉煤灰、外加剂厂、砂石料场、施工沿线水源、电力供应状况等进行踏勘和实地调研。对原材料质量、品种和规格是否符合建设混凝土路面的要求，原材料的供应量、供应强度和供给方式、运距等情况，施工沿线何处适合建设大型混凝土搅拌站，可否取得商品混凝土等做到心中有数。通过调研优选或符合要求的厂商原材料投标，确定原材料优先供应厂商和替补厂商，并要求这些厂商向试验室提供试验和检验的原材料。

（2）检验和优选原材料

配备充足的质量检验设备和人员。路面开工前，试验室应对混凝土路面工程计划使用的原材料进行质量检验和混凝土配制试验。通过对原材料进行实测和混凝土配制试验，进一步优选原材料并优化配合比，检验报告通过监理正式审批，报请业主审查通过后，通知材料供应厂商和施工单位签订原材料供应合同。待确定和处置好搅拌站场地后，开始供应和储备原材料。

（3）原材料进场后的储存要求

将相同料源、规格、品种的原材料作为一批，分批量分别检验并储存。大型路面工程一般需要两个以上的水泥厂供应原材料。不同厂家的水泥，即使品种标号完全相同，也应分别存放，不得混装在一个水泥罐仓内。当发现原材料变化时，应随时进行加测。

（4）设备采购和检查验收

大型滑模摊铺机和搅拌楼等应公开招标采购。新设备到场后，应逐项检查验收，在厂家售后服务技术人员的现场指导下安装调试。搅拌楼应通过法定计量单位的计量标定,对搅拌站及水泥混凝土路面滑模摊铺机械和设备的配套情况、性能、计量精度等进行全面检查。搅拌楼和滑模摊铺机经摊铺试验路段检验,达到生产能力和全部质量指标后,方可验收通过进行支付。

2. 铺筑试验路段

所有公路滑模摊铺水泥混凝土路面工程,在正式摊铺水泥混凝土路面前均须铺筑试验路段。试验路段长度不应小于200m,高速公路、一级公路宜在主线路面以外进行试验路段的摊铺。路面厚度、摊铺宽度、基准线设置、接缝设置、钢筋设置等均应与实际工程相同。试验路段分为试拌及试铺两个阶段。通过试验路段应达到下述目的:

(1)试拌可检验搅拌楼的性能及确定合理的搅拌制度;试铺可检验滑模摊铺系统中主要机械的性能和生产能力,检验机械种类、数量,实际生产能力配套及组合的合理性,提供主要机械性能和生产能力的检验结果及改进措施。

(2)通过试拌确定搅拌楼的上料速度,拌和容量,搅拌均匀所需时间,新拌混凝土坍落度、振动黏度系数、含气量、泌水量、离析性和生产使用的混凝土配合比。

(3)通过试铺确定基准线设置方式和滑模摊铺机的适宜工作参数,包括摊铺速度、振捣频率调整范围、夯实杆深度和频率、挤压底板前倾角度设置、超铺角度设置、侧模板可调整方式和位置、中间和侧向拉杆打入情况、振动搓平梁的设置位置、自动抹平板的位置和压力等。

(4)使全体工程技术人员、施工人员及设备操作人员熟悉并掌握各类主要机械正确操作要领和所有工序、工种正确的施工方法,检验全套施工工艺流程。

(5)检验并确定人工辅助施工的修整机具、工具、模具种类和数量,发电机、电焊机、钢筋工、混凝土工、拉毛方式、劳动力数量和定员位置等。按施工工艺要求确定施工组织形式和人员编制。

(6)通过试铺应使混凝土原材料,新拌混凝土的坍落度、含气量、泌水量、路面弯拉强度、平整度、构造深度、板厚、接缝顺直度等全套技术性能检验手段健全,熟悉以上技术性能的检验方法。建立滑模施工系统的全面质量管理体系。

(7)确定施工产量和进度,制订施工进度计划。

(8)检验无线通信和快速生产调度指挥系统,确定施工管理体系。

在试铺过程中,施工单位应认真做好记录,监理工程师或质监站应监督并检查试验路段的施工质量,及时与施工单位商定有关结果。试验路段铺筑结束后,应由业主、施工单位和监理单位三方会议讨论试验结果,提出改进意见和注意事项,施工单位应就各项试验结果、改进措施和注意事项提出试验路段总结报告,上报监理单位和业主批复,取得开工资格。

3. 施工过程中的质量管理与检查

（1）开工

水泥混凝土路面必须在得到主管部门的开工令后方可开工。

（2）施工单位自检

施工单位在施工过程中应随时对施工质量进行自检。水泥混凝土路面的检验项目、方法和频率按规定进行。监理工程师或质量监督人员也应进行抽检或旁站检验，对施工单位的检验结果进行检查认定。当施工人员、监理人员、监督人员发现异常情况时，应立即报告并追加试验检查。

（3）混凝土拌和及混合料检验

生产中，除按规定频率对混凝土的和易性、含气量、凝结时间等指标进行检验外，搅拌站还应通过观察和测量坍落度、稳定性对每台搅拌楼所拌混合料的匀质性进行检验。各台搅拌楼之间及各台间歇搅拌机盘之间的混凝土坍落度差均不得大于 10mm。高温和负温条件下施工时，应加测混凝土温度。现场混凝土路面铺筑的关键设备如摊铺机、压路机、布料机、三辊轴整平机、刻槽机、切缝机等的操作应规范、稳定。

（4）平整度、弯拉强度、板厚和其他指标的检查

①平整度。平整度在施工过程中可用 3m 直尺检测，而用动态平整仪检测的动态平整度结果，可以作为交工和竣工验收时工程质量的评定依据。施工中如果发现局部路段的 3m 直尺平整度不符合标准，应在 10d 内使用最粗磨头的水磨石机边测量边磨平，直到符合要求。磨平后应凿出微观抗滑构造，并用硬刻槽机刻出宏观抗滑槽。磨平路面裸露料的耐磨性不佳，因此不推荐大面积磨平处理，其只能用于小面积少量处理。

②弯拉强度。混凝土路面的弯拉强度评价，应以搅拌楼生产中随机取得的混凝土在振动台上制作的小梁在标准养护条件下的弯拉强度为准，试件的成型方式应为振动台。

③板厚。混凝土路面在施工过程中应严格控制板厚。对于滑模摊铺机摊铺的板厚的测量，应在每天施工拉线设置好后进行（人工摊铺时在立好模板后进行）。在旁站监理的监督下，按规定频率测量待摊铺路面的板厚，经监理工程师同意后方可开始摊铺。对于板厚不足的部位，可采用铣刨机刨掉上基层偏高部位，再摊铺混凝土路面。对于大面积基层偏高部分，允许在 50m 以外调整路面标高，而不铣刨基层。

④其他指标。除上述三大指标外，还应检查接缝顺直度、切缝和灌缝深度、抗滑构造深度、摊铺中线、高程和横坡度等相关指标。

施工单位的质检结果应按规范的规定，以 1km 为单位进行整理。对于滑模、轨道、碾压和三辊轴机组机械铺筑水泥混凝土路面的关键工序，宜拍摄照片或进行录像，作为现场记录保存。

第四章 梁桥上部结构施工技术

第一节 装配式预应力混凝土梁桥施工

一、概述

随着梁桥构件的工厂化生产，出现了装配式钢筋混凝土简支梁桥。自从预应力技术在梁桥工程中应用之后，预应力工艺渐趋完善，并随着起重能力的提高，中小跨径的装配式预应力混凝土梁桥得到普遍推广。预制安装施工方法在国内外得到迅速发展。据统计，在美国、苏联和西欧各国，梁桥上部结构采用预制装配施工的已占80%~90%。我国公路、铁路、城市高架桥已将中小，跨径桥梁做了定型化、标准化设计，使装配式施工得以广泛应用。

所谓装配式梁桥，就是先将整孔梁体横向分片（或整孔）或纵向分段在桥梁预制工厂或预制场预制，产品合格后运到桥位处，安装就位。

二、装配式梁桥的特点

采用预制安装法施工的装配式梁桥与就地浇筑的整体式梁桥相比较，有下列特点：

1. 装配式梁桥的预制构件形式和尺寸可向标准化发展，有利于大规模工业化生产。
2. 采用桥梁预制工厂（预制场）集中预制，可充分利用先进设备，提高施工机械化和自动化的程度，因此可提高工程质量，降低劳动强度，提高生产效率。
3. 加快施工进度。由于装配式梁桥的梁片预制可与梁桥下部结构同时施工，故可加快施工进度，缩短施工工期，效果明显。
4. 能节省大量支架、模板。装配式梁桥常采用无支架或少支架施工，并且桥梁预制工厂（预制场）采用钢模板浇筑预制构件，模板能多次重复使用；高桥采用无支架安装可省去大量现场支架，降低工程造价。
5. 需要有一定起吊能力的吊装设备。预制梁体一般采用汽车吊、履带吊机、浮吊进行吊装架设，梁桥较长时可采用跨墩龙门吊机、架桥机架设。
6. 预制梁安装后需进行横向连接，增加施工工序。

装配式钢筋混凝土和预应力混凝土梁桥的施工包括分片或分段构件的预制、运输、安装三阶段。下面就从装配式梁的预制方法、装配式钢筋混凝土梁预制工艺、装配式预应力梁预制工艺、装配式预制梁的运输和安装施工几个方面分别进行介绍。

三、装配式梁的预制方法

混凝土梁的预制工作可在专业的桥梁预制工厂内进行,也可在桥位处的预制场内进行。桥梁预制工厂一般可生产钢筋混凝土梁、先张法或后张法工艺的预应力混凝土梁、混凝土桥梁的节段构件及其他预制构件。由于运输长度和质量的限制,通常桥梁预制工厂以生产中小跨径预制构件为主,跨径大于25m的后张法预应力混凝土梁以及大跨径混凝土桥的节段构件主要在桥位处的预制场内生产。

1. 梁的整体预制

（1）固定台座预制

在预制工厂或施工现场,可用固定式底座生产钢筋混凝土梁和预应力混凝土梁。预制构件在固定台座上完成各工序,直到构件完全可以移动后再进行下一个构件的制作。正常情况下,在固定台座上预制一片30m跨径的后张法预应力箱梁需要36h。

固定台座需要使用强度高、不变形的底座,在构造上有整体式底座和底座垫块两类。整体式底座是在坚实的地基上铺设混凝土底板,预制时在底板上设置垫木和底模板。底座垫块是在预制梁的长度范围内,每隔一定距离（0.5~1.0m）设置一组混凝土垫块（横向可设置2~3块）,在横向的底座垫块之间设置钢横梁,并在其上铺设底模板。采用底座垫块的固定台座,可使底模下有足够的空间以便放置底模振捣器。为减小对垫块的振动,可在底板垫块与横梁之间放置1~2层橡胶垫板。先张法制造的预应力混凝土梁就是一种在固定台座上生产的预制梁。

（2）流水台车预制

在预制工厂内设置运输轨道,预制梁的底模设置在活动台车上的预制方法叫作流水台车预制。流水台车由轨道轮、底板、加劲肋、底模和底模振捣装置组成。流水台车均为钢制,其和生产线的数量根据预制工厂的生产能力确定。

采用流水台车预制时,预制梁在台车上生产,而安装模板、绑扎钢筋、制作预应力筋、浇筑混凝土以及张拉等工序则安排在固定车间内,通过台车流动组织生产。它的主要优点在于可实现工业化、专业化、标准化生产,改善工作条件,并且可使用固定式的机具设备,提高生产效率。我国某桥梁预制工厂采用流水台车生产后张法预应力混凝土简支梁,可在流水台车上生产多种规格的梁,一条流水线每天可生产一片预制梁。但此种预制方法需要较大的生产车间和堆放场地,可在生产量大的大型桥梁预制工厂中采用。

2. 梁的节段预制

根据施工方法的要求,需要将梁沿桥纵向根据起吊能力分成适当长度的若干节段,在预制工厂或桥位处的预制场内进行节段预制工作。箱形梁节段的预制质量将直接影响梁桥工程的质量，通常采用长线浇筑或短线浇筑的立式预制方法；桁架梁段常采用卧式预制方法。

（1）长线预制

长线预制是在预制工厂或桥位处的预制场按梁桥底缘曲线制作固定式底座，在底座上安装底模进行节段预制工作。形成梁底缘的底座有多种方法，可以利用预制场的地形堆筑土胎，经加固、夯实后，铺砂石层并在其上做混凝土底板；盛产石料的地区可用石砌成所需的梁底缘形状；地质情况较差的预制场，常采用打短桩基础，然后搭设木材或型钢排架形成梁底曲线。

箱梁节段的预制是在底座上分段进行的。模板常采用钢模，每段一块，以便装拆使用。为加快施工进度，保证节段之间密贴，常先浇筑奇数节段，再以奇数节段的端面为端模浇筑偶数节段，也可以采用分阶段的预制方法。为了便于节段拼装定位，常在节段顶板和腹板的接触面上设置齿槽和剪力键。当节段混凝土强度达到设计强度时，可吊出预制场地。

长线预制需要较大的施工场地，底模长度最小需有梁桥跨径的一半，并要求操作设备可在预制场移动。因此，长线预制法宜在具有固定梁底缘形状的多跨桥上采用，以提高设备的使用效率。法国在1964年修建的总长3km的奥列龙桥就使用了长线预制施工方法。

（2）短线预制

短线预制箱梁节段的施工，是由可调整外部及内部模板的流水台车与端模架来完成的。第一节段混凝土浇筑完成后，在其相对位置上安装下一段模板，并利用第一节段的端面作为第二节段的端模完成混凝土浇筑工作。短线预制的生产台座占地相对较少，适合在预制工厂内进行节段预制，机械化作业程度高，设备可周转使用，一般每条生产线平均5d约可以生产四个节段，但节段的尺寸和相对位置的调整要复杂些。

虽然短线预制相对于长线预制而言施工工艺和精度控制有较高的要求，施工难度相对较大，但是短线预制对于桥梁结构总体线形控制。施工进度控制和先进的机械化施工的流程控制都是长线预制所无法实现的，因此，目前短线预制施工工艺应用广泛。

（3）卧式预制

桁架梁的预制节段分段较长，并具有较大的桁高，而其桁杆截面尺寸不大。因此，为了预制方便，常采用卧式预制方法。

卧式预制要有一个较大的地坪，常用混凝土浇筑而成。地坪的高程应经过测量，需有足够的强度，不致于产生不均匀沉降。预制节段可直接在地坪上预制，对相同的节段可以在已预制完成的节段上安装模板进行重叠施工，两层构件间常用塑料布或涂机油等方法分隔。桁架梁预制节段的起吊、翻转作业要求细致，注意选择吊点和吊装机具。

第二节　预应力混凝土连续梁桥施工

一、固定支架就地浇筑施工法

固定支架就地浇筑施工法是一种古老的施工方法，它是在固定支架上安装模板，绑扎及安装钢筋骨架，预留孔道，并在现场浇筑混凝土与施加预应力的施工方法。由于采用此种方法施工需用大量的支架，故其一般在桥墩较低的中小跨径桥梁或交通不便的边远地区采用。

近年来，随着桥梁结构形式的发展，出现了一些变宽的异形桥、弯桥等复杂的预应力混凝土结构，由于临时钢构件、万能杆件、贝雷梁和六四军用梁等大量应用，在其他施工方法都比较困难，或经过比较固定支架就地浇筑施工法较方便、费用较低时，在大跨径桥梁中也可以采用这种施工方法。为了完成现浇梁桥的就地浇筑施工，首先应根据桥孔跨径，桥孔下面覆盖土层的地质条件、水的深浅等因素，合理地选择支架形式。

1. 支架形式

支架按所用材料，可分为木支架、竹支架、钢支架、钢木混合支架；按其构造形式，一般可分为落地支架和无落地支架（桥墩支撑）两种形式。落地支架分为立柱式支架、梁柱式支架和组合式支架，无落地支架有梁式支架。立柱式支架又称满布式支架。当然，还可能有其他特殊支架，但就目前而言，立柱式支架、梁柱式支架的应用最为普遍。

（1）立柱式支架

立柱式支架构造简单，常用于陆地或桥墩较低的中小跨径桥梁施工，但对地基承载力要求较高。当桥墩较高时，搭设支架不但难度大，而且时间长，不经济。

立柱式钢管支架纵、横向密排，钢管间距依桥高及现浇梁自重、施工荷载的大小经设计计算而定，通常为 0.3~1.5m。

目前，立柱式支架是各国应用最广泛的支架之一。根据其连接方式的不同，立柱式支架可分为扣件式、门式、碗扣式和盘扣式等定型钢管支架。其构造和特点如下：

①扣件式钢管支架。

扣件式钢管支架由钢管和扣件组成，其特点是可根据施工需要灵活布置，通用性强；构配件品种少，有利于施工操作；装卸方便，坚固耐用。

每根钢管宜采用 $\phi 48.3mm \times 3.6mm$ 规格的焊接钢管，长度不应超过 6.5m，最大质量不应超过 25.8kg。限制钢管长度与质量是为了便于人工搬运，确保施工安全。

扣件应采用锻铸铁或铸钢制造，按结构形式分为三种：用于垂直交叉杆件间连接的直角扣件，用于平行或斜交杆件间连接的旋转扣件以及用于杆件对接连接的对接扣件。

扣件质量应符合有关规定，当扣件螺栓拧紧力矩达 65N·m 时，扣件不得发生破坏。

虽然旋转扣件在使用中可连接任意角度的相交钢管，但对直角相交的钢管应用直角扣件连接，而不应用旋转扣件。

脚手板可用钢、木、竹材料制成，单块脚手板的质量不宜大于 30kg。

可调托撑是支架直接传递荷载的主要构件。大量可调托撑试验证明：可调托撑支托板的截面尺寸、支托板弯曲变形程度、螺杆与支托板的焊接质量、螺杆外径等均影响可调托撑的临界荷载，最终影响立柱式支架的临界荷载。

②门式钢管支架。

1953 年，美国首先研制成功了门式支架。由于它具有装拆简单、承载性能好、使用安全可靠等优势，所以发展速度很快。不久，欧洲各国、日本等国家先后引进并发展了这种支架。

20 世纪 70 年代以来，我国先后从日本、美国、英国等国家引进门式支架体系，开始在一些高层建筑工程施工中应用。到了 20 世纪 80 年代初，国内有一些厂家开始试制门式支架。随后产品在部分地区的工程施工中试用，并取得了较好效果。

门式钢管支架是以门架、交叉支撑、连接棒、挂扣式脚手板、锁臂、底座等组成的基本结构，再以水平加固杆、剪刀撑、扫地杆加固，并采用连墙件与建筑物主体结构相连的一种标准化钢管支架。其主要特点是：

A. 组装方便，装拆时间为扣件式钢管支架的 1/3~1/2，特别适用于使用周期短或频繁周转的支架。

B. 承载性能好，使用安全可靠，使用强度约为扣件式钢管支架的 2.5 倍，使用寿命长，可使用 10~15 年，而扣件式钢管支架一般使用 8~10 年，经济效益好。

C. 由于组装件接头大部分不是螺栓紧固性的连接，而是插销或扣搭式的，若搭设高度较大或荷载较重，则必须附加钢管拉结紧固，否则会摇晃不稳。

门式钢管支架用普通钢管材料制成工具式标准件，在施工现场组合而成。其基本单元由一副门式框架、两副剪刀撑、一副水平梁架和四个连接器组合而成。若干基本单元通过连接器在竖向叠加，扣上臂扣，组成一个多层框架。在水平方向，用加固杆和水平梁架将相邻单元连成整体的模板支架。

③碗扣式钢管支架。

这种钢管支架由英国首先研制成功，在西欧各国应用较普遍，在日本和东南亚一些国家也有应用。

20 世纪 80 年代中期，我国在学习英国 SGB 公司有关资料的基础上，结合实际情况对结构做了改进，试制成功了这种钢管支架。该钢管支架与扣件式钢管支架相比，具有以下特点：

A. 多功能。能组成模板支架、支撑柱等。

B. 高功效。避免了螺栓作业，拼拆快速而省力，减小了劳动强度，提高了工作效率。

C. 承载力大。杆件轴线交于一点，节点在框架平面内，接头具有可靠的抗弯、抗剪、抗扭力学性能，结构稳固、可靠。

D. 安全、可靠。接头自锁能力强，构件系列标准化，使用安全、可靠。

E. 便于管理。无零散易丢构件，堆放整齐，便于现场材料管理。

目前，这种支架在新型支架中发展速度最快，推广应用量最多，在桥梁工程施工中已大量应用，并取得了良好的经济效果，是国内应用最广泛的模板支架之一。

碗扣式钢管支架由钢管（立杆、横杆、斜杆）、碗扣节点、立杆连接销、可调底座、可调托撑、脚手板等组成。其基本构造和搭设要求与扣件式钢管支架类似，主要不同之处在于碗扣节点。

立杆的碗扣节点由上碗扣、下碗扣、横杆接头和上碗扣的限位销等组成。在直径48mm的立杆上，每隔0.6m设置一组碗扣节点，即步距以0.6m为模数，纵、横向间距以0.3m为模数。在立杆上焊接下碗扣和上碗扣的限位销时，将上碗扣套入立杆内，在横杆和斜杆上焊接插头。组装时，使横杆和斜杆插入下碗扣周边带齿的圆槽内，使上碗扣沿限位销滑下扣住横杆接头，并顺时针旋转扣紧，用铁锤敲击几下即能牢固锁紧。碗扣处可同时连接四根横杆，可以互相垂直或偏转一定角度，可组成直线形、曲线形、直角交叉形以及其他形式。

④承插型盘扣式钢管支架。

承插型盘扣式钢管支架由德国呼纳贝克模板公司首先研制成功，取名为 Modex。1996年，日本日综产业株式会社曾生产这种钢管支架。1998年加拿大阿鲁马（Aluma）模板公司来我国进行技术交流时，也介绍过这种产品，其名为 Surelock。我国在学习国外公司有关资料，并参照国内其他类型脚手架的基础上，结合我国实际情况研制出了这种新型钢管支架。

承插型盘扣式钢管支架是在吸取国外同类型支架先进接头和配件的基础上，同时结合我国实际情况而研制的一种新型模板支架，已广泛应用于桥梁建筑工程各个领域。

承插型盘扣式钢管支架的盘扣节点为直径120mm，厚18mm的圆盘，圆盘上开设8个插孔，横杆和斜杆上的插头构造设计先进。这种支架在构造上比碗扣式钢管支架更先进，其主要特点是：

A. 连接横杆多。每个圆盘上有8个插孔，可以连接8个不同方向的横杆和斜杆；

B. 连接性能好，每根横杆插头与立杆的插座可以独立锁紧，单独拆卸，而碗扣式钢管支架必须将上碗扣扣紧才能锁定，拆除横杆时也必须将上碗扣松开；

C. 承载能力强，每根立杆的承载力可达48kN；

D. 适用性强，可广泛用作各种脚手架、支架和大空间支撑。

承插型盘扣式钢管支架由立杆、水平杆、斜杆、可调底座及可调托座等构配件构成。其基本构造和搭设要求与碗扣式钢管支架类似，主要不同之处在于盘扣节点。

盘扣节点由焊接于立杆上的连接盘、水平杆杆端扣接头和斜杆杆端扣接头组成。按照国际上的习惯做法，在直径为60mm的立杆上，竖向每隔0.5m间距设置一立杆的盘扣节点，则水平杆步距以0.5m为模数。组装时，将插头先卡紧圆盘，再将楔板插入插孔内，要求用不小于0.5kg锤子击紧2~3下，楔板即可固定横杆。

（2）梁—柱式支架

梁—柱式支架一般用于桥墩较高、跨径较大、软土地基及必须保证在支架下通行（航）或排洪的情况。该支架与立柱式支架相比，摆脱了桥下不良场地的限制。

立柱支承在桥墩的承台或临时基础上，梁支承在临时立柱或临时墩上，形成单跨或多跨梁柱式支架。

梁-柱式支架依其跨径及现浇梁自重、施工荷载的大小可采用工字钢梁、钢板梁或钢桁梁（万能杆件、贝雷梁、六四军用梁）作为承重梁。一般当跨径小于10m时可采用工字钢梁，跨径小于20m时可采用钢板梁，跨径大于20m时可采用钢桁梁。立柱可采用钢管柱、焊接的型钢或临时墩。临时基础采用桩基础时，桩的入土深度应按施工设计要求设置，不小于3m。当水深大于3m时，桩要用拉杆加强。一般须在纵梁下布置卸落设备。

（3）组合式支架

支架的下部分为梁—柱式支架，上部分为立柱式支架（便于变截面纵向弧线形梁底高程的调整）的组合形式，简称组合式支架。其一般用于桥墩较高、桥下通行（航）或排洪的大跨度变截面连续梁桥的施工。

（4）梁式支架

梁式支架一般可在水中高墩现浇梁桥上使用。梁支承在桥墩上预留的托架或桥墩处临时设置的横梁上。托架按支撑方式不同有预埋型钢牛腿法、预留孔穿型钢法和抱箍法三种，梁宜采用常备式定型钢构件的万能杆件、贝雷梁、六四军用梁拼装。

2.对支架的要求

（1）支架虽然是临时结构，但它要承受恒载。为保证结构位置和尺寸的准确，支架必须具有足够的强度、刚度和稳定性。另外，支架须受力明确。为了减少变形，构件应主要选用受压或受拉形式，并减少构件接缝数量。

（2）满布支架的地基表面应平整，并应有防水、排水措施；满布支架位于坡地上时，宜将地基的坡面挖成台阶；在软弱地基上设置满布支架时，应采取措施对地基进行处理，使其承载力满足施工要求。

（3）梁式支架各支点的基础应设在可靠的地基上。当地基沉降过大或承载力不能满足要求时，宜设置桩基或采取其他有效措施进行处理。梁式支架不宜采用拱式结构；必须采用时，应按拱架的要求施工。

（4）支架应稳定、牢固，其地基应有足够的承载力。支架位于水中时，其基础宜采用桩基。对弯、坡、斜梁式桥，其支架的设置应适应梁体相应几何线形的变化且应采取有效措施保证支架的稳定性。

（5）梁式桥跨越需要维持正常通行（航）的道路（水域）时，对其现浇支架应采取防碰撞的安全措施，并应设置必要的交通疏导标志，以保证施工安全和交通安全。

（6）梁式桥现浇支架的预压应力根据支架的类型和结构形式、地基的沉降量和承载能力，以及荷载大小等因素确定。

（7）专用支架应按其产品的要求进行模板的卸落；自行设计的普通支架应在适当部位设置相应的木楔、木凳（木马）、砂筒或千斤顶等卸落装置，并应根据结构形式、承受的荷载确定卸落量。卸落装置必须有足够的强度和刚度。

3. 支架、模板的设计

支架、模板的设计，应根据结构形式、设计跨径、施工组织设计、荷载大小、地基土类别及有关设计，施工规范进行。

支架、模板的设计应考虑下列各项荷载：

（1）支架、模板自重，应按设计图纸计算确定。

（2）新浇筑混凝土、钢筋、预应力筋或其他圬工结构物的自重。普通混凝土的自重可采用 $24kN/m^3$。

钢筋混凝土的自重可采用 $25\sim26kN/m^3$（以体积计算的含筋量小于或等于 2% 时，采用 $25kN/m^3$；以体积计算的含筋量大于 2% 时，采用 $26kN/m^3$）。

（3）施工人员及施工设备、施工材料等荷载。计算模板及直接支承模板的小楞时，均布荷载可取 2.5kPa，另外以集中荷载 2.5kN 进行验算；计算直接支承小楞的梁时，均布荷载可取 1.5kPa；计算支架立柱的其他结构构件时，均布荷载可取 1.0kPa；有实际资料时按实际取值。

（4）振捣混凝土时产生的振动荷载，水平面模板为 2.0kPa，垂直面模板为 4.0kPa。

（5）新浇筑混凝土对模板侧面的压力，采用内部振捣器振捣混凝土，当混凝土的浇筑速度在 6m/h 以下时，新浇筑的普通混凝土作用于模板的最大侧压力可按公式计算，并取两者中的较小值。

（6）混凝土入模时产生的水平方向的冲击荷载。

（7）设于水中的支架所承受的水流压力、波浪力、流冰压力、船只及其他漂浮物的撞击力，按实际情况考虑。

（8）其他可能产生的荷载，如风荷载、雪荷载、冬季保温设施荷载等，按实际情况考虑。支架及其模板的荷载设计值，应采用荷载标准值乘以相应的荷载分项系数计算求得。

在计算支架和模板的强度和稳定性时，应考虑作用在支架和模板上的风力。设于水中的支架，还应考虑水流压力、流冰压力和船只及其他漂流物等的撞击力。当验算支架及其模板在自重和风荷载等作用下的抗倾覆稳定性时，验算倾覆的稳定系数不得小于 1.3。

验算支架、模板的刚度时，其最大变形值不得超过下列允许值：

（1）支架受载后挠曲的杆件（盖梁、纵梁），其弹性挠度为相应结构跨度的 1/400；

（2）结构表面外露的模板，其弹性挠度为模板构件跨度的1/400；

（3）结构表面隐蔽的模板，其弹性挠度为模板构件跨度的1/250；

（4）钢模板的面板变形为1.5mm，钢棱和柱箍变形为L/500和B/500（其中，L为计算跨径，B为柱宽）。

4. 支架地基

支架地基处理的方法应根据箱梁的断面尺寸及支架形式对地基的要求确定。支架的跨径大，施工荷载大，对地基的要求较高，地基的处理就需要加强；反之，就可相对减弱。石灰粉煤灰稳定碎石、水泥稳定碎石、矿渣、拆迁建筑粒料及原有路基路面都可作为支架地基。

支架地基的处理可采用以下方法：①钢或木卧梁；②地基换填，压实浇筑混凝土；③铺筑混凝土预制块；④混凝土条形基础；⑤桩基础加混凝土横梁；⑥其他，如重锤夯实、粉喷桩等。支架地基处理时，基底压实度一般不小于93%，处理宽度不小于支架两侧各1.0m。支架地基应排水通畅，不得有积水。如有渗透水，应在基础范围以外设排水沟予以排除，以免降低地基承载力。

上海南浦大桥浦东引桥预应力曲线连续箱梁的梁长分别为121m（4跨）、95m（3跨）共四联，桥梁中心线的曲率半径为90m，因施工现场的地基、地形、地貌情况比较复杂，有基坑部位的回填土、老宅地基和泥浆坑等，为防止混凝土施工时地基产生不均匀沉降，采用重锤夯实加固地基，随后在整平的地基上铺道砟，浇15cm厚的C15素混凝土。

5. 支架预压

支架预压是不可缺少的工序。其目的是：消除支架地基基础和支架的非弹性变形；获取支架弹性变形的参数，以设置施工预拱度。应根据设计或技术规范的要求进行预压，一般为超载预压。预压荷载宜为支架需承受全部荷载的1.05~1.10倍，预压荷载的分布应模拟需承受的结构荷载及施工荷载。预压时间一般以达到连续24h沉降量小于2mm为宜。

预压重物就地取材，一般可采用钢筋、水袋或砂袋。工程实践证明，采用小砂袋预压比较经济，质量容易控制，连续作业时也便于人工倒运；对于工期较紧的城市高架桥，一般采用大砂袋预压，但相对成本较高。

预压前，先记录预压部位基准点的原始标高。预压期间，每天早晚同一时间两次测量基准点标高，若符合上述要求即可卸载。卸载后继续观测，以获得预压支架的弹性变形量。由此来设置施工预拱度。

二、悬臂施工法

悬臂施工法也称为分段施工法，是在已建成的桥墩上，以桥墩为中心沿桥梁跨径方向对称地逐段悬臂接长的施工方法。预应力混凝土桥梁悬臂施工法最初是由钢桥悬臂拼装法发展而来的。

法国著名工程师尤金·弗奈西奈（Eugene Freyssinet）于1945—1948年，在巴黎以东48km左右的马恩河上建成的昌章西（Luzancy）桥，是首座采用预制节段拼装施工的预应力混凝土桥。1950年，杰出的德国工程师乌利希·芬斯特瓦尔德（Ulrich Finsterwalder）在德国的鲍尔温施泰因跨越兰河的一座桥上，首次采用了预应力混凝土现浇平衡悬臂施工。到1952年，在沃尔姆斯一座跨越莱茵河的三跨（100.58m+113.08m+103.63m）预应力混凝土桥梁建成后，悬臂施工法很快在德国及其邻国得到广泛应用。在1950—1965年间，仅在欧洲采用悬臂施工法就修建了300多座这样的桥梁，从此悬臂施工法在世界各国得到推广、应用。

我国预应力混凝土桥梁悬臂拼装法施工技术最早用于河南省汤阴县五陵卫河桥。该桥为25m+50m+25m的T形刚构桥，位于汤阴至濮阳原窄轨铁路线上。为了不影响铁路线的正常运营，采用了当时先进的悬臂拼装法施工新工艺，于1965年4月建成通车。1968年底建成了柳州桥，跨越广西柳江，桥跨为45.19m+66.71m+120m+124m+52.29m，这是国内首次采用悬臂浇筑法施工的桥梁。据资料统计，我国在近40多年的发展中，已修建主跨大于120m的连续梁、T形刚构桥、连续刚构桥200多座，是大跨度梁桥修建最多的国家。目前，国内最大跨径悬臂施工的预应力混凝土T形刚构桥为1980年建成的重庆石板坡长江大桥，主跨为174m；预应力混凝土连续刚构桥采用悬臂浇筑法施工的最大跨径桥梁，是1997年建成的虎门大桥辅航道桥，主跨为270m；最大跨径的预应力混凝土连续梁桥为2001年建成的南京第二长江大桥北汊桥，主跨为165m；2006年建成的重庆石板坡长江大桥复线桥，是目前世界上跨径最大的预应力钢混组合式连续刚构桥，主跨为330m；2013年建成的北盘江大桥，是目前采用悬臂浇筑法施工的最大跨径的预应力混凝土空腹式连续刚构桥，主跨为290m。上述工程实例证明，我国悬臂施工法的技术水平已达到国际先进水平。迄今为止，国外最大跨径悬臂施工的梁桥——Stolma（斯托尔马）特大跨径预应力混凝土连续刚构桥，是挪威于1998年11月建成的，跨径布置为94m+301m+72m。其为世界上首次将混凝土梁桥悬臂施工法跨径突破300m。

第五章 桥梁下部结构施工技术

桥梁上部结构承受的各种荷载通过桥台或桥墩传至基础，再由基础传至地基。基础是桥梁下部结构的重要组成部分，因此基础工程在桥梁结构物的设计与施工中占有极为重要的地位，对结构物的使用安全和工程造价有很大的影响。

桥梁基础施工按施工方法可分为明挖基础施工、钻孔灌注桩基础施工、沉井基础施工、墩台及盖梁施工。

第一节 明挖基础施工

明挖基础是将基础底板设在直接承载地基上，来自上部结构的荷载通过基础底板直接传递给承载地基。其施工方法通常采用明挖方式进行，是一种直接敞坑开挖，就地浇筑的浅基础形式。由于其施工简便，造价低，因此只要在地质和水文条件许可的情况下，都应优先选用此种施工方法。

明挖基础适用于无水、少水或浅水河流处的基础工程，可采用人工开挖或机械开挖。在明挖基础施工中，需重点解决的问题是敞坑边坡的稳定及开挖过程中的排水。

明挖基础适用于浅层土较坚实，且水流冲刷不严重的浅水地区。施工中坑壁的稳定性是必须特别注意的问题。由于它的构造简单、埋深小、施工容易，加上可以就地取材，故造价低廉，被广泛应用于中小桥涵及旱桥。我国的赵州桥就是在亚黏土地基上采用了这种桥基。

明挖基础也称扩大基础，是由块石或混凝土砌筑而成的大块实体基础。其埋置深度可较其他类型基础浅，故为浅基础。由于它的构造简单，所用材料不能承受较大的拉应力，故基础的厚宽比要足够大，使之形成所谓的刚性基础，受力时不致产生挠曲变形。为了节省材料，这类基础的立面往往砌成台阶形，平面根据墩台截面形状而采用矩形、圆形、T形或多边形等。建造这种基础时多用明挖基坑的方法施工。在陆地开挖基坑时，将视基坑深浅、土质好坏和地下水位高低等因素来判断是否采用坑壁支护结构衬板或板桩。在水中开挖，则应先筑围堰。

明挖基础施工的主要内容包括基础的定位放样、基坑开挖、基坑排水、基底处理以及砌筑（浇筑）基础结构物等。

一、基础的定位放样

在基坑开挖前，先进行基础的定位放样工作，以便正确地将设计图纸上的基础位置、形状和尺寸在实地标定出来，准确地设置到桥址上。放样工作是根据桥梁中心线与墩台的纵、横轴线、推出基础边线的定位点，再放线画出基坑的开挖范围。基坑各定位点的高程及开挖过程中的高程检查一般采用水准测量的方法进行。

明挖基坑的放样程序为：施工前，根据图 5-1 测放出基坑顶挖土线的位置和尺寸；当挖土高程达到设计基础底高程时（当采用机械挖土时，最后 0.1~0.2m 的土由人工挖除），再精确测放出基础平面尺寸和砌筑高度。

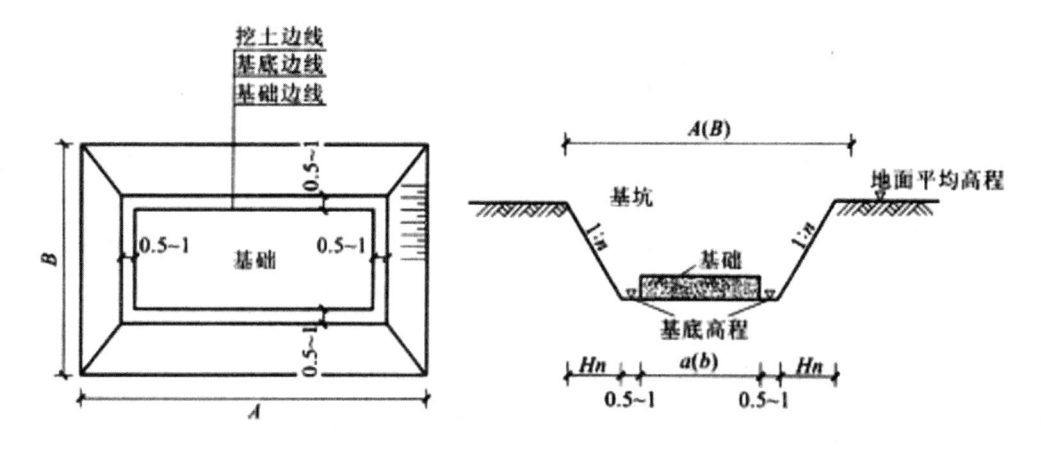

图 5-1 基坑放坡示意图（单位：m）

二、基坑开挖

基坑开挖的主要工作有挖掘、出土、支护、排水、防水、清底及回填等。施工时，应根据地质条件、水文条件、基坑开挖深度、开挖所采用的方法和机具等，采用不同的开挖工艺。

基坑在开挖前通常需完成下列准备工作：施工场地的清理，地面水的排除，临时道路的修筑，供电与供水管线的敷设，临时设施的搭建，基坑的放线等。施工场地的清理包括拆除房屋、古墓，拆迁或改建通信设备、电力设备、上下水道及其他建筑物，迁移树木等工作。场地内低洼地区的积水必须排除，同时应注意雨水的排除，使场地保持干燥，以便基坑开挖。

地面水的排除一般采用排水沟、截水沟、挡水土坝等设施。应尽量利用自然地形来设置排水沟，将水直接排至基坑外或流向低洼处，再用水泵抽走。主排水沟最好设置在施工区域的边缘或道路的两旁，其横断面和纵向坡度应根据最大流量确定。排水沟的横断面尺寸一般不小于 0.5m×0.5m，纵向坡度一般不小于 3‰。平坦地区如出水困难，其纵向坡度不应小于2‰，沼泽地区可降至1‰。在基坑开挖过程中，要注意保持排水沟畅通，必要时应设置涵洞。基坑开挖时应注意以下事项：

基坑开挖对邻近建筑物或临时设施有影响时，应提前采取安全防护措施；基坑顶面应提前做好地面防水、排水设施；基坑开挖时，不得采用局部开挖深坑或从底层向四周掏土；基坑顶有动荷载时，坑口边缘与动荷载间的安全距离应根据基坑深度、坡度、地质和水文条件及动荷载大小等因素确定，且不应小于1.0m；在土石松动地层或粉砂、细砂层中开挖基坑时，应先做好安全防护措施；当基坑开挖需要爆破时，应执行《爆破安全规程》（GB 6722-2003）中的有关规定；土质松软层基坑开挖时必须进行支护；基坑开挖时，应观测坡面稳定情况。当发现坑沿顶面出现裂缝、坑壁松塌或遇涌水、涌砂时，应立即停止施工，加固处理后方可继续施工。

1.土方边坡及其稳定

（1）土方边坡

为了防止塌方，保证施工安全，在开挖深度超过一定限度时，均应在其边沿做成一定坡度的边坡。土方边坡坡度以其高度 H 与宽度 B 之比表示。图 5-2 所示为 1：m。

根据各层土质及土体所受的压力，土方边坡可做成直线形、折线形和台阶形。合理地选择基坑边坡形式是减少土方量的有效措施。

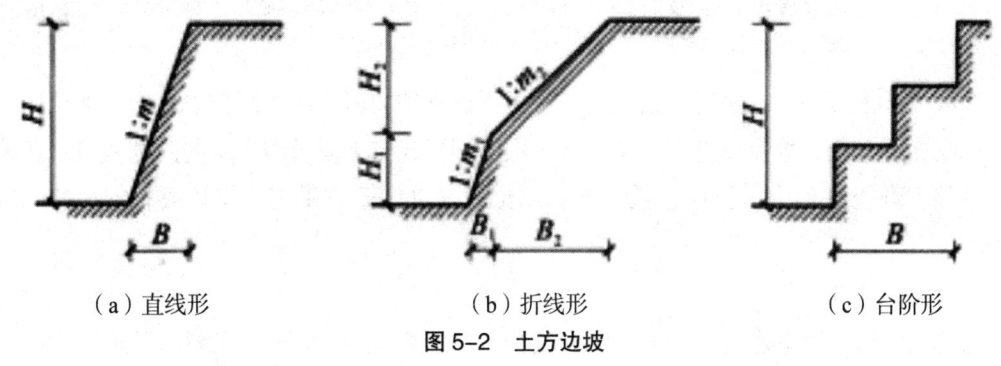

（a）直线形　　　　　　（b）折线形　　　　　　（c）台阶形

图 5-2　土方边坡

（2）边坡的稳定

基坑边坡的稳定主要由土体内土颗粒之间的摩擦阻力和内聚力，使土体具有一定的抗滑力来保持。当土体的下滑力大于抗滑力时，边坡就会失去稳定而发生滑动。这种滑动一般在一定范围内表现为整体沿某一滑动面向下和向外移动。一旦失去平衡，土体就会塌方，不仅会造成人身安全事故，影响工期，有时还会危及邻近建筑物的安全。

基坑边坡的失稳往往是在外界不利因素影响下触发和加剧的。这些外界不利因素往往会导致土体剪应力的增加或抗剪强度的降低。

引起土体剪应力增加的因素主要有：

①坡顶上堆积物、行车等荷载；

②雨水或地面水渗入土中，使土中的含水量增加，而造成土的自重增加；

③地下水的渗流会产生一定的动水压力；

④土体竖向裂缝中的积水会产生侧向静水压力；

⑤边坡过陡，土体本身稳定性不够。

引起土体抗剪强度降低的因素主要有：

①土质本身较差或因气候影响而使土质松软；

②土体内含水量增加使土体内聚力降低，产生润滑作用；

③饱和的细砂、粉砂因受振动而液化等。

2.基坑开挖方式

基坑开挖方式与基础的埋置深度、地质土的性质、施工周期的长短有关，可分为直立壁开挖、放坡开挖、支护开挖。基坑开挖方式按基坑所处的环境可分为陆地基坑开挖和水中基础的基坑开挖两种。

（1）陆地基坑开挖

陆地基坑开挖主要以施工机械为主，局部采用人工配合。常用的机械多为位于坑顶的由吊机操纵的挖土斗、抓土斗等；遇开挖工作量特别大的基坑，还常用铲式挖土机、铲运机、倾卸车等。桥梁墩台基坑采用机械挖土，距基底设计标高约0.3m厚的最后一层土，需用人工来挖除、修整，以保证地基土结构不受破坏。

基坑应避免超挖，已经超挖或松动部分，应将松动部分清除。挖至标高的土质基坑不得长期暴露、扰动或浸泡，应及时检查基坑尺寸、高程、基底承载力，符合要求后，应立即砌筑基础。

如基坑开挖后坑壁能保持稳定不坍塌，可不加支护。但实际上因坑深土松，甚至还有地下水或坑顶荷载，故需要进行支护。基坑围护的形式与土质及地下水的高低有着密切关系。在基坑开挖过程中，根据土质条件和水位情况对坑壁可采用无支护或有支护的开挖方法。

①无支护基坑

当基坑较浅、地下水位较低或渗水量较少，不影响坑壁稳定时，坑壁可不加支护。采用垂直开挖和放坡开挖两种施工方法，将坑壁挖成竖直或斜坡形。竖直坑壁只适宜在岩石地基或基坑较浅又无地下水的硬黏土中采用。在一般土质条件下开挖基坑时，应采用放坡开挖的方法。

基坑开挖的深度一般稍大于基础埋深，视对基底处理的要求而定。基坑尺寸要比基底尺寸每边扩大0.5~1.0m，以便设置排水沟及支立模板和砌筑等工作的开展。

基坑坑壁坡度应按地质条件、基坑深度、施工方法等情况确定。

当土的湿度较大可能引起坑壁坍塌时，坑壁坡度应适当放缓。

基坑开挖时，基坑顶面应设置防止地面水流入基坑的设施；基坑顶面有动荷载时，其边缘与动荷载之间应留有大于1.0m宽的护道。当工程地质和水文条件不良或动荷载较大时，应加宽护道或采取加固措施，以增强边坡的稳定性。当基坑深度大于5m时，可将坑壁坡度适当放缓或加设平台。

②有支护基坑

当地下水位高于基底且渗透量大，影响坑壁稳定；坡度不宜保持，放坡开挖工作量过大，不符合多、快、好、省的要求；基坑较深，土方量大，施工期较长；受施工场地限制或邻近有建筑物，不能采用放坡开挖时，可采用坑壁支护进行加固施工。

加固坑壁常用的支护形式有：挡板支撑、混凝土护壁（喷射或支模现浇）支撑、板桩墙支撑和地下连续壁支撑等。

A. 挡板支撑

挡板支撑适用于开挖面积不大、地下水位较低、挖基深度较小的基坑，适用于中、小桥和涵洞基坑开挖。

挡板支撑形式可分为竖挡板式坑壁支撑、横挡板式坑壁支撑、框架式支撑，其他形式的支撑（如锚桩式、斜撑式或锚杆式支撑）。

B. 喷射混凝土护壁支撑

喷射混凝土护壁支撑宜用于土质较稳定，渗水量不大，深度小于10m，直径为6~12m的圆形基坑。对于有流砂或淤泥夹层的土质，也有使用成功的实例。

喷射混凝土护壁支撑的基本原理是以高压空气为动力，将搅拌均匀的砂、石、水泥和速凝剂干料由喷射机经输料管吹送到喷枪。在通过喷枪的瞬间加入高压水进行混合，自喷嘴射出而喷在坑壁上，形成环形混凝土护壁结构，以承受土压力。喷射混凝土护壁支撑的施工特点是：在基坑开挖限界内，先向下挖一段土，随即用混凝土喷射机喷射一层含速凝剂的混凝土（速凝剂掺入量可为水泥用量的3%~4%），以保护坑壁，然后向下逐段挖深喷护。每段一般为0.5~1.0m，视土质情况而定。

喷护基坑的直径为10m左右，挖深一般不超过10m。砂土类、黏土类、粉土及碎石土的地质均可使用。喷射混凝土的厚度依地质情况和有无渗水而不同，可取3~8cm（碎石类土，无渗水）至10~15cm（砂类土、无渗水）。对于有少量渗水的基坑，混凝土应适当加厚3cm左右。喷层厚度可按静水压力计算，设坑壁为圆形，截面均匀受力计算强度。

采用喷射混凝土护壁支撑的基坑，无论基础外形如何，均应采用圆形，以改善坑壁受力状态。

但是地质稳定，挖深在5m以内时，也可按基础的矩形开挖。

C. 现浇混凝土围圈护壁支撑

采用现浇混凝土围圈护壁支撑时，基坑应自上而下分层垂直开挖，开挖一层后随即灌注一层混凝土壁。为防止已浇筑的围圈混凝土因施工时失去支承而导致下坠，顶层混凝土应一次整体浇筑，以下各层均间隔开挖和浇筑，并将上、下层混凝土纵向接缝错开。开挖面应均匀分布、对称施工，及时浇筑混凝土壁支护，每层坑壁无混凝土壁支护的总长度应不大于周长的一半。分层高度以垂直开挖面不坍塌为原则，一般顶层高2m左右，以下各层高1~1.5m。围圈混凝土应紧贴坑壁土灌注，不用外模。内模可制成圆形或内接多边形。

施工中注意使层、段间各接缝密贴，防止其间夹有泥土、浮浆等影响围圈的整体性。和喷射混凝土护壁一样，围圈护壁要防止地面水流入基坑，避免在坑顶周围土的破坏棱体范围内有不均匀附加荷载。

目前，也有采用混凝土预制块分层砌筑来代替就地灌注混凝土围圈的情况。它的优点是省去现场混凝土灌注和养护时间，使开挖和支护砌筑连续不间断地进行且围圈混凝土质量容易得到保证。

D. 板桩墙支撑

当基础平面尺寸较大，深度较大，基坑底面标高低于地下水位且渗水量较大时，可用防渗性能较好的板桩墙做支撑，以维护坑壁的稳定性。它的特点是在基坑开挖前先将板桩垂直打入土中，至坑底以下一定深度，然后边挖边设支撑，基坑开挖过程始终在板桩墙的支护下进行。

板桩有木板桩和钢板桩。木板桩在打入砂砾土层时，桩尖应安装铁桩靴。钢板桩由于强度大，能穿过较坚硬的土层，锁口紧密不易漏水，还可焊接加长重复使用，所以应用较广。

（2）水中基础的基坑开挖

桥梁墩台基础大多位于地表水位以下，有时水流还比较大，而施工时都希望在无水或静止水条件下进行。桥梁水中基础最常用的施工方法是围堰法。在开挖前，必须首先在基坑外围修筑一道临时挡水结构物即围堰，把围堰内的水排干后，再开挖基坑修筑基础。如排水困难，也可在围堰内进行水下挖土，挖至预定高程后灌注水下封底混凝土，然后再抽干水继续修筑基础。

围堰的作用主要是防水和围水，有时还起着支撑施工平台和基坑坑壁的作用。公路桥梁常用的围堰类型有土围堰、草（麻）袋围堰、钢板桩围堰、套箱围堰。围堰的结构形式和材料应根据水深、流速、地质情况以及通航要求等条件确定。但不论采用哪种围堰，均需满足以下要求：

①围堰顶面的高程宜高出施工期间可能出现的最高水位（包括浪高）0.5~0.7m，用于防御地下水的围堰宜高出水位或地面0.2~0.4m。

②围堰的外形应适应水流排泄，大小不应压缩流水断面过多，以免壅水过高而危害围堰安全以及影响通航、导流等。围堰内形应适应基础施工的要求，并留有适当的工作面积。堰身断面尺寸应保证有足够的强度和稳定性，以使基坑开挖后围堰不致发生破裂、滑动或倾覆。

③围堰应防水严密，尽量采取措施防止或减少渗漏，以减轻排水工作。对围堰外围边坡的冲刷和筑围堰后引起的河床冲刷，均应有防护措施。

④围堰施工一般应安排在枯水期进行。

常用的围堰类型如下。

A. 土围堰和草（麻）袋围堰

土围堰用在水深1.5m以内，流速0.5m/s以下，河床土层不透水或渗水较小的情况。

土围堰宜用黏性土或砂夹黏土填筑，断面一般为梯形。

在填筑土围堰之前，应先清理河床上的块石、树枝等杂物，否则可能造成局部渗漏而使堰堤穿孔。

若围堰外流速较大，为保证堰堤不被冲刷，可用草（麻）袋盛土码砌于堰堤边坡，即为草（麻）袋围堰。

此外，还可用竹笼片石围堰和木笼片石围堰做水中围堰。其结构由内、外两层装片石的竹（木）笼和中间填的黏土芯墙组成。黏土芯墙厚度不应小于2m。为避免片石笼对基坑顶部压力过大，并为必要时变更基坑边坡留有余地，竹（木）笼片石围堰内侧一般应距基坑顶缘3m以上。

B. 钢板桩围堰

钢板桩强度大，防水性能好，穿透力强，不但能穿过砾石、卵石层，也能切入软岩层和风化层，一般在河床水深为4~8m，且为较软岩层时最适用。堰深一般为20m以内。若堰深大于20m，则板桩应适当接长。

钢板桩围堰的平面形状有圆形、矩形和圆端形，施工中应结合具体情况选用。在桥梁深基础施工中多用圆形围堰，其受力理想，支撑结构最简单，但占河道面积大。浅基坑多用矩形围堰，其占河道面积小，但受水流冲击力大。

钢板桩围堰施工的基本程序是：施工准备、导框安装、插打与合龙、抽水堵漏及拔桩整理等。

在施工准备过程中，应进行钢板桩的检查、分类、编号，以及钢板桩接长和锁口涂油等工作。钢板桩两侧锁口应用一块同型号长度为2~3m的短桩做通过试验。若锁口通不过或存在桩身弯曲、扭转、死弯等缺陷时，均须加以修整。钢板桩接长应采用等强度焊接的方式。当起吊设备条件许可时，可将2~3块钢板桩拼成一组组合桩。

钢板桩可逐块（组）插打到底或全围堰先插合龙，再逐块（组）打入。插打顺序宜由上游分两侧插向下游合龙。钢板桩可用锤击、振动或辅以射水等方法下沉，但在黏土中不宜使用射水方法。锤击时应使用桩帽。采用单动气锤和坠锤打桩时，一般锤重宜大于桩重，质量过小的锤效率不高。振动打桩机是目前打钢板桩较好的机具，其既能打桩又能拔桩，操作简便。钢板桩插打完毕后即可抽水开挖。如围堰设计有支撑，应先撑再抽水，并应检查各节点是否顶紧等，防止因抽水而发生事故。抽水速度不宜过快，并应随时观察围堰的变化情况，发现问题及时处理。

钢板桩围堰的防渗能力较好，但仍有锁口不密，个别桩入土深度不够或桩尖打裂打卷，以致发生渗漏的情况。若锁口不密漏水，可用棉絮等在内侧嵌塞，同时在外侧撒大量木屑或谷糠自行堵塞。

钢板桩拔除前，应先将围堰内的支撑由上而下陆续拆除，并灌水使内、外水压平衡，解除板桩间的挤压力，并与水下混凝土脱离。拔桩可用拔桩机、千斤顶等设备，也可用墩身做扒杆拔桩。当拔桩确有困难时，可以水下切割。

C.钢套箱围堰

钢套箱围堰适用于流速较小，覆盖层较薄，透水性较强的砂砾或岩石深水河床，可用于修筑埋置不深的水中基础，也可用作修建桩基承台。

a.基本构造

钢套箱围堰是利用角钢、工字钢或槽钢等刚性杆件与钢板联结而成的整体无底钢围堰，可制成整体式或装配式，并采取相应措施以防止套箱接缝渗漏。

b.就位下沉

钢套箱可在墩台位置处在用脚手架或浮船搭设的平台，上起吊下沉就位。下沉套箱前，应清除河床表面障碍物。随着套箱的下沉，逐步清除河床土层，直至设计标高。当套箱位于岩层上时，应整平基层。若岩面倾斜，则应根据潜水员探测的资料，将套箱底部做成与岩面相同的倾斜度，以增加套箱的稳定性，并减少渗漏。

c.清基封底

套箱下沉就位后，先由潜水员将套箱脚与岩面间空隙部分的泥砂软层清除干净，然后在套箱脚堆码一圈砂袋，作为封堵砂浆的内模。由潜水员将1∶1水泥砂浆轻轻倒入套箱壁脚底与砂袋之间，防止清基时砂砾涌入套箱内。

三、基坑排水

基坑如在地下水位以下，随着基坑的下挖，渗水将不断涌入基坑。施工过程中必须不断地排水，以保持基坑干燥，制造旱地施工条件，便于基坑挖土与基础的砌筑和养护。目前常用的基坑排水方法有表面排水和井点法降低地下水位两种。

1.表面排水

表面排水是最简单，也是应用最为普遍的方法。在基坑整个开挖过程及基础砌筑和养护期间，在基坑四周开挖集水沟汇集坑壁及基底的渗水，将其引向一个或数个比集水沟更深的集水坑。集水沟和集水坑应设在基础范围以外。在基坑每次下挖以前，必须先挖集水沟和集水坑。集水坑的深度应大于抽水机吸水龙头的高度，以保证吸水龙头的正常工作。在吸水龙头上套竹筐围护，以防止土石堵塞龙头。

这种排水方法设备简单，费用低，适用于岩石及碎石类土，也适用于渗水量不大的黏性土基坑。

由于抽水会引起流砂现象，造成基坑的破坏和坍塌，因此当地基土为饱和粉细砂土等黏聚力较小的细粒土层时，应避免采用表面排水法。

2.井点法降低地下水位

井点法适用于地下水位较高，有承压水，挖基较深，坑壁不稳定的粉质土、粉砂类土、细砂类土土质基坑。根据使用设备的不同，井点主要有轻型井点、喷射井点、电渗井点和深井泵井点等多种类型，可根据土的渗透系数、要求降低水位的深度及工程特点选用。

轻型井点降水布置即在基坑开挖前预先在基坑四周打入（或沉入）若干根井点管，井点管下端1.5m左右为过滤管，过滤管上钻有若干直径约2mm的滤孔，外面用过滤层包扎。

各个井点管用集水总管连接并抽水。井点管两侧一定范围内的水位逐渐下降，各井点管相互影响就形成了一个连续的疏干区。在整个施工过程中应保持不断抽水，以保证在基坑开挖和基础砌筑的整个过程中基坑始终保持无水状态。

轻型井点降水的特点是井点管范围内的地下水不从基坑四周边缘和底面流出，而是以相反的方向流向井点管，因而可以避免发生流砂和边坡坍塌现象，流水压力对土层还会有一定的压密作用。在过滤管部分包有铜丝过滤网，以免带走过多的土粒而引发土层潜蚀现象。

3. 帷幕法排水

帷幕法是在基坑边线外设置一圈隔水幕，用以隔断水源，减少渗流水量，防止流砂、突涌、管涌、潜蚀等地下水的作用。其方法有深层搅拌桩隔水墙法、压力注浆法、高压喷射注浆法、冻结帷幕法等，采用时均应进行具体设计并符合有关规定。

四、基底检验及处理

1. 基底检验

基础是隐蔽工程。基坑开挖至设计标高后，在基础浇筑前应按规定对基底进行检验，以确定其是否符合设计要求。

基底检验的主要内容应包括：检查基底的平面位置，尺寸大小、基底标高是否与原设计相符，检查基底地质情况和承载力是否与原设计相符，检查基底处理及排水情况是否与施工设计规范相符。

2. 基底处理

天然地基上的浅基础是直接靠基底土来承受荷载的，故基底土质状态的好坏对基础和墩台结构的影响极大。所以基底检验合格后，即要进行基底处理工作。

基底处理应根据地基土的种类、强度和密度，按照设计要求并结合现场情况，采取相应的处理方法。基底处理的范围至少应超出基础之外0.5m。符合设计要求的细粒土、特殊土基底，修整妥善后应尽快修建基础，不得使基底浸水和长期暴露。

基底处理方法视基底土质而异，一般对细粒土及特殊土地基、粗粒土和巨粒土地基、岩层地基、多年冻土地基、溶洞地基、泉眼地基进行相应的基底处理。

五、基础圬工浇筑

基础砌筑可分为以下三种：无水砌筑、排水砌筑和水下灌注。为了方便施工和保证施工质量，基础的砌筑应尽可能在干燥无水的状况下进行。当基坑渗漏很小时，可采用排水砌筑。只有当渗水量很大，排水困难时，才采用水下灌注混凝土的方法。基础圬工用料应在挖基完成前准备好，以保证及时砌筑基础，避免基底土质变差。

排水砌筑施工时，应确保在无水状态下砌筑圬工，禁止带水作业及用混凝土将水赶出模板外的灌注方法。基础边缘部分应严密隔水，水下部分圬工必须待水泥砂浆或混凝土终凝后才允许浸水。

基础圬工的水下灌注分为水下封底和水下直接灌注基础两种。

1. 水下混凝土封底再排水砌筑圬工

当坑壁有较好的防水设施（如钢板桩护壁等），但基坑渗漏严重时，可采用水下灌注混凝土封底的方法。待封底混凝土达到强度要求后排水，清除封底混凝土面浮浆，冲洗干净后再砌筑基础圬工。

水下封底混凝土应在基础底面以下。封底只能起封闭渗水的作用，封底混凝土只能作为地基，而不能作为基础。因此，封底混凝土不得侵占基础厚度。水下封底混凝土层的最小厚度由以下条件控制：当围堰作业已封底并抽干水后，板桩同封底混凝土组成一个浮筒，该浮筒的自重应能保证其不浮起；同时，封底混凝土作为周边简支的板，在基底面上水压力的作用下，不致因向上挠曲而折裂。封底混凝土的最小厚度一般为2.0m左右。

2. 水下直接灌注混凝土

当今桥梁基础水下混凝土灌注施工中广泛采用的是直升导管法。混凝土经导管输送至坑底，并迅速将导管下端埋没。随后混凝土不断地被输送到被埋没的导管下端，从而迫使先前输送但尚未凝结的混凝土向上和向四周推移。随着基底混凝土的上升，导管也缓慢地向上提升，直至达到要求的封底厚度时停止灌入混凝土并拔出导管。当封底面积较大时，宜用多根导管同时或逐根灌注，按先低处后高处，先周围后中部的次序并保持大致相同的标高进行，以保证混凝土充满基底全部范围。导管的有效作用半径依混凝土的坍落度大小和导管下口超压力大小而异。

在正常情况下，所灌注的水下混凝土仅其表面与水接触，其他部分的灌注状态与空气中的灌注状态无异，从而保证了水下混凝土的质量。至于与水接触的表层混凝土，可在排干水外露时予以凿除。

采用直升导管法灌注水下混凝土时，应注意以下几个问题：

（1）导管应试拼装，球塞应试验通过。施工时严格按试拼时的位置安装。导管试拼后，应封闭两端，充水加压，检查导管有无漏水现象。导管各节的长度不宜过大（一般为1.0~2.0m），联结应可靠而又便于装拆，以保证拆卸时中断灌注时间最短。

（2）为使混凝土具有良好的流动性，粗集料粒径以2~4cm为宜。坍落度应采用18~20cm，一般倾向于采用较大值。水泥用量比空气中同等级的混凝土增加20%。

（3）必须保证灌注工作的连续性，在任何情况下不得使灌注工作中断。在灌注过程中，应经常测量混凝土表面的标高，正确掌握导管的提升量。导管下端务必要埋入混凝土内，埋入深度一般不应小于0.5m。

（4）水下混凝土的流动半径，主要由混凝土的质量、水头的大小、灌注面积的大小、基底有无障碍物以及混凝土拌和机的生产能力等因素决定。通常流动半径在3~4m范围内就能够保证封底混凝土的表面不会有较大的高差，并具有可靠的防水性。只要处理得当，就可以保证封底混凝土的防水性能。

浇筑基础时，应做好与台身、墩身的接缝联结，一般要求为：

①对于混凝土基础与混凝土墩身、台身的接缝，周边应预埋直径不小于16mm的钢筋或其他铁件，埋入与露出的长度不应小于钢筋直径的20倍。

②对于混凝土或浆砌片石墩身、台身的接缝，应预埋片石。片石厚度不应小于15cm，片石的强度要求不低于基础或墩身、台身混凝土或砌体的强度。

当墩台基础砌筑完毕后，应检验其质量和各部位尺寸是否符合设计要求。如无问题，即可进行基坑回填。基坑宜用原土或好土及时回填，每层回填厚度不大于30cm，并应分层夯实。

第二节　钻孔灌注桩基础施工

钻孔灌注桩是指采用不同的钻（挖）孔方法在土中形成一定直径的井孔，达到设计高程后将钢筋骨架（笼）吊入井孔中，再灌注混凝土形成桩基础。这种成桩工艺大约于20世纪40年代初期在欧洲开始使用。我国在公路桥梁上使用钻孔灌注桩是从1963年河南省首先进行简易锥具钻孔灌注桩开始的。其后，逐渐在我国发展出冲抓锥、冲击锥、正反循环旋转钻、潜水电钻等各种钻孔工艺。钻孔直径从25cm发展到200cm以上，桩长从十余米发展到百米以上。

1. 钻孔方法和机具设备

钻孔灌注桩施工的关键是钻孔。钻孔方法可归纳为如下三种类型。

（1）冲击法：用冲击钻机或卷扬机带动冲锥，借助锥头下落产生的冲击力，反复冲击、破碎土石或把土石挤入孔壁中，用泥浆浮起钻渣，或用抽渣筒、空气吸泥机将钻渣排出而形成钻孔。

（2）冲抓法：冲抓锥依靠自重产生冲击力，切入土层或破碎土层，叶瓣抓土、弃土以形成钻孔。

（3）旋转法：用钻机通过钻杆带动锥或钻头旋转切削土壤，用泥浆浮起钻渣并将其排出而形成钻孔。

2. 钻孔灌注桩的施工工艺流程

钻孔灌注桩施工因成孔方法的不同和现场情况各异，施工工艺流程不会完全相同。在施工前要安排好施工计划,编制具体的工艺流程图,作为安排各工序施工操作和进度的依据。

当同时有几个桩位施工时,要注意相互间的配合,避免干扰,并尽可能做到均衡使用机具与劳动力,既要抓紧新钻孔的施工,又要做好已成桩的养护和质量检验工作。

钻孔灌注桩施工的主要工序包括:准备场地、埋设护筒、制备泥浆。钻孔、清底钢筋笼制作与吊装以及灌注混凝土等。下面就其要点做简略介绍。

(1)准备场地

钻孔前要进行准备场地工作,其内容包括:

①场地为旱地时,应清除杂物,换除软土,整平、夯实;

②场地为陡坡时,可用枕木、型钢等搭设工作平台;

③场地为浅水时,宜采用筑岛施工、筑岛面积应根据钻孔方法、设备大小等要求确定;

④场地为深水或淤泥层较厚时,可搭设工作平台。平台必须牢固、稳定,能承受工作时所有的静、动荷载,并保证施工机械能安全进出。

如水流平稳、水位升降缓慢,全部可在船舶或浮箱上进行,但必须锚固稳定、桩位准确。如流速较大,但河床可以整理平顺,可采用钢桩或钢丝网水泥薄壁浮式沉井,就位后淮水下沉至河床,然后在其顶部搭设工作平台,在其底部安设护筒,在某些情况下,可在钢板桩围堰内搭设钻孔平台。

(2)埋设护筒

钻孔成功的关键是防止孔壁坍塌。当钻孔较深时,地下水位以下的孔壁土在静水压力下会向孔内坍塌,甚至发生流砂现象。钻孔内若能保持比地下水位高的水头,增加孔内静水压力,就能稳定孔壁,防止坍孔。护筒除了可起到这个作用外,还有隔离地表水,保护孔口地面固定桩孔位置和钻头导向等作用。

制作护筒的材料有木、钢、钢筋混凝土三种。护筒要求坚固耐用,不漏水,其内径应比钻孔直径大(比旋转钻约大200mm,比潜水钻。冲击锥或冲抓锥约大400mm),每节长度为2~3m。一般常用钢护筒,其在陆上与深水中均能使用,钻孔完成后可拔出重复使用。其底部和周围一定范围内应夯填黏土,借助黏土压力及其隔水作用保持护筒稳定,保护孔口地面。在深水中埋设护筒时,先打入导向架,再用锤击或振动加压沉入护筒,护筒入土深度应视土质与流速而定。护筒平面位置的偏差不得大于50mm,倾斜度不得大于1%。

(3)制备泥浆

钻孔泥浆由水、黏土(膨润土)和添加剂组成,具有浮悬钻渣,冷却钻头,润滑钻具,增大静水压力,在孔壁上形成泥膜。隔断孔内外渗流,防止坍孔的作用。调制的钻孔泥浆及经过循环净化的泥浆。应根据钻孔方法和地层情况采用不同的性能指标。泥浆稠度应视地层变化或操作要求灵活掌握。泥浆太稀则排渣能力弱,护壁效果差;泥浆太稠,则会削弱钻头的冲击功能,降低钻进速度。

通常采用塑性指数大于25,粒径小于0.002mm,颗粒含量大于50%的黏土,通过泥浆搅料机或人工调和储存在泥浆池内,再用泥浆泵输入钻孔内。泥浆泵应有足够的流量,以免影响钻进速度。

大直径深孔采用正循环旋转法施工时,泥浆泵应经过流量和泵压计算来选择。对孔深百米以内的钻孔,一般可采用不小于 2MPa 的泵压。

(4) 钻机就位

测量放样,在护筒周边放出桩位中心十字线,并用红油标识。采用泵吸式反循环成孔工艺成孔。采用钻机本身的动力就位。开始之前注意桩的钻孔和开挖,应在中距 5m 内的任何混凝土灌桩桩完成 24h 后才能开始,以避免干扰邻桩或钻孔过程。钻孔开钻后要连续作业,根据钻孔和地质层合理选择钻进速度;遇地下水后开始向孔内注浆,孔内水头高度保证 2m 以上。钻头使用三翼圆笼钻锥,用优质泥浆护壁,桩的钻孔应保证各桩之间无影响,成孔前应检查孔的中心位置、垂直度和泥浆指标,钻进过程中要经常检查孔径、垂直度、泥浆指标、垂直度和成孔速度。如有偏差,应及时调整,保证桩基的成孔质量。

(5) 成孔

钻孔灌注混凝土桩的成孔方法不胜枚举,至少有几十种。国内常用的有如下方法:

①正循环旋转法:利用钻具旋转切土体钻进,泥浆泵将泥浆压进泥浆龙头,泥浆通过钻杆中心从钻头处喷入钻孔内,然后挟带钻渣沿钻孔上升,从护筒顶部排浆孔排出至沉淀池。钻渣在此沉淀而泥浆流入泥浆池循环使用。正循环旋转法的特点是钻进与排渣同时连续进行,在适用的土层中钻进速度较快,但需设置泥浆槽、沉淀池等,施工占地面积较大,且机具设备较复杂。

②反循环旋转法:与正循环旋转法不同的是,泥浆输入钻孔内,然后从钻头的钻杆下口吸进,通过钻杆中心排出至沉淀池内。其钻进与排渣效率较高,但接长钻杆时装卸麻烦,钻渣容易堵塞管路。另外,因泥浆从上向下流动,孔壁坍塌的可能性较正循环旋转法大,为此需用较高质量的泥浆。

③潜水电钻法:系统旋转电动机及变速装置均经密封后安装在钻头与钻杆之间,潜入水下作业。其特点是钻具简单轻便,易于搬运噪声小,钻孔效率较高,操作条件也有所改善。但钻机在水中工作时较易发生故障。

④冲抓锥法:冲抓锥不需钻杆,钻进与提锥卸土均较推钻快。由于锥瓣下落时对土层有一股冲击力,故适用的土质较广。但该法不能钻斜孔;钻孔深度超过 20m 后,其钻孔进度大为降低;当孔内遇到漂石或探头石时,冲抓较困难,需改用冲击锥钻进。

⑤冲击锥法:适用于各类土层。实心锥适用于漂、卵石和软岩层,空心锥(管锥)适用于其他土层。在冲击锥下冲时,部分钻渣被挤入孔壁,可起到加强孔壁和增加土层与桩间侧摩阻力的作用。但该法不能钻斜孔;钻普通土层时,进度比其他方法都慢;钻大直径孔时,需采用先钻小孔而后逐步扩孔的方法(分级扩孔法)。

近年来,基岩钻孔技术特别是钻机的进步是令人惊喜的。过去只能用爆破法,高压水射流才可钻进的硬质岩层,现已能够采用机械钻进法,拓宽了钻孔灌注的应用范围。

（6）终孔检查与孔底清理

钻孔的深度、直径、位置和孔形直接关系到成桩质量与桩身曲直。因此，除了钻孔过程中进行密切观测监督外，在钻孔达到设计要求深度后，应对孔深、孔位、孔形、孔径等进行检查。确认满足设计要求后，填写终孔检查记录表。

孔底清理后，要检查泥浆沉淀。《建筑桩基技术规范》（JG94-2008）规定：对于摩擦桩，当直径小于或等于1.5m时。要求在灌注水下混凝土前沉渣厚度不大于200mm；当直径大于1.5m，长度大于40m或孔壁容易坍塌时，沉渣厚度不大于300mm。对于支承桩，要求沉渣厚度不大于50mm，清孔方法视使用的钻机不同而灵活选用，通常可采用正循环旋转法、反循环旋转法，真空吸泥机以及抽渣筒等清孔。

（7）钢筋骨架的制作、安装、入孔、固定

钢筋骨架采用在场内制作，现场安装分节成形（预留接头钢筋长度），现场用吊车吊起，分节入孔的方法施工。施工中骨架第一节入孔后，用支撑杆固定骨架于井口中心位置，吊起另一节骨架与第一节骨架相接，接头采用电弧焊以单面焊的工艺进行焊接。采用几台电焊机同时搭接单面焊，以减少混凝土浇筑前焊接所占用的时间。放钢筋骨架前，先在孔口加设四根导向钢管，以保证钢筋骨架在吊装过程中尽量对中，不伤孔壁及控制保护层厚度。钢筋骨架就位后，采取四点固定，以防止掉笼和混凝土浇筑时骨架上浮现象发生。支撑系统对准中线以防止钢筋骨架倾斜和移动。在钢筋骨架上焊接控制钢筋骨架与孔壁净距的护壁筋，以确保钢筋骨架在孔中的位置、保护层的厚度。钢筋骨架在孔内的高度位置用引笼拉筋固定在孔口位置的方式进行控制。

（8）灌注钻孔桩水下混凝土

采用导管直升法灌注水下混凝土。

①导管的形式和连接方法。

导管直径为300~400mm，壁厚4~6mm，中段每节长2000mm，底节做成6000~8000m长，其余节段用1000mm及500mm的管节找零，导管之间采用法兰连接。吊装之前应将导管连接。做水密性试验和接头承拉试验，保证连接紧密，不漏水。入孔时导管尽量位于孔口中央，导管底端至孔底而距离约为400mm，且导管要进行升降试验，以保证不碰撞钢筋骨架。

②灌注水下混凝土

钢筋骨架入孔校正完毕，导管入孔固定后，经监理工程师验收钢筋工序、孔内沉淀层厚度及泥浆指标后，开始浇筑孔内水下混凝土。

浇筑混凝土前再次检测孔底沉淀层厚度，如大于规范要求，应再次抽渣清孔；混凝土拌合物运至灌注地点时，检查和易性和坍落度，符合要求后方可使用：灌注不得间断。灌注首批混凝土后，导管埋入混凝土中的深度不小于1m。随着混凝土的不断灌注，不断提升导管，始终保持导管在混凝土中的埋置深度为4~6m，灌注的桩顶高程高出设计高程0.5~1.0m，灌注过程中应经常量测孔内混凝土面层的高程，及时调整导管排泄端与混凝土表面的相对位置。并始终严密监视导管在无空气和水进入状态下的填充情况。灌注混凝土时溢出的泥浆应引流至适当地点处理，以防污染。混凝土应连续灌注直至灌注到设计的混凝土顶面，以保证截切面以下的全部混凝土具有优良质量。

3. 钻孔灌注桩基础施工注意事项

（1）钻孔机械就位后，应对钻机及配套设备进行全面检查。

（2）钻机安设必须平稳、牢固，钻架应加设斜撑或缆风绳。

（3）冲击钻孔时，选用的钻锥、卷扬机和钢丝绳等应配置适当；钢丝绳与钻锥用绳卡固接时，绳卡数量应与钢丝绳直径相匹配。

（4）冲击过程中，钢丝绳的松弛度应适宜。正、反循环旋转钻机及潜水钻机使用的电缆线要定期检查，接头必须绑扎牢固，确保不漏水、不漏电；对经常处于水、浆浸泡处应架空搭设。

（5）挪移钻机时，不得挤压电缆线及风水管路。潜水钻机钻孔时，一般在完成一根钻孔桩后要检查一次电动机的封闭状况。钻进速度应根据地质变化加以调整，以保证安全运转。

（6）采用冲抓或冲击钻孔，当钻头提到接近护筒底缘时，应减速平稳提升，不得碰撞护筒和钩挂护筒底缘。

（7）钻孔使用的泥浆宜设置泥浆净化系统。并注意防止或减少环境污染。

（8）钻机停钻后，必须将钻头提出孔外置于钻架上，不得滞留孔内。

（9）对于已埋设护筒但尚未开钻，或已成桩护筒尚未拔除的，应加设护筒顶盖或铺设安全网遮罩。

4. 钻孔事故及处理

常见的钻孔（包括清孔）事故有坍孔、钻孔偏斜、掉钻落物、糊钻、扩孔与缩孔，以及出现梅花孔、卡钻、钻杆折断、钻孔漏浆等。遇到事故时，要冷静分析事故原因，及时果断地采取补救措施。

5. 挖孔灌注混凝土桩

挖孔灌注混凝土桩是用人工和小型爆破，配合简单工具挖掘成孔，灌注混凝土形成桩基，适用于无水或水较少的、较实的各类土层。桩径（或边长）不宜小于1.2m，孔深一般不宜超过20m。在实际施工中，挖孔桩有一定的适用范围，其特点是投资少，进度快，可多点同步作业且所需机具设备少，成孔后可直接检查孔内土质状况，基桩质量有可靠保证。对于挖深过大（超过15~20m），或孔壁可能坍塌及渗水量稍大等情况。应慎重选择施工工艺，增加护壁措施，改善通风条件，以确保施工安全。

第三节 沉井基础施工

在修建负荷较大的建筑结构物时,其基础应该坐落在坚固,有足够承载力的土层上。当这类土层较深,采用天然基础和桩基础受水文地质条件限制时,需用一种就位后上、下开口封闭的结构物来承受上部结构的荷载,这种结构物被称为沉井。

沉井是用混凝土或钢筋混凝土制成的井筒(下有刃脚,以利于下沉和封底)结构物。施工时,先按基础的外形尺寸在基础的设计位置上制造井筒,然后在井内挖土,使井筒在自重(有时需配重)作用下克服土的摩阻力缓慢下沉。当第一节井筒顶下沉接近地面时,再接第二节井筒,继续挖土。如此循环,直至下沉到设计高程。最后浇筑封底混凝土,用混凝土或砂砾石充填井孔,在井筒顶部浇筑钢筋混凝土顶板,即形成深埋的实体基础。

沉井基础既是结构基础,又是施工时的挡土、防水围堰结构物。其埋深大,整体性强,稳定性好,刚度大,能承受较大的上部荷载,且施工设备和施工技术简单,节约场地,所需净空高度小。沉井可在墩位筑岛制造,井内取土后靠自重下沉,也可采用辅助下沉措施,如采用泥浆润滑套、空气幕等方法,以减小下沉时井壁摩阻力和井壁厚度等。刃脚在井壁最下端,形如刀刃,在沉井下沉时起切入土中的作用。井筒是沉井的外壁,在下沉过程中起挡土的作用。沉井下沉过程中,需要有足够的重量克服筒壁与土之间的摩阻力及刃脚底部的土阻力,使沉井能在自重作用下逐步下沉。

目前,国内最大的沉井尺寸为 20.2m×24.9m,深度达 53.5m;国外最大平面尺寸为 64m×75m,深度可达 70m 以上。

沉井基础施工内容如下:

1. 沉井制作

沉井制作方案应根据沉井施工方法确定。在沉井施工前,应详细掌握沉井入土地层及其地基岩石地质资料,并依次制订沉井下沉方案;对洪汛、凌汛、河床冲刷、通航及漂浮物等做好调查研究,并制订必要的安全技术措施,以确保沉井下沉。

沉井制作可分为就地制作沉井、浮式沉井和泥浆润滑套沉井三种方案。

(1)就地制作沉井

沉井位于浅水或可能被水淹没的岸滩时,宜采用筑岛沉井;在无被水淹没可能的岸滩上时,可就地整平夯实制作沉井;在地下水位较低的岸滩,土质较好时可开挖基坑制作沉井。就地制作沉井的方法分为干旱滩岸沉井浇筑法和水中筑岛沉井浇筑法两种。

干旱滩岸沉井浇筑法就是墩台基础位于干旱地制作沉井,施工时沉井应就地下沉。若土质松软,应在进行场地平整并夯实后,在其上铺垫 300~500mm 的砂垫层,并铺以垫木、垫木之间用砂填平,不允许在垫木下垫塞木块、石块来调整顶面高程,以防压重(也称配重)后产生不均匀沉降。

水中筑岛沉井浇筑法适用于水深3~4m，流速较小的情况。围堰筑岛时，其岛面、平台面和坑底高程应比施工时的最高水位高出500~700mm，当有流冰时还应适当加高。底层沉井的制作工序包括场地平整夯实，铺设垫木。立沉井模板及支撑，钢筋焊扎，浇筑混凝土等。

在支垫上立模制作沉井时，应符合下列要求：

①支垫布置应满足设计要求，应抽垫方便。

②支垫顶面应与钢刃脚底面紧贴，使沉井重力均匀分布于各支垫上。

③模板及支撑应具有足够的强度和较好的刚性。内隔墙与井壁连接处的支垫应连成整体，底模应支承于支垫上，以防不均匀沉陷，外模与混凝土面贴接一侧应平直、光滑。

刃脚部分采用土模制作时，应符合下列要求：

①刃脚部分的外模应能承受井壁混凝土的重力在刃脚斜面上产生的水平分力；土模顶面的承载力应满足设计要求，一般宜填筑至沉井隔墙底面。

②土模表面及刃脚底面的地面上均应铺筑一层20~30mm的水泥砂浆，砂浆层表面应涂隔离剂。

③应有良好的防水、排水设施。

由于沉井分节制作，分节沉入土中，故其分节制作的高度应既能保证其稳定，又能产生重力下沉的作用。因此，底节沉井的最小高度应能抵抗拆除垫木或挖去土模（当刃脚为土模时）时的竖向挠曲强度。当挖土条件许可时应尽量高，一般情况下，每节高度不宜小于3m，并应处理好接缝。在沉井接高时，注意使各节沉井的竖向中轴线与第一节沉井重合且外壁应竖直、平整。

（2）浮式沉井

浮式沉井是把沉井底节制造成空体结构或采取其他方法使之漂浮于水中，用船只拖运到设计位置后逐步用混凝土或水灌注、增大自重，使其在水中徐徐下沉直达河底。这种方法适用于水深流急、筑岛困难的沉井基础。

①钢丝网水泥薄壁沉井

钢丝网水泥薄壁由骨架，钢丝网、钢筋网和水泥砂浆等组成，由30mm钢丝水泥薄壁隔成空腹壳体。入水后能浮于水中；浮运就位后向空腹壳体内灌水，使之下沉落于河床上，再逐格对称地灌注水下混凝土，从而使薄壁空腹沉井变成普通的重力式沉井。钢丝网水泥薄壁沉井由于钢丝网均匀分布在砂浆中，增加了砂浆的内聚力和握裹力，从而提高了砂浆的抗拉强度和韧性，使钢丝网水泥薄壁具有很大的弹性和抗裂性，并能抵抗一定程度的冲击。它具有结构薄而轻，有足够的强度和刚度，节省材料，操作简单，可多点平行施工作业且施工时无须模板，可节省模板和支撑等特点。当河流宽度超过200m时，可采取半通航措施，用钢丝绳牵引沉井入水，因而浮运就位方法简单，设备简便。

钢丝网水泥薄壁沉井的制作程序为：

A. 预制场地的选择。为了保证浮式沉井安全地进行水上浮运，预制场地的选择应结合水下方案综合考虑。

B. 刃脚踏面大角钢成形。成形可在弯曲机上进行，也可人工弯曲成形，但应注意掌握角钢的翘曲变形，并随时整平。

C. 沉井骨架的架设。沉井骨架是由刃脚踏面角钢、竖面骨架角钢与内外箍筋焊接而成。

首先焊接刃脚踏面，其次架设竖面骨架，待其就位后，用支撑缆绳予以临时固定，正位后即可加箍筋焊成整体沉井骨架。为了增强角钢刚度，在横隔板及横撑骨架间设置刃脚加撑骨架。

D. 铺网。铺网工作是沉井制作的关键，要求铺网平整，否则会产生波浪形甚至高低不平，造成抹灰砂浆保护层厚薄不均，使沉井受力不利。铺网时内、外井壁和刃脚部分同时进行。铺刃脚钢丝网时，由刃脚斜面向刃脚立面铺设；铺井壁钢丝网时，由上至下铺设，首先铺内层钢丝网，其次铺纵筋，接着铺横筋，最后铺外层钢丝网。

E. 抹水泥砂浆。当铺网工作结束后，即可进行抹灰作业。抹灰所用水泥宜采用强度等级不小于42.5的普通硅酸盐水泥，砂宜采用粗砂或中砂，水泥与砂的配比为1∶1.5，水灰比为0.4。抹灰时由下向上进行，先将砂浆从沉井腔内用力向外挤压，直到透过外层钢丝网为止，待砂浆初凝后再抹腔外，并将沉井外壁的外缘面抹光。

②钢筋混凝土薄壁沉井

钢筋混凝土薄壁沉井的内、外井壁及隔墙均采用钢筋混凝土薄壁轻型结构，具有良好的强度和刚度，刃脚也具有足够抵抗侧土压力的强度。

③装配式钢筋混凝土薄壁沉井

装配式钢筋混凝土薄壁沉井是近年来采用的一种深水墩基础形式。其沉井分层依次叠装，然后浇筑水下混凝土形成井壁，最后抽水、清基、填芯而成。基本构件由纵贯上下的梯形导杆（4根）、每层1m的井壳（圆头2块、直线段2块）和与井壳等高的支撑梁壳（4块）装配而成。

A. 梯形导杆：断面呈工字形、外形呈梯形，设于圆头井壳与直线井壳衔接处，长度依层次而异，单元质量约1.8t。在拼装和沉放底层井壳时，梯形导杆起支撑和承重作用；在安装其余层次时，起导向和连接作用，通过导杆将分层安装的各层井壳在浇筑混凝土前连成整体。

B. 井壳：分圆头和直线段两种，直线段又分为底节和中节。井壳构件高1m，宽1.1m，内外壁厚100mm，中间空腔900mm，内、外壁间设有横隔。井壳不仅是浇筑混凝土的模板，而且是井壁的组成部分。

C. 支撑梁壳：与井壁等高。宽620mm，设有横隔，在浇筑混凝土时作为模板，浇完混凝土后便形成支撑梁，借以加强抽水时井壁承受水压的能力。

（3）泥浆润滑套沉井

泥浆润滑套沉井是在沉井外壁与土层间设置泥浆隔离层，以减小土体与井壁之间的摩擦力，从而可减轻沉井自重，加大下沉速度，提高下沉效率。泥浆润滑套沉井刃脚踏面宽度宜小于100mm，以减小下沉时的摩阻力。沉井外壁应做成单台阶形，为防止泥浆通过沉井侧壁而渗透到沉井内，对直径小于8m的圆形沉井，台阶位置在距刃脚底面2~3m处；对面积较大的沉井，台阶位置在底节与第二节接缝处。台阶的宽度应为泥浆套宽度，一般为100~200mm。

2.沉井下沉

沉井下沉是指通过井内除土，清除刃脚正面阻力和沉井内壁阻力后，依靠沉井自重下沉。井内除土方式有排水开挖和不排水开挖。在稳定的土层中，当渗水量不大时，可采用排水开挖使沉井下沉。在有涌水翻砂而不宜采用排水下沉的地层，应采用不排水开挖。不排水开挖采用抓土、吸泥等方法使沉井下沉，必要时辅以压重、高压射水，降低井内水位而减小浮力，增加沉井自重，泥浆润滑套等方法。

（1）拆除垫木

抽垫工作是沉井下沉的开始工作，也是整个沉井下沉工作中极为重要的工序之一。拆除垫木时必须在沉井混凝土达到设计强度等级后方可进行。

①抽垫应分区依次、对称，同步进行。

②应将井孔内的所有杂物清除干净，准备工作全部就绪后，方可进行抽垫。

③抽垫时，先挖垫木下的填砂，再抽垫木，垫木宜从外侧抽出。垫木抽出后，应回填土，开始几组可不做回填，当抽出几组垫木出现空当后，即应回填。回填时应分层洒水夯实，每层厚度为200~300mm，但回填料不允许从沉井内或筑岛材料中获取，以防沉井歪斜。回填高度应以最后分配给定位垫木的重量不致压断垫木以及垫木下土体承压应力不超过岛面极限承压应力为准，必要时可加大回填高度，甚至在隔墙下进行回填，以满足要求。

④抽垫时定位垫木的位置应按设计确定。若设计无规定，则对于圆形沉井，应安排在周边相隔90°的四个支点上；对于矩形沉井，应对称布置在长边，每边两个。当沉井长、短边的长度之比为2>L/B≥1.5（L为长边长，B为短边长）时，长边两承垫间的距离为0.7L；当比值L/B≥2时，距离为0.6L。

⑤当抽垫至垫木的2/3时，沉井下沉较为均匀，下沉量小，回填时间较为充裕，便于较好地抽垫和回填。当继续抽垫时，下沉量逐步加大，回填也较困难，甚至会出现下沉太快以致回填时间不足。

造成垫木压坏或间断的情况。因此，抽垫开始阶段宜缓慢进行，以便有足够的时间充分回填夯实，力求尽量改变最后阶段下沉快、沉降量大、断垫等现象。

（2）井内除土

①排水开挖下沉

在稳定的土层中，渗水量不大（每平方米沉井面积的渗水量小于$1m^3/h$）时，可采用排水开挖下沉。从地面或岛面开始挖土下沉时，应将抽垫时在刃脚内侧的回填土分层挖去。其开挖顺序原则上与抽垫顺序相同，定位承垫处的土最后挖除。当一层全部挖完后，再挖第二层，如此循环往复。

开挖的方法如下：当土质松软时，分层挖除回填土，沉井逐渐下沉。当沉井刃脚下沉至沉井中部与土面大致平齐时，即可在中部先向下开挖400~500mm，并向四周均匀开挖；距刃脚约1m处时，再分层挖除刃脚内侧的土台。当土质较坚实时，可从中部向下开挖400~500mm，并向四周均匀扩挖，使沉井平稳下沉。当土质坚硬时，可按抽垫顺序分段掏空刃脚。每段掏空后随即回填砂砾，待最后几段掏空并回填后，再分层分次序地逐步挖去回填土，使沉井下沉至岩层。

开挖刃脚下的土体时，可采用跳槽法，即将刃脚周长等分为若干段，每段长约1m，先隔一段挖一段，然后挖去剩余各段，最后挖定位承垫处的岩石。开挖时，下沉速度应根据沉井大小、入土深度、地层情况而定。一般而言，平均下沉速度为0.5~1.0m/d。

②不排水开挖下沉

不排水开挖下沉的基本要求为：

A. 沉井内除土深度应根据土质而定，最深不应低于刃脚2m；土质特别松软时，不应直接在刃脚下除土。

B. 应尽量加大刃脚对土的压力。当沉井通过粉砂、细砂等松软地层时，不宜以降低沉井内水位减小浮力的方法来促使沉井下沉，应保持沉井内水位高于沉井外水位1~2m，以防止流砂现象的发生，其会引起沉井歪斜，增加吸泥工作量。

C. 除纠正沉井倾斜外，沉井各孔内的土应均匀清除，土面高差不应超过500mm。

D. 当沉井入土较深，井壁阻力较大时，应根据具体情况采取有效的下沉方法，如采取抓土、吸泥、射水交替联合作业。必要时还需辅以降低沉井内水位，在沉井底放炮震动，或用在沉井顶压重的方法，使沉井下沉至设计高程。

不排水开挖下沉常采用抓土下沉。单孔沉井时，抓斗挖掘井底中央部分的土，形成锅底状。在砂或砾石类土体中，一般当锅底比刃脚低1~1.5m时，沉井即可靠自重下沉，并将刃脚下的土挤向中央锅底；在黏性土中，由于四周土不易向锅底坍落，应辅以高压水松土。多孔沉井时，最好在每个井孔上配置一套抓土设备，以同时均匀除土，减少抓斗倒孔时间，使沉井均匀下沉。为了使抓斗能在沉井孔内靠边的位置上抓土，需在沉井顶面井孔周围预埋挂钩。偏抓时，先将抓斗落至孔底，再将钢丝绳挂在井孔周边的挂钩上进行抓土。如此就可以达到偏抓的目的。

（3）辅助下沉措施

①高压射水：当局部地点难以由潜水员定点、定向射水掌握操作时，在一个沉井内只可同时开动一套射水设备，并不得进行除土或其他起吊作业。射水水压应根据地层情况、沉井入土深度等因素确定，可取1~2.5MPa。

②抽水助沉：不排水下沉的沉井，对于易引起翻砂、涌水的地层，不宜采用抽水助沉方法。

③压重助沉：沉井圬工尚未接高浇筑完毕时，可利用接高浇筑圬工压重助沉，也可在

井壁顶部用钢铁块件或其他重物压重助沉。采用压重助沉时,应结合具体情况及实际效果选用。

④炮震助沉:一般不宜采用炮震助沉方法。在特殊情况下必须采用时,应严格控制用药量。在井孔中央底面放置炸药起爆助沉时,可采用0.1~0.2kg炸药,具体使用应视沉井大小、井壁厚度及炸药性能而定。同一沉井每次只能起爆一次,并应根据具体情况适当控制炮震次数。

⑤利用空气幕下沉。

（4）沉井接高

接高上节沉井模板时,不得直接支撑于地面。接高时应均匀加重,防止沉井突然下沉和倾斜。接高后的各节沉井的中轴线应为一直线。混凝土施工接缝应按设计要求布置接缝钢筋,清除浮浆并凿毛。

①沉井接高前,应尽量纠正倾斜,接高各节的竖向中轴线应与前一节的中轴线重合。

②水上沉井接高时,井顶露出水面不应小于1.5m;地面上沉井接高时,井顶露出地面不应小于0.5m。

③接高前不得将刃脚掏空,避免沉井倾斜,接高加重应均匀,对称进行。

沉井下沉时,如需在沉井顶部设置防水或防土围堰,围堰底部与井顶应连接牢固,防止沉井下沉时围堰与井顶脱离。

（5）沉井纠偏

①纠偏前,应分析原因,然后采取相应措施,如有障碍物应首先清除。

②纠正倾斜时,一般可采取除土、压重、顶部施加水平力或刃脚下支垫等方法进行。对空气幕沉井可采取偏侧局部压气纠偏。

③纠正位移时,可先除土,使沉井底面中心向墩位设计中心倾斜,然后在对侧除土使沉井恢复竖直。如此反复进行,使沉井逐步接近设计中心。

④纠正扭转时,可在一对角线的两角除土,在另外两角填土。借助于刃脚下不相等的土压力所形成的扭矩,可使沉井在下沉过程中逐步纠正其扭转角度。

3.沉井清基和封底

（1）沉井清基

沉井清基是指沉井下沉到位后,清除基底的松散土层及杂质,以保证封底混凝土直接支承在持力土层上。

①沉井下沉至设计高程后,基底面地质应符合设计要求。如有不符需做处理,应征得设计单位同意,必要时取样鉴定。

②清理后的基底面距隔墙底面的高度及刃脚斜面露出的高度,必须满足设计要求的最小高度。

③基底浮泥或岩面残存物均应清除,保证封底混凝土与基底间不产生有害夹层。

④隔墙底部及封底混凝土高度范围内井壁上的泥污应予以清除。

（2）沉井清基方法

①排水清基

排水清基时，施工人员可进入井底施工，比较简单，主要问题是防止沉井在清基时倾斜，处理从刃脚下涌入井内的流沙等。

②不排水清基

不排水清基可采用高压射水将刃脚及隔墙下的土破坏，然后用吸泥机除渣。高压射水一般使用直径为75~86mm的钢管，下端配有单孔锥型射水嘴，出水孔直径为13~20mm。沉井沉至设计高程后，应检验基底的地质情况是否与设计相符。排水下沉时可直接检验、处理；不排水下沉时应进行水下检验、处理，必要时需取样鉴定。

（3）封底

基底检验合格后，应及时封底。对于排水下沉的沉井，在清基时如渗水量上升速度小于或等于6mm/min，可按普通混凝土浇筑方法进行封底；若渗水量大于上述规定，宜采用水下混凝土进行封底。

沉井封底时，若井内可以排水，则按一般混凝土施工；若不能排水。则采用导管法灌注水下混凝土。

用刚性导管法进行水下混凝土封底时，应满足如下要求：

①混凝土材料可参照钻孔灌注桩水下混凝土的有关规定，混凝土的坍落度宜为150~200mm。

②灌注封底水下混凝土时，需要的导管间隔及根数应根据导管作用半径及封底面积确定。

③用多根导管灌注的顺序进行设计，防止产生混凝土夹层。若同时浇筑，当基底不平时，应逐步使混凝土保持大致相同的高程。

④每根导管开始灌注时所用的混凝土坍落度宜采用下限，首批混凝土的需要量应通过计算确定。

⑤在灌注过程中，应根据混凝土的堆高和扩展情况正确调整坍落度和导管埋深，使每盘混凝土灌注后形成适宜的堆高和不大于1∶5的流动坡度。抽拔导管时应严格保证导管不进水。混凝土面的最终灌注高度应比设计值高出至少150mm。待灌注混凝土强度达到设计要求后，再抽水凿除表面松弱层。

沉井封底时，若为水下压浆混凝土，应按设计要求施工。

沉井基础的质量应符合下列规定：

①混凝土的强度应符合设计要求。

②沉井刃脚底面高程应符合设计要求。

③底面、顶面中心与设计中心的偏差应符合设计要求。当设计无要求时，其允许偏差纵横方向为沉井高度的1/50包括因倾斜而产生的位移。对于浮式沉井允许偏差值增加

250mm。

④沉井的最大倾斜度为 1/50。

⑤对于矩形、圆端形沉井的平面扭转角偏差，就地制作的沉井不得大于 1°，浮式沉井不得大于 2°。

第四节　桥梁墩台及盖梁施工

一、桥梁墩台施工

墩台是桥梁的下部结构，支承着桥梁上部结构的荷载，并将它传给地基基础。桥梁墩台应具有足够的强度和稳定性，能够避免在荷载作用下产生过大位移和转动。因此，桥梁墩台施工是桥梁下部结构施工中的重要组成部分，其施工质量的优劣，不仅关系到桥梁上部结构的制作与安装质量，而且对桥梁的使用功能也影响重大。因此，墩台的位置、尺寸和材料强度等都必须符合设计规范的要求。墩台施工的主要工作有：墩台定位、放样，基础施工，在基础襟边上立模板和支架，浇筑墩（台）身混凝土或砌石，扎顶帽钢筋，浇顶帽混凝土并预留支座锚栓孔等。在施工过程中，应准确地测定墩台位置，正确地进行模板制作与安装，同时采用经过正规检验的合格材料，严格执行施工规范的要求，以确保施工质量。

桥梁墩台的施工方式主要有桥位就地施工与预制装配两种。墩台施工方法与构造形式密切相关。就桥墩而言，目前较多采用滑动模板连续浇筑施工，它对于高桥墩和薄壁无横隔梁的空心桥墩具有很高的经济效益。而装配式墩常采用带有横隔梁的空心墩或 V 形墩、Y 形墩等。连续梁桥的墩台主要采用混凝土、钢筋混凝土和预应力混凝土结构建造。

1. 整体式墩台的施工要点

（1）混凝土及钢筋混凝土墩台的施工要点

①墩台施工前，应在基础顶面放出墩台中线和墩台内、外轮廓线的准确位置。

②现浇混凝土墩台钢筋的绑扎应和混凝土的灌注配合进行。垂直方向的钢筋应配置不同的长度，以使同一断面上的钢筋接头符合《公路桥涵施工技术规范》（JTG/T F50-2011）的有关规定。

水平钢筋的接头也应内外、上下互相错开。

③注意掌握混凝土的浇筑速度。

④若墩台截面积不大时，混凝土应一次连续浇筑完成，以保证其整体性。若墩台截面积过大，应分段分块浇筑。

⑤在混凝土浇筑过程中，应随时观察所设置的预埋螺栓，预埋支座的位置是否移动，

若发现移位应及时校正。浇筑过程中还应注意模板、支架情况，如有变形或沉陷应立即校对并加固。

⑥对于高大的桥台，若台身后仰，本身自重力偏心较大，为平衡台身偏心，施工时应在填筑台身四周路堤土方的同时砌筑或浇筑台身，以防止桥台后倾或向前滑移。未经填土的台身施工高度一般不宜超过 4m，以免偏心引起基底不均匀沉陷。

⑦V 形、Y 形和 X 形桥墩的施工方法与桥梁结构体系有密切关系。V 形墩类桥梁属刚架桥系统，其施工方法除了具有连续梁桥的施工特点外，还有其自身的特点。通常把这种桥梁划为 V 形墩结构、锚跨结构和挂孔部分三个施工阶段。其中，V 形墩是全桥施工的重点，它由两个斜腿和顶部主梁组成倒三角形结构。

（2）片石混凝土或片石混凝土砌体墩台的施工要点

在浇筑实体墩台和厚大无筋或稀配筋的墩台混凝土时，为节约水泥，可采用片石混凝土或混凝土砌体。

当采用片石混凝土时，混凝土中允许填充粒径大于 150mm 的石块（片石或大卵石），并应遵守下列规定。

①填充石块的数量不宜超过混凝土结构体积的 25%。

②应选用均匀，无裂纹、夹层，不宜风化和未煅烧过的并具有抗冻性的石块。

③石块的抗压强度应符合《公路桥涵施工技术规范》（JTG/T F50-2011）的有关规定，与对碎石、卵石的要求相同。

④石块在使用前应仔细清扫，并用水冲洗干净。

⑤石块应在捣实的混凝土中埋一半左右。受拉区混凝土不宜埋放石块；当气温低于 0℃时，应停埋石块。

⑥石块应在混凝土中分布均匀，两石块间的净距不应小于 100mm，以便捣实其间的混凝土。石块距表面（包括侧面与顶面）的距离不得小于 150mm，具有抗冻要求的距表面不得小于 300mm，并不得接触钢筋和碰撞预埋件。

当采用片石混凝土砌体时，石块含量可增加到砌体体积的 50%~60%，石块间净距可减小为 40~60mm，其他要求与片石混凝土相同。

2.装配式桥墩的施工要点

装配式桥墩主要采用拼装法施工。它用于预应力混凝土、钢筋混凝土薄壁墩，薄壁空心墩或轻型桥墩。装配式桥墩主要由就地浇筑的实体部分墩身，基础与拼装部分墩身组成。实体部分墩身与基础采用就地现浇施工时，应考虑其与拼装部分的连接、抵御洪水和漂流物的冲击、锚固预应力筋，调节拼装墩身的高度等问题。

拼装部分墩身由基本构件、隔板、顶板和顶帽组成。在工厂制作，运到桥位处拼装成桥墩。拼装部分墩身的分块要根据桥墩的结构形式，吊装起重工具和运输能力确定，应尽可能使分块大、接缝小，并按照设计要求定型生产。加工制作出来的拼装块件应质量可靠，尺寸准确，内外壁光洁度高。拼装要根据施工现场的地形、水文、运输条件以及墩的高度、起吊设备等具体情况拟订施工细则，认真组织实施。确定拼装方法时应注意预埋件的位置。接缝处要牢固密实，预留孔道要畅通。

预应力混凝土空心墩的主要施工工艺流程如下。

（1）浇筑桥墩基础。

（2）浇筑实体部分墩身。

（3）安装预制的墩身块件，包括以下内容：

①预制构件分块；

②模板制作及安装（在工厂内进行）；

③制孔（在工厂内进行）；

④预制构件浇筑（在工厂内进行）；

⑤将预制构件运输至桥位；

⑥安装墩身预制块件。

（4）施加预应力。

（5）孔道压浆。

（6）封锚。

3. 高桥墩施工

（1）高桥墩施工的特点及准备工作

高桥墩施工的特点是施工难度大，技术含量高，对操作人员的素质要求严格，其特高空作业更容易产生安全隐患和发生各类安全事故。

高桥墩施工的准备工作如下：

①混凝土配合比设计。混凝土宜采用半干硬或低流动混凝土，要求和易性好，不易产生离析，泌水现象，坍落度应控制为3~5cm。混凝土脱模强度宜控制为0.2~0.4MPa，以保证混凝土出模后既能易于抹光表面，不致折裂或带起，又能支承上部混凝土的自重，不致流淌、坍落或变形。

②滑模施工的组织设计。高桥墩施工是一种综合性工艺，必须做好详细的施工组织计划，制订可靠的质量保证措施，设立完善的安全保证体系，以保证连续作业和施工质量。

③模板制作及滑模系统。模板装置由滑模系统、提升系统、操作平台系统组成。滑模系统由全钢模及提升架组成。钢模均使用定型大钢模板，模板之间采用螺栓连接。围圈应有一定的刚度，围圈接头应采用刚性连接，并上下错开布置附着在钢模板上连成整体，以防止模板变形。提升系统由液压控制台、千斤顶、油路及支承杆组成。操作平台系统由外挑架及吊架组成。外挑架采用钢管连接，以增加整体刚度，外设防护栏杆，挂安全网。

④机具设备的选择。爬杆以前常用直径25mm的圆钢，后因其承压能力差，较易发生弯曲而被同截面的48mm×3.5mm钢管取代。钢管位置一般取决于墩台的截面，爬杆应尽

量处于混凝土的中心,其数量由起重计算确定,应做到受力均匀,提升同步并具有一定的安全储备,通常其间距为 1.5~2.5m。同时,滑模提升也应做到垂直均衡一致,各提升架之间的高差不大于 5mm。为此,浇筑混凝土时应严格保持均匀、平衡,每层厚度要严格控制,混凝土布料也要对称,钢筋上料要按施工要求分成小批对称堆放在平台上,以防止滑模在不均匀荷载作用下倾斜。应随时对滑模的水平结构变形进行检查,以便及时调整、加固。

(2)滑升模板法施工

滑升模板法施工时,模板固定在工作平台上,随墩身的施工而逐渐提升,逐段浇筑混凝土。滑升模板法施工具有施工进度快、混凝土质量好、安全可靠等优点,故广泛应用于高墩台、桥塔的施工中。当桥梁跨越深谷时,必须采用高桥墩,这种情况下常采用滑升模板法进行墩身施工。

①滑升模板的构造

滑升模板主要由工作平台,模板和提升设备三大部分组成。

工作平台是整个滑升模板的骨架,由顶架、操作平台,吊架、混凝土平台等组成。它既提供施工操作的场地,又把各组成部分连接在提升设备的顶杆上。其中,顶架用以承受整个模板和操作平台的荷载,并将其传递给顶杆;操作平台提供施工操作的场地;吊架位于整个滑升模板的下方,供施工人员对混凝土进行表面整饰和养生等操作。

模板悬挂在工作平台上,如果桥墩是空心墩,则模板由内模和外模组成;如果桥墩向上收坡,可在模板上连接收坡丝杆,用于调节内、外模板的间距。提升设备由千斤顶和顶杆组成,千斤顶用于提供向上的提升力,将整个滑升模板设备向上提升;顶杆一端固定于墩台混凝土上,另一端穿过千斤顶,承受施工过程中的全部荷载。

②滑升模板的施工

滑升模板的施工是一个连续、循环的过程,主要包括组装滑升模板,浇筑混凝土、滑升模板等工序。

A.组装滑升模板

组装滑升模板的大致步骤如下:在基础顶面定出桥墩中心线,垫好垫木,在垫木上安装工作平台的内钢环,再依次安装辐射梁、外钢环、立柱,提升设备。撤去垫木,安装模板就位,待模板滑升至一定高度后安装吊架。设备组装完毕后,必须全面检查,及时纠正偏差。

B.浇筑混凝土

滑升模板法施工宜浇筑低流动性或半干硬性混凝土。浇筑时应分层、分段,对称进行,分层厚度以 200~300mm 为宜,浇筑后混凝土表面距模板上缘宜有不小于 100~150mm 的距离。混凝土脱模时的强度控制为 0.2~0.5MPa,混凝土中可掺入适量的早强剂,以加速提升强度。脱模后 8h 左右开始养生,用吊在下吊架上的环绕墩身的带小孔的水管来进行,用水管进行混凝土的湿法养护。

C. 滑升模板

滑升模板分为初次滑升阶段和正常滑升阶段。模板初次滑升的程序是：初次浇筑混凝土厚度600~700mm，分三次浇筑；待强度达到滑升要求后，初次滑升20~50mm，再浇筑300mm混凝土，滑升100~150mm。之后进入正常滑升阶段，每浇筑一层混凝土向上滑升同样的高度。滑升模板法施工要求连续作业，如施工过程中出现暂停，必须每隔1h左右将模板略为提升，以避免混凝土和模板粘连。施工过程中还必须穿插进行钢筋绑扎、顶杆接长，预埋件的处理，混凝土表面整饰、检查中线等工作。滑升模板法施工是高空作业，施工人员应随时注意施工安全，严格执行高空作业安全制度。

（3）翻板式模板施工

墩身模板采用液压自升平台翻模，内、外模板共设三节，循环交替翻升。当第三节混凝土灌注完成后，提升工作平台，拆卸并提升第一节模板至第三节上方，安装、校正后浇筑混凝土，如此循环进行。当临近墩顶连接处时，在墩身上预埋托架，支立墩帽模板，浇筑墩帽混凝土。混凝土浇筑用泵送入模，然后用插入式振捣器振捣，最后用软塑管缠绕墩身喷水养护。

施工中因大风、大雨或其他原因必须停工时，应充分做好停工处理。停工前将混凝土面摊平，振捣完毕，控制好工作平台的提升高度，防止平台提升过高而影响其稳定性。复工时加强中线水平观测，新、旧混凝土接缝按规定处理后，再继续施工。

①墩身模板。模板分上、下两节，接缝采用对接接头，模板制作尺寸误差小于2mm，倾斜角偏差小于1.5mm，孔位误差小于1mm。为确保工程质量，应在厂内统一加工。在施工过程中，两节模板交替轮番往上安装，每一节都立在已浇筑混凝土的模板上。

圆形空心墩内模采用组合钢模拼装，内、外模间设带内纹的对拉螺栓，以便拆模，避免墩身混凝土内形成孔洞。墩身内腔每隔一定高度预设型钢做支撑梁，上面搭设门式脚手架作为装拆内模和浇筑混凝土的工作平台。安装和拆卸模板，提升工作平台以及垂直运输钢筋等物品均由塔吊完成。墩身外侧设施工电梯，用于人员的运送。

②钢筋工艺。墩身竖向钢筋采用挤压套管连接方法。钢筋长度均为9.0m，但在高度上将一半数量的接头错开4.5m，这样每节混凝土外露钢筋有高、低两层。施工时，先在长钢筋上点焊一道箍筋，依靠已立好的内模将钢筋调整到正确位置。然后以此为定位筋安装接长钢筋。

③拆模。在安装钢筋的同时，可以开始拆下面一节外模。拆模时用手拉葫芦将下面一节模板与上一节模板上下挂紧，同时另设两条钢丝绳拴在上、下节模板之间。拆除左右和上面的连接螺栓后，下节模板就会脱落。脱模后放松葫芦，将拆下的模板用钢丝绳挂在上节模板上。然后逐个将四周各模板拆卸并悬挂于上一节模板上。这样可将拆模工作和钢筋安装工作同时进行，节约时间，也减少了对塔吊工作时间的占用。

④模板位置调整。当模板组拼成型后，所有螺栓不必拧紧，留出少量松动余地。若模板前后方向偏斜，可通过手拉葫芦调整至正确位置；左右偏斜的调整通过在模板底边靠倾

斜方向的一端塞加垫片实现。模板之间的缝隙塞有橡胶条，因而不会漏浆。调整完毕后，拧紧全部螺栓，即可浇筑混凝土。

⑤混凝土施工。混凝土的垂直运输采用输送泵一次完成。泵管利用模板对拉螺栓留在墩身内的螺母安装固定架由下向上固定在墩柱壁上。由于运送高度大，要求混凝土既要保持较大的流动性，又要达到设计强度。因此，应对各种水泥、外加剂及配合比进行多次试验，并依泵送情况随时调整。应加强振捣以确保混凝土的密实度，真正做到内实外美。在混凝土强度达到设计或监理工程师的要求后拆模、养生。

⑥施工中墩身施工测量控制。用极坐标定位法、铅垂线控制法、悬挂钢尺水准测量法和三角高程间接法分别对墩身进行平面和标高定位。

（4）爬升式模板施工

①爬架设施。爬架设施主要由支撑结构、架体结构、连接器、提升设备和防倾、防坠装置等组成。

A. 附着支撑结构：采用导轨式。轨道用钢轨或普通槽钢背靠背焊接而成，利用埋设于钢筋混凝土墩身中的预埋件附着于墩壁上，每两根轨道互相平行，保证爬架上的连接器不用改变距离就可从墩底爬升到墩顶。

B. 架体结构：每幅爬架用角钢焊接成钢骨架，各爬架既可以互相连接成整体，又可以单独爬升，从而保证在爬升过程中既可以整体爬升，又可以个别调整。

C. 连接器：爬架和轨道的连接部分，用厚钢板制作。通过连接器实现爬架在轨道上爬行。

D. 提升设备：采用可移装的液压千斤顶。液压千斤顶油缸行程为450mm，速度为2mm/min，每走完一个行程后用穿销固定，使缸体恢复原位，然后开始另一个顶升行程。其可用于单段或多段的提升。完成提升后，可拆移至另外一段架体。

E. 防倾和防坠装置：为防止架体倾斜，每幅爬架架体上设置了两排共六幅连接器。为防止架体突然坠落。每幅架体的连接器下部都设置了FZ25型爬架防坠器，这样每幅架体上有六幅防坠器。

②模板。根据桥墩特点制作大块全钢模板，每套模板分为三节，每节模板按6m高制作，每次浇筑混凝土的高度为6m，为避免留下明显的接花缝，拆模时不拆最上一层模板，将其留作下次立模的基础。

③作业台座。爬架上共有三层作业台座。最上一层作业台座为墩内爬架最上端互相连接起来搭设的台座，主要用来存放一些小型机具及供工人在上绑扎钢筋和进行立模作业使用；中间一层作业台座为主要作业台座，是各爬架附着端互相连接起来形成的作业台座，工人在这层作业台座上可实现爬升模板、绑扎钢筋、立拆模、调整模板、临时存放模板、安拆对拉螺栓、检查防坠装置等作业；

最下一层作业台座是吊挂在爬架下的作业台座，工人在该层作业台座上可实现安拆轨道、修补混凝土、检查爬架状态是否完好及进行防坠器等作业。

④安设轨道。利用埋于墩身内的预埋螺母将轨道附在桥墩上,也可利用桥墩对拉螺栓将轨道固定于桥墩上。

⑤绑扎钢筋。钢筋在加工厂加工好后运至现场并吊至墩位处进行绑扎。钢筋绑扎或焊接时的搭接长度应符合施工规范要求,同一截面的接头数量不应超过规定的数量。钢筋安装完后,周边钢筋交错绑扎上圆形混凝土垫块。以避免拆模后混凝土表面有垫块的痕迹。

⑥混凝土的灌注。混凝土在搅拌站集中拌和,通过混凝土搅拌运车水平运至墩台处泵送入模,然后插入振动棒振捣密实。

⑦拆模及混凝土养生。工人将模板一块一块地拆下,暂时放在中层作业台座上,最上一层模板不需拆除。拆模后应立即进行混凝土养生。当气温较高时,采用塑料薄膜包裹、模内浇水养生。

⑧爬架的爬升。在墩身模板拆除,轨道铺设后,即可进行爬架的爬升。利用可移装的液压千斤顶将爬架一端安于轨道上的销孔中,另一端安于爬架上,一个行程可爬升约450mm。

⑨模板的提升。操作工人利用爬架立柱上设置的手动导链将模板提起,然后进行立模,从基础到墩身,再到墩顶的整个施工过程中,每层模板应严格检查,复核断面和高程尺寸,以确保墩位正确。

(5)混凝土浇筑与养护

①混凝土浇筑。混凝土浇筑应遵守相应的施工规范,特别应注意混凝土在浇筑前应对施工中涉及的吸水性物件做相应的处理,以避免混凝土水分被吸收,影响混凝土的质量。混凝土应在初凝之前浇筑,且不能有离析现象。若有离析现象,则应重新搅拌才能浇筑,且浇筑过程也应避免产生离析现象。在浇筑立柱等结构物时,应在底部浇筑一层50~100mm的水泥砂浆(配合比与混凝土中的砂浆相同),这样可避免产生蜂窝、麻面现象。混凝土浇筑时,应按结构要求分层进行,随浇随捣。一般结构的混凝土整体浇筑时,应尽可能连续进行,避免间断施工。混凝土浇筑后初期,应防止混凝土受震动或撞击。

②混凝土养护。混凝土浇筑完毕后,为减少水分蒸发,应避免日光照射且应防风吹和雨淋等。可用活动的三角形罩棚将混凝土板全部遮起来。待混凝土板表面的泌水消失后,可用湿草帘或麻袋等物覆盖表面,并每天洒水2~3次,最短养护时间为7d。天气突变时,要改变养护方式防止起灰、起泡等现象;如风大时,要提前养护;当气温下降时,应适当延迟拆模时间。

(6)高墩台施工注意事项

①高墩台竖直度的控制。高墩台竖直度允许偏差为墩台高度的0.3%,且不超过20mm。为此,在正常施工过程中每滑升1m就要进行一次中心校正。滑升中如发现偏扭,应查明原因,逐一纠正。纠正方法一般是将偏扭一方的千斤顶相对提高2~4cm后逐步纠正。每次纠正量不宜过大,以免产生明显的弯曲现象。

②操作平台水平度的控制。控制操作平台的水平度是滑模施工的关键工作之一,如果

操作平台发生倾斜,将导致墩台扭转和滑升困难。为避免平台倾斜,平台上的材料堆放要均匀,并应注意混凝土浇筑是否顺利,还要经常观测和调整。具体做法是用水平仪观察各千斤顶高差,并在支承杆上画线标记千斤顶应滑升到的高度,在同一水平面上千斤顶的高度不宜大于20mm,相邻千斤顶高差不宜大于10mm。

③模板安装准确度的控制。滑升模板组装好后直到施工完毕,中途一般不再拆装模板。组装前要检查起滑线以下已施工基础或结构的标高和几何尺寸,并标出结构的设计轴线、边线和提升架的位置等。

④爬杆弯曲度的控制。必须防止爬杆弯曲,否则会引起严重的质量和安全事故。爬杆负荷要经过计算确定,如果负荷过大或脱空距离过大,就会导致爬杆弯曲。平台倾斜也会使爬杆弯曲。若爬杆弯曲程度不大。可用钢筋与墩台主筋焊接固定,以防再弯曲;若弯曲程度较大,应先切去弯曲部分,再补焊一截新杆,若弯曲较严重。应切去上部,另换新杆,新杆与混凝土接触处应垫10mm厚钢靴。

二、盖梁施工

1. 墩台帽施工

(1)放样

墩台混凝土浇筑或砌石砌至距离墩台帽下缘300~500mm高度时,即需测出墩台帽纵、横中心轴线,并开始竖立墩台帽模板,安装锚栓孔或安装预埋支座垫板,绑扎钢筋等。桥台台相放样时,应注意不要以基础中心线作为台帽背墙线。模板立好后,在浇筑混凝土前应再次复核,以确保墩台帽中心、支座垫石等的位置、方向和高程不出差错。

(2)桩柱墩帽模板

桩柱墩帽也称盖梁,除了装配式盖梁以外,其他盖梁均需要现场立模浇筑。盖梁圬工体积小,可利用钢筋混凝土桩柱本身做模板支承。其方法是用两根木梁将整排柱用螺栓相对夹紧,上铺横梁,横梁间衬以方木调节间距,也可用螺栓隔桩柱成对夹紧,在横梁上直接安装底模板。两侧模板借助于横梁、上拉杆和一对三角撑所组成的方框架来固定。所有框架、榫眼及角撑均预先制好、安装时只用木楔楔紧框构四周,就能迅速而正确地使模板定位。

(3)钢筋网、预埋件、预留孔等的安装

①钢筋网的安装。

梁桥墩台帽支座处一般均布设1~3层钢筋网。当墩台帽为素混凝土或虽为配筋混凝土但钢筋网未设置架立钢筋时,施工时应根据各层钢筋网的高度安排墩台帽混凝土的浇筑程序。为了保证各层钢筋网位置正确,应在两侧板上画线,并加设钢筋网的架立钢筋和定位钢筋,以免振捣混凝土时钢筋网发生移动。

②墩、台预埋件的种类

A.支座预埋件有以下几类：平面钢板支座的下锚栓及垫板，切线式支座的下锚栓及垫板，摆柱式支座的错栓及垫板，盆式橡胶支座的固定锚栓。

B.防振锚栓。

C.装配式墩台帽的吊环。

D.供运营阶段使用的扶手、检查平台和护栏等。

E.供观测用的标尺。

F.防振挡块的预埋钢筋。

预埋件施工应注意下述各点：

a.为保证预埋件位置准确，应对预埋件采取固定措施，以免振捣混凝土时发生移动。

b.预埋件下面及附近的混凝土应注意振捣密实，对具有角钢筋的预埋件尤应注意加强捣实。

c.预埋件在墩台帽上的外露部分要有明显标识，浇至顶层混凝土时，要保证外露部分尺寸准确。

d.在已埋入墩台帽内的预埋件上施焊时，应尽量采用细焊条，小电流分层施焊，以免烧伤混凝土。

③预留孔的安装

墩台帽上的预留锚栓孔须在安装墩台帽模板时，安装好锚栓留孔模板，在绑扎钢筋时注意将预留孔位置留出。预留孔应该下大上小，其模板可采用拼装式。模板安装时，顶面可比支座垫石顶面约低5mm，以便垫石顶面抹平。带弯钩锚栓的模板安装时，应考虑钩的方向。为了便于安装锚栓后灌实锚栓孔，可在每一锚栓孔模板外侧的三角木块部分预留进浆槽。

2.附属工程施工

（1）桥台翼墙、锥坡施工要点

①翼墙，锥体护坡（简称锥坡）的作用和构造

翼墙、锥坡是用来连接桥台和路堤的防护建筑物，它的作用是稳固路堤，防止水流的冲刷。设翼墙的桥台称为八字形桥台。翼墙设于桥台两侧，在平面上为八字形；立面上为一变高度的直线墙，其坡度变化与台后路堤边坡的坡度相适应；翼墙的竖直截面为梯形，翼墙顶设帽石。翼墙一般为浆砌片石或浆砌块石结构。根据地基情况，翼墙基础可以采用浆砌片石或片石混凝土。

锥坡一般为椭圆形曲线，锥体坡面坡度沿长轴方向与路基边坡相同，一般为1∶1.5，沿短轴方向为1∶1。锥体坡顶与路基外侧边沿同高。当台后填土高度大于6m，路堤边坡采用变坡时，锥坡也应作相应变坡处理。

锥坡内部用砂土或卵、砾石填筑、夯实，表面用片石干砌或浆砌，一般砌筑厚度为

200~350mm。坡脚以下应根据地基情况及流速大小设置基础或将坡脚伸入地面以下一段，并适当加厚趾部。

在受水流冲刷影响的地方，锥体可以考虑采用铺盖草皮或干砌片石网格代替满铺片石铺砌，也可以将锥坡的下段用片石满铺，上段铺草皮，以节约圬工数量。

②锥坡施工要点

A. 锥体填土应按设计高程及坡度填足，砌筑片石厚度不够时再将土挖去，不允许填土不足，临时边砌石边补填土。锥坡拉线放样时，坡顶应预先放高 20~40mm，使锥坡随锥体填土沉降后坡度仍符合设计规定。

B. 砌石时放样拉线要张紧，表面要平顺，锥坡片石背后应按规定做碎石倒滤层，防止锥体土方被水侵蚀变形。

C. 锥坡与路肩或地连接必须平顺，以利排水，避免砌体背后冲刷或渗透导致坍塌。

D. 在大孔土地区，应检查锥坡基底及其附近有无陷穴进行彻底处理，以保证锥坡稳定。

E. 干砌片石锥坡用小石子砂浆勾缝时，应尽可能在片石护坡砌筑完成后间隔一段时间，待锥体基础稳定后再进行，以减少灰缝开裂。

F. 锥体填土应分层夯实，填料以黏土为宜。锥坡填土应与台背填土同时进行，并应按设计宽度一次填足。

（2）台后填土要求

①台后填土应与桥台砌筑协调进行。填土应尽量选用渗水土，如黏土含量较少的砂质土。土的含水量要适宜，在北方冰冻地区要防止冻胀。如遇软土地基，为增大土抗力，台后适当长度内的填土可采用石灰土（掺 5% 石灰）。

②填土应分层夯实，每层松土厚 200~300mm，一般应夯 2~3 遍，夯实后的厚度为 150~200mm，使密实度达到 96%（拱桥要求达到 98%），并做密实度测定。靠近台背处的填土打夯较困难时，可用木棍、拍板打紧捣实。与路堤搭接处宜挖成台阶形。

③石砌圬工桥台台背与土的接触面应涂抹沥青或用石灰三合土、水泥砂浆胶泥做不透水层，作为台后防水处理。

④拱桥台后填土必须与拱圈施工程序相配合，使拱的推力与台后土侧压力保持一定的平衡。一般要求拱桥台后填土应在主拱圈安装或砌筑以前完成。梁式桥的轻型桥台台后填土应在桥面完成后在两侧平衡地进行。

⑤台后填土顺路线方向的长度一般应自台身起，顶面不小于桥台高度加 2m，在底面应不小于 2m；拱桥台后填土长度一般不应小于台高的 3~4 倍。

第六章 桥梁工程项目管理研究

第一节 桥梁工程施工全面质量安全管理研究

一、桥梁工程施工绪论

（一）中国交通基础设施建设的发展历程

1. 改革开放前的恢复式发展

1978年年底中国交通线路基础设施规模总量比1949年增长了近六倍，公路里程达到890000km，平均每年增加约3000000km，公路密度达到9.3km/102 km^2。但这一时期的交通基础设施的结构等级和功能布局没有得到充分发展，表现为：①以铁路建设为主，公路、港口等建设相对滞后的交通网络结构性差异；②以长江以北、兰州和包头以东的干线恢复与建设为主，其他地区交通基础建设相对落后的区域差异性；③以满足经济、社会交流及国防等方面的基本要求的低标准干线公路建设为主，缺乏高等级路网的等级化差异。

2. 改革开放后的跨越式发展

20世纪80年代末，随着中央明确"将加快交通运输发展作为事关国民经济全局的战略性和紧迫性任务"，公路工程建设便迎来了大发展的历史机遇。

进入21世纪以来，中国公路工程建设进入发展速度快、建设规模大、科技含量不断提高的新阶段，年均新增通车里程从最初的几百千米增加到几千千米，《2010年公路水路交通运输行业发展统计公报》显示，至2010年年底，中国公路总里程突破400000km，达到4008200万km，公路密度为41.75 km/102km。与此同时，中国高速公路建设也经历了从无到有并迅速发展的历史阶段。1988年10月31日，上海至嘉定高速公路的竣工通车，使中国内地高速公路实现了零突破；1990年，全长375km、被誉为"神州第一路"的沈大高速公路的建成通车，拉开了中国修建高标准、长距离高速公路的序幕；1993年京津唐高速公路的建成，使中国拥有了第一条利用世界银行贷款建设的、跨省市的高速公路。随后的几年间，京右、沪宁、广深、成渝等数条高速公路相继建成投入运营，不仅突破了高速公路建设的多项重大技术瓶颈，也积累了设计、施工、建立和运营等建设管理全过程的经验。在高速公路快速发展的同时，中国还修建了一批跨越海湾和长江、黄河的特大跨径桥梁及长大隧道，标志着中国桥梁建设水平和山地隧道修筑技术进入世界先进行列。

1998 年，为应对亚洲金融危机，中国开始实施积极的财政政策，加快了基础设施建设步伐。按照"统筹规划、条块结合、分层负责、联合建设"的方针，中国逐步实现了"国家投资、地方筹资、社会集资、利用外资"和"贷款修路、收费还贷、滚动发展"的投资政策，高速公路总体上实现了持续、快捷和有序发展，年均通车里程超过了 4 000 km，年均完成投资 1 400 亿元。截至 2011 年年底，中国高速公路达 85 000 万 km，居世界第二位。中国高铁投入运营里程达 8358km，高速铁路运营里程高居世界第一。中国公路网总里程达到 3984000 万 km，五年增加 639000km；国省干线公路里程达到 462200 万 km，其中国道 163900 万 km、省道 298300 万 km 交通基础设施的建设，极大地提高了中国交通网络的整体技术水平，优化了交通运输结构，对缓解交通运输的"瓶颈"制约发挥了重要作用，有力地促进了中国经济发展和社会进步。同时，与社会经济的需求相比，中国交通基础设施的发展仍存在一定的滞后。相关研究表明，要适应未来 20 年全面建成小康社会和实现 21 世纪中叶基本实现现代化的需要，中国高速公路网的总规模大体应该在 100 000~200 000 km。因此，在未来很长一段时间内，以支撑国民经济发展为基点，交通基础设施将保持较快的建设步伐，以促进国民经济顺利实现新的历史性跨越。

（二）中国桥梁工程建设成就与局限

1. 桥梁建设成就

中华人民共和国成立后，随着交通基础设施建设的兴起，桥梁建设也得到蓬勃发展。1957 年，9 孔 128m、全长 1 155.5 m 的武汉长江大桥的建成为中国现代大跨度钢桥和深水基础工程的发展奠定了基础。1968 年年底建成的南京长江大桥是由中国工程师独立主持设计和施工的第二座长江大桥，与武汉长江大桥相比，跨度增加为 160m。同时，由于钢材的匮乏，这一时期石拱桥成为公路桥梁的主要桥型。1961 年，云南长虹石拱桥突破了 100 m 跨度；1968 年建成的主跨 150m 的河南前河桥，达到了双曲拱桥的最大跨度。随着预应力混凝土的推广和应用，钢筋混凝土箱形拱桥开始兴起，如 1973 年建成的主跨 100 m 的四川宜宾岷江大桥、1974 年建成的主跨为 116 m 的云南红旗桥等都是这一桥型的具体应用。

20 世纪 60 年代末斜拉桥技术传入中国，在接受、吸纳斜拉桥技术后，中国于 1975 年分别建成了主跨为 54m 的上海新五桥和主跨为 75.8m 的四川云阳汤溪河桥，为后期斜拉桥的大量发展奠定了基础。

20 世纪 90 年代以来，中国桥梁建设开始进入黄金时代。从南浦大桥到苏通大桥，从汕头海湾大桥到润扬大桥，中国以令世人惊叹的桥梁建设规模和发展速度以及位居各种桥型跨度排行榜前列的突出成就进入世界桥梁大国之列。在交通基础设施建设规模不断扩大、建设速度不断加快的同时，工程质量水平和技术含量也在不断稳步提高，先后建成了一批高质量、高技术含量的交通工程项目，南京长江二桥、江阴大桥先后荣获"鲁班奖"，江阴大桥还荣获国际桥梁协会首届尤金费格奖。在技术方面，1991年建成通车的上海南浦大桥实现了中国从建造200多米跨度的斜拉桥向建造主跨为423m的结合梁桥面斜拉桥的跃进，并与1993年建成的另一座主跨为602 m纪录跨度的斜拉桥——上海杨浦大桥一起，填补了中国在大跨度斜拉桥建设上的空白。建于1994年的汕头海湾大桥主跨为452 m，为更大跨度的悬索桥建设提供了成功的经验，而1997年香港回归前夕建成的虎门珠江大桥主桥为主跨888 m的悬索桥，辅航道桥为主跨270 m的预应力混凝土连续钢架桥，是中国桥梁史上悬索桥建设的又一里程碑。在拱桥的建设方面，通过引入钢管混凝土拱桥这种复合结构，拱桥的跨度不断被刷新。

2010年年底，中国拥有主跨400m、600m、800 m、1000 m以上的桥梁分别为93座、37座、20座、11座（该数据不包括港、澳、台地区），建成的梁、拱、斜拉桥和悬索桥的跨越能力分别达到330m、552m、1088m和1650m，这四类桥梁的世界跨径前十位工程中，中国建造的桥梁分别占5座、6座、7座和5座。

2. 桥梁建设的局限

随着中国社会经济的不断发展，人民生活水平的不断提高，对交通基础设施建设也将不断提出更新的要求。根据《公路、水路交通"十五"发展计划》和《公路、水路交通基础设施发展的三阶段战略目标》，到2010年，中国公路总里程达到1 800 000 km（这一目标已提前七年实现了），高速公路达到35 000万km；到2020年，中国公路总里程达到2300000km，高速公路达到55000km；到2040年，公路总里程将超过3000000km，高速公路总里程将达到80000m。大型桥梁建设也将迎来更大规模的建设高潮，国家发展和改革委员会目前在"长江干流桥梁建设规划方案座谈会"上透露，今后长江上还需要建造70座桥梁，同时，跨海大桥工程也在紧锣密鼓的规划之中。可以说，今后的10—20年仍将是中国交通基础设施建设发展的重要机遇期和高速增长期，交通基础设施建设的任务依然十分艰巨。在桥梁高速发展的同时，桥梁建设中存在的局限正在制约中国向桥梁强国的行进，不容忽视。

（1）桥梁美学问题。改革开放以来，中国的桥梁建设以空前的规模和发展速度令世界惊叹，但是匆忙建成的大桥是否给人以美感是一个值得反思的问题。大桥不仅是交通系统的重要组成部分，还是一座标志性建筑物。因此，在桥梁设计与施工过程中，应重视桥梁的美学价值和景观功能，满足人们的观赏愿望。

（2）设计创新问题。设计是工程的灵魂，它在很大程度上决定了工程的质量、造价、施工难易程度和工期，而创新则是设计的灵魂。虽然每个时代都有其优秀的桥梁设计代表作，但多数桥梁设计缺乏创新，追求结构上的安全性，却对经济指标、设计创新、合理性等较为忽视。

（3）桥梁施工质量和安全问题。在桥梁高速发展的同时，桥梁工程的施工质量问题逐渐成为影响桥梁健康使用的一个重要因素。由于设计周期与施工周期过于匆忙、承包价格过低、管理效率不高等原因，桥梁建设留下了不少质量隐患，威胁到桥梁正常使用的安全性。同时，桥梁施工涉及大量高处作业、野外作业等危险性工作，施工作业安全问题较为突出。

（三）桥梁工程施工全面质量、安全管理的必要性

建设项目管理（Project Management，PM），是指运用系统思想和科学的理论方法，对建设项目全过程进行的计划、组织、控制、协调等管理，在规定的质量和工期要求下，提高投资效益。作为基础设施建设项目，桥梁工程具有涉及面广、施工工艺复杂、工程量大、标准高、专业性强、人员分散等特点，其建设管理的成功与否不仅关系到项目投资效益的高低，更直接影响到当地及沿线经济的发展，影响到社会资源的有效配置。随着桥梁工程建设规模不断扩大，社会期望目标日益提高，对桥梁工程管理的要求也越来越高。

桥梁工程建设管理与一般的建设项目管理相比，具有长期性、复杂性、多方协调性、社会性和目标多重性等特点。

1. 长期性

桥梁工程尤其是大型、复杂结构桥梁项目的管理期较长，从立项、预可行性研究、工程可行性研究、图纸设计、招标确定施工及监理单位、工程施工、交工验收、试运行到最后竣工验收，一般要跨越多个年份。

2. 复杂性

桥梁工程建设施工需要多种专业性很强的施工队伍和施工人员的共同参与，技术难度大，交叉作业点多。由于参建单位的不同、人员组成复杂、变动大，项目参建各方在技术水平和管理能力的强弱，直接关系到桥梁建设项目的建设质量、工程进度和管理效率。

3. 多方协调性

桥梁工程建设项目的涉及面很广，在一个完整的建设周期内，涉及交通主管部门、业主单位、设计单位、承包商、监理单位等诸多直接相关单位；同时，沿途还涉及各级政府、电力电信、材料供应厂家等多个部门。因此，桥梁工程建设管理不仅要解决好项目组织内部的协调问题，还应该处理好项目的外部协调，包括与政府部门、金融组织、社会团体、服务单位、新闻媒体及周边群众等的协调。

4. 社会性

桥梁工程建设项目投资额度大，建设完工以后将长期发挥作用，这就决定了它的社会性，即项目实施过程中和投入使用后，会给当地经济、社会和环境带来影响。同时，桥梁工程质量、安全直接关系到国计民生，影响到人民群众生命财产安全和社会的稳定。因此，在桥梁工程建设管理过程中必须考虑到其社会性的特点，将促进所在地区经济与社会发展作为项目建设目标之一，对社会效益和环境效益加以重点考虑。

5.目标多重性

由于项目各参建单位的利益出发点不同，其目标体系具有不一致性与一致性的矛盾。一方面，各个单位的具体目标与总体目标之间存在不一致性。例如，对于桥梁工程建设项目的业主来说，目标是建设项目早日建成投入使用，同时实现投资最小、工期最短、质量最佳以及项目建成投入使用以后带来的社会效益与环境效益等最大化；而承包商追求的是从事该项工作可给本单位带来的利润，对于建设项目本身的效益并不关心；另一方面，由于各个参建单位能够保证其目标实现的前提是建设项目的完成，即按照业主的要求在保证总目标实现的前提下才能实现具体单位的分目标，因此又具有目标的一致性。桥梁工程建设管理的过程本身就是目标不一致性与一致性的矛盾和统一，具有管理的难度，需要建立以业主为主体的激励和约束机制来实现其管理。

（四）桥梁质量、安全管理的局限与趋势

桥梁质量、安全管理的目的是通过加强施工过程中的管理消除影响质量、安全的不利因素，以保障桥梁实体质量和作业人员的人身安全。然而，传统的管理方式由于自身的局限性，难以完全有效地达到预期目的。传统的管理方式的缺点主要体现在以下几点：一是管理不系统。无论是质量管理还是安全管理，强调的都是独立管理主体的责任和义务，难以形成多主体共同参与的系统性管理，形成较多的管理界面搭接处的模糊地带，影响管理执行的效率。

二是忽视管理环境。重视对人的责任追究，忽视整体管理环境对个体行为选择的影响，没有深入探究人与环境之间的内在关系，对目标的管理偏重于控制而缺乏对个体主动性的调动。

三是管理手段较为单一。桥梁工程的技术含量较高，施工难度较大，在管理过程中单纯地依靠现场的监督和控制，不一定能够保证桥梁的实体质量。另外，安全工作的重点往往放在事故的追查与处理上，缺乏事前的整体布控，难以实现对施工安全的主动控制。

针对传统管理模式的弊端，结合中国桥梁工程建设的特点，先进的管理理论和管理方法正逐步引入或提出。宏观层面，桥梁工程建设管理体制深入改革，如投融资体制不断改革与完善，建设项目法人责任制、招标投标制、合同管理制和建设监理制的积极推行，这些措施对桥梁工程建设事业的发展起到了有效的促进作用。在项目管理层面，传统的各自为政的管理方式也在逐渐发生变化，针对独立的考虑自身的利益而忽略了项目整体以及其他参与方的利益要求，导致项目内部的冲突对抗状况严重，消耗项目整体的收益问题，项目管理者开始探索整体利益最大化的管理方式，通过协同各参与方的利益与管理行为，实现项目整体系统化的管理，以降低管理过程中的内部消耗。

因此，建设项目质量、安全管理逐渐趋向于系统化管理的阶段，将质量管理、安全管理视为项目管理中的一个子系统，将质量、安全目标与其形成过程、影响因素等结合起来进行管理，以体系化管理的方式保证系统目标的实现。

（五）桥梁工程施工全面质量、安全管理的意义

桥梁是铁路、公路等基础设施跨越河流、山谷等地质环境的主要方式，其质量和安全事关人民群众生命财产安全，事关国民经济安全稳定运行，事关党和政府的公众形象。经济社会发展对工程质量和安全施工要求不断提高，人民群众对桥梁工程质量和安全的关注程度不断增强，社会舆论对工程质量和安全的监督力度不断加大，所以桥梁工程建设项目的质量和安全监管任务将更加艰巨。

桥梁工程质量安全不仅关系到工程的适用性和项目的成本效果，而且关系到人民群众的生命财产安全。在新的管理理念和管理方法的引导下，构建施工全面质量、安全管理体系的意义体现在以下几方面。

1. 有助于保证建设工程质量

建设工程质量具有形成过程复杂、质量责任关系复杂和施工工序交叉复杂等特性。建设工程是通过从项目可行性研究到工程竣工交付使用的全过程形成的最终产品，其各个阶段的质量决定其最终的质量；建设工程质量形成涉及的建设主体和部门较多，合同关系、质量责任关系复杂；建设工程往往工作量大，涉及工种多，交叉作业多，施工过程协调难，具有工序质量交错的复杂性。因此，建设工程产品质量管理是一个全方位、全过程、全面管理的过程，需要建设单位的质量管理，需要建设单位及其委托的中介组织进行质量监督，也需要分包单位和材料、构配件、设备供应单位的质量管理，尤其是需要独立于各参建主体以外的建设工程质量政府监督机构对其进行全方位、全过程、全面的监督管理，以通过各个阶段、各个方面的建设工程质量管理，保证建设工程产品的最终质量。

2. 有助于保证施工安全

在以人为本的社会大环境中，安全作为人类生活的基本保障，是构建和谐社会的必然要求。一方面，安全管理的重视得到强化；另一方面，传统的事后追究责任的安全管理模式已无法适应安全管理的需求，也不利于中国融入世界先进的市场竞争。桥梁安全的体系化管理，是在新的管理理念下构建的系统化管理方式，既是对安全管理的一种探索，也是全面管理思想在安全管理中的具体运用，能够从事前、事中、事后三个层面对安全进行全方位地控制，同时通过对突发事件的应急管理，实现安全的全面管理。

3. 有助于推动管理实践的发展

对工程施工全面质量管理和安全管理研究的根本目的在于探索适用于桥梁工程施工阶段的目标管理方式，以指导桥梁施工实践。目前，中国已进入桥梁建设的大发展时期，而桥梁工程技术含量高、野外作业、参与方多等特征决定了桥梁工程质量、安全管理任务的艰巨性。因此，探究桥梁工程施工质量、安全管理的理论并以此指导工程实践具有现实意义。

二、桥梁工程质量形成过程

桥梁工程项目的建设过程，也是桥梁工程项目质量的形成过程，是一个系统过程。在这个过程中，各阶段、各个环节的工作彼此相互联系、承前启后，并且有其内在的规律性。实践证明，遵循这一规律，项目的建设活动就符合客观实际，工作就顺利，项目的建设质量就好。反之，违背这一规律，往往欲速则不达，甚至要受到客观规律的惩罚，极大地影响项目的建设质量。

因此，人们要从实际出发，根据项目的特点和建设条件，严格把好建设过程中各个阶段的质量关。桥梁工程项目质量只有在坚持合理的建设程序以及依次进行决策、设计、施工、交（竣）工验收四大环节的基础上，才能实现其质量目标。

通过桥梁工程项目质量的系统分析，桥梁工程项目建设质量不应仅仅指桥梁工程项目建设的最终结果，还应包括建设过程本身的工作质量。也就是说，桥梁工程项目应当包括桥梁工程项目决策质量、桥梁工程项目设计质量、桥梁工程项目施工质量、桥梁工程项目回访保修质量。

在桥梁工程中，施工现场是桥梁最终形成的场所，在整个桥梁质量形成过程中，施工阶段质量管理是核心。桥梁施工质量控制的重点决不能放在施工完毕后的验收，而必须放在桥梁施工过程中，所以桥梁工程质量管理的核心内容是施工过程质量控制。

三、桥梁工程质量管理主体结构

《中华人民共和国建筑法》《建设工程质量管理条例》中明确规定，桥梁工程施工质量管理是一个各方参与、相互制约、互相协调的过程，参与各方在施工过程中扮演不同的角色，承担不同的职责，管理主体包括建设工程的政府主管部门、建设单位、施工单位、勘察设计单位、工程监理及咨询单位、施工监控单位、材料供应单位、构配件供应单位、设备供应单位等，这些主体在建设工程质量监管中发挥着各自的质量控制职能和作用，在这些质量管理主体中，建设工程的政府主管部门、建设单位侧重于从建设工程质量外部进行管理，而建设主体侧重于从建设工程质量内部进行管理。

按照各参与主体在质量管理中的责任，可将其划分为四个层次：第一层次为政府行政主管部门及受其委托的建设工程质量监督机构，形成监督层；第二层次为建设单位及其代表监理单位，形成质量管理层；第三层次为施工方，包括承包商和分包商，形成工程质量的执行层；第四层次为作业方，即指具体的操作人员，形成作业层。另外，桥梁施工过程中的监控方形成第三方技术监控，从技术层面检查桥梁施工过程中的质量。

对质量管理主体进行层次划分有利于明确各建设责任主体的身份和职责，从而理顺相关单位在工程质量监督中的相互关系，达到工程建设事件中不断完善和发展工程质量监管以及提高工程质量的目的。其中，政府主管部门是第一层次，负责宏观政策的制订以及对市场行为主体的质量行为监督；建设单位及监理单位是第二层次，负责组织项目各参与方制定符合工程项目质量要求并为各参与方所接受和执行的相关制度、组织架构等；作为执行层的施工方为第三层次，负责制订具体的作业流程和作业质量控制、检查方案等；第四层的作业方应严格遵循每道施工工序，按照施工工艺流程和规范进行操作。这四个层次相互独立、相互联系、相互影响，并与施工监控方形成质量管理多维层次结构。

（一）政府主管部门

政府行政主管部门及其委托的质量监督机构不是建筑市场主体，不承担工程质量责任，但承担监管责任，并且从宏观和微观两个方面对工程项目质量实施监督管理。宏观层面上，通过建立和健全法律法规体系，规范和约束责任主体的质量行为，掌握和运用市场经济规律，规范和约束责任主体的质量行为，从根本上把握和加强工程质量控制。微观层面上，通过准入制度、许可制度、资格认证，对参与各方进行监督检查，抽查施工过程中的质量安全，保证工程质量与安全。

（二）业主方及监理方

业主作为投资者，依照业主负责制、工程监理制、合同管理制和招标投标制等法律法规，依法行使工程监管权力。业主委托专业的社会监理、咨询服务机构代为履行监管职责，将更多的精力用于项目开发、可行性研究、资金筹划及办理基建程序的有关手续等方面。监理受业主的委托，在合同规定的范围内对工程建设的投资、质量、进度进行全过程控制，对有关合同和信息进行管理。道道工序检查，层层把关签字，代表业主监管施工、设计（如有委托）的质量，使工程投资、建设、质量监管进入良性循环。

（三）设计方及施工方

虽然设计单位不是参与工程建设的主体，但是工程建设的责任主体之一。设计不但与业主有直接关系，而且通过业主与施工、监理、社会公众有间接关系。设计质量不但直接影响业主工程的建设成本，而且其直接关系着建筑产品的质量和人民的生命、财产安全。因此，加大审图单位对设计质量的监管和设计监理的力度刻不容缓。施工单位既是工程建设的主体，又是工程建设的责任主体，也是施工质量的兑现者。因此，法律法规对勘察设计、施工单位质量行为责任做了明确界定，明确了设计单位是设计质量的兑现者，施工单位是施工质量的兑现者，均属于被监管的层次。这就坚持了"谁设计谁负责""谁施工谁负责"这一质量责任国际惯例的关系原则。

（四）监控方

在桥梁工程质量控制中，需要注意的是作为独立第三方的咨询单位，即桥梁施工监控方。桥梁监控是桥梁施工过程中，按照实际施工工况对桥梁结构的内力和线型进行量测，经过误差分析，继而修正调整以尽可能达到设计目标。由于建桥材料的特性、施工误差等是随机变化的，所以施工条件不可能是理想状态。通过桥梁施工监控对桥梁的施工进行量测、识别、修正、预告，然后进行下一步施工的循环指导过程，能够实现确保施工中结构的安全，保证结构的外形和内力在规定的误差范围之内符合设计要求的目的，从整体上保证桥梁的施工质量。

目前，根据桥梁施工监控的实际情况，可将桥梁施工监控分为由业主方聘请施工监控和由施工方聘请施工监控两大类。由于业主方聘请施工监控与施工方聘请施工监控在服务对象和服务性质上的差异，所以施工监控方在项目组织中的地位以及责任与权力有较大差别。

四、桥梁工程全面安全管理概述

（一）中国安全管理的发展历程

中华人民共和国成立以后，伴随着经济社会的发展，中国安全管理水平得到了长足的进步，总结而言，中国安全生产管理的发展经历了以下几个时期。

1. 20 世纪 50 年代至 60 年代建立了劳动保护管理体系，总结出了一套以"三大规程"（《工厂安全卫生规程》《建筑安装工程安全技术规程》《工人职员伤亡事故报告规程》）和"五项规定"（安全生产责任制、安全技术措施计划、安全教育、安全检查、伤亡事故的调查和处理）为核心的、具有中国特色的、行之有效的安全管理经验，这对维护劳动者安全与健康的权益以及控制生产过程中伤亡事故的发生起到了极其重要的作用。

2. 20 世纪 70 年代在劳动保护管理体制下，强调了事故管理系统，提出了事故处理"三不放过"原则。"三不放过"是指在调查处理工伤事故时，必须坚持事故原因分析不清不放过，事故责任者和群众没有受到教育不放过、没有采取切实可行的防范措施。

3. 20 世纪 80 年代出现了职业安全卫生管理和安全生产管理模式，引进了先进的安全管理方法，最主要的是系统安全工程，开创了安全工作新局面，同时颁布了相关法规，并正式确定将"安全第一、预防为主"作为中国安全生产的指导方针；开始实行"国家监察、行政管理、群众监督"这一新的安全管理体制，使中国安全管理工作由行政管理转了法治管理的轨道。

4. 进入 20 世纪 90 年代，在"安全第一、预防为主"的方针和"管生产必须管安全"的安全生产原则的指导下，现代安全科学管理的理论和方法体系逐步发展与完善，如系统安全工程、安全人机工程、安全行为科学、安全法学、安全经济学、风险分析与安全评价等，系统安全管理的理念和方法逐渐被认识，并开始进行理论和实践的研究。同时，中国的建筑安全法律、规范逐渐完善，在完善建筑安全生产管理体系和运行机制方面取得了一定的成效。

5. 20 世纪后期，中国推行的是"企业负责、国家监察、行业管理、群众监督"的安全生产管理体制。随着国家经济体制转变和政府管理职能的转变，中国的国家安全生产管理机制向着如下模式发展：建立国家—企业—职工三方原则的安全生产管理机制，构建国家监察—行业协调—企业自律—工会监督的职业安全卫生管理体制，充分利用政府、企业和劳动者三方协调机制，促进安全生产工作。企业和劳动者都认真履行各自在安全生产方面的权利和义务是三方协调一致的基础，在这方面，各级工会组织发挥了重要作用；政府依法监督检查，客观、公正是三方协调一致的关键。三方协调一致，建立稳定和谐的劳动关系，促进社会的安全、稳定和社会经济的全面发展。

6.进入 21 世纪，中国安全生产管理取得了长足的进步，开创了崭新的局面，组建了国家安全生产监督管理局，颁布了《中华人民共和国安全生产法》《建筑工程安全生产管理条例》，出台了《国务院关于特大安全事故行政责任追究的规定》。随着全国建设系统不断强化安全生产监督管理，逐步完善建筑安全法律法规体系，大力开展专项治理活动，着力提高监督执法和从业人员素质，中国建筑安全生产工作取得了显著成效。

尽管中国建筑安全生产工作取得了一定的成绩，安全生产形势总体比较平稳，但是建筑施工事故伤亡总数和事故发生频度都没有明显下降，部分地区安全生产形势严峻的局面没有得到根本扭转，当前建筑安全生产形势仍然比较严峻，主要表现在：一是建筑施工事故起数和死亡人数居高不下；二是一些经济大省（直辖市）事故伤亡人数随着建设规模的增大呈上升趋势；三是建筑施工事故还是集中发生在专项治理的项目上。

（二）桥梁工程施工全面安全管理概述

1.桥梁工程施工安全管理

安全是指不受威胁，没有危险、危害、损失，互相不伤害，不存在危险的危害的隐患，是免除了不可接受的损害风险的状态。安全是在人类生产过程中，将系统的运行状态对人类的生命、财产、环境可能产生的损害控制在人类能接受水平以下的状态。

广义的桥梁工程施工安全包括工程安全和施工过程的工作安全。工程安全与桥梁工程实体的质量密切相关，工作安全则是指工程实体形成过程中安全管理对象或要素的安全，工作安全直接影响工程安全的形成。安全管理可以定义为管理者为保护员工在生产过程中的安全与健康，对生产活动进行的计划、组织、指挥、协调和控制的一系列活动。桥梁工程施工安全管理是安全管理原理和方法在桥梁工程的具体应用，包括宏观的安全管理和微观的安全管理两个方面。宏观的安全管理主要是指国家安全生产管理机构以及相关行政主管部门从组织、法律法规、执法监察等方面对桥梁项目的安全生产进行管理。它既是一种间接的管理，也是微观管理的行动指南。微观的安全管理主要是指直接参与对项目的安全管理，包括业主或业主委托的监理机构、中介组织、施工方等对项目安全生产的计划、实施、控制、协调、监督和管理。微观管理是直接的、具体的，它是安全管理思想、安全管理法律法规及标准指南的体现。

2.桥梁工程施工全面安全管理的内涵

（1）桥梁工程施工全面安全管理的概念，桥梁工程施工全面安全管理是指在现行安全生产法律、法规和项目安全目标指导下，各参与方各司其职、协同配合，构建系统的安全管理保障体系，运用行政、经济、法律、技术等一系列手段，对桥梁工程实体形成过程中影响桥梁工程施工安全的要素进行全面控制和监管，并做好事故预防和实施工程中的安全状态动态评价，及时排除不安全因素，将项目实施过程中可能出现的生命、财产损失控制在人们所能接受水平以下的状态。

（2）桥梁工程施工全面安全管理的范畴，全面安全管理不同于传统的安全管理，是全员、全要素、全过程的安全管理，管理主体涉及桥梁工程项目的各参与方，管理对象的范围更广，更强调参与方协调配合的整体效应，反映了动态控制、趋势分析的安全管理思路。其范畴主要包括以下几个方面：体系化的安全管理，全面安全管理倡导体系化的安全管理理念，即强调参与方协调配合的整体效应，站在项目整体视角，构建政府主管部门、业主、施工方、监理、设计单位全员参与和协同管理的安全管理体系，在此基础上设计系统、兼容的安全保障机制，各参与方依据项安全管理的流程，对影响桥梁工程项目安全的要素实施全面管理。全面安全管理要素涵盖的内容更广泛，不同于传统安全生产管理的针对人、物的管理，提出了施工过程影响桥梁工程安全的人、机械设备、结构与构件、施工工艺、环境五要素，将针对五要素的安全控制及其监管作为安全管理的核心内容。安全管理的主要对象涵盖工程结构、构件安全，如将实体结构或构件的位移、挠度、应力、裂缝等带来的安全性列入安全管理的对象范畴。同时，将桥梁施工安全事故预案的编制及应急管理纳入安全管理的范围。

（3）动态的安全管理，全面安全管理强调基于过程的、动态的安全管理，即以危险源的识别、安全施工方案的编制、基于要素和细节的安全控制及监管、动态安全评价、循环为主要内容，按照计划、实施、检查和处置四个步骤循环进行，并在循环过程中不断进行自我完善，以提高安全管理水平；安全管理定义中更包含了"施工过程中某一时刻的安全状态与变化趋势"的含义，相比以前的安全更增加了对施工过程的安全监控内容，据此及安全管理相关要素的状态建立评价指标体系，构建动态评价模型，通过动态评价能够更加全面地反映桥梁在施工过程中某一时刻的安全状态及其发展趋势，以便及时做出安全预警，调整安全管理方案。

（三）桥梁工程施工全面安全管理体系的维度

桥梁工程施工全面安全管理的实施，需要各参与方的协调配合，在组织、制度、文化、信息的安全保障下，对桥梁工程施工中的要素、环节进行全面管理，实现全面安全管理的目标。桥梁工程施工全面安全管理体系包含三个维度，即主体、保障体系、过程。

1.安全管理的主体

安全管理的主体是工程项目的参与者、实施者，桥梁工程施工安全管理的主体主要包括建设行政主管部门、业主单位、施工单位、监理单位勘察设计单位。建设行政主管部门既是工程项目安全管理相关制度的制定者，也是施工安全监督者、保障者。主管部门依据国家的法律法规和技术标准规范，对工程项目进行监督和管理。

业主单位既是工程项目的投资方，也是连接项目各参与方的纽带。业主要加强安全管理的意识，协调、监督各参与方行为，共同实施项目全面安全管理。施工单位是工程项目的实施者，是项目安全主要责任人，是安全管理的主要参与方。施工方要按照国家有关安全施工的法律法规、安全技术标准与规范等，对施工全过程进行安全管理。

监理单位是工程项目的监督者。监理单位不仅要对业主负责，而且还应当承担国家法律、法规规定的和建设工程监理规范所要求的责任，积极贯彻落实安全生产方针政策，督促施工单位按照有关安全法律法规，落实各项安全技术措施，有效杜绝各类安全隐患，杜绝、控制和减少各类伤亡事故，安全生产。勘察设计单位对工程项目的安全管理也有重要责任。在正式施工开始前，勘察设计单位要和施工单位进行技术交底，参与安全施工方案及专项安全方案的编制和审核，并参与重大安全事故救援等。

2.桥梁工程施工全面安全管理的保障体系

安全管理的基本保障有组织保障、制度保障、文化保障、信息保障。

（1）组织保障，桥梁施工全面安全管理工作的实施需要项目的各个参与方共同协调配合才能完成。各参与方了解相互间的联系，明确各自的主要职责和内部的岗位职责，建立起全面安全管理的组织结构，保障全面安全管理的顺利实施。

（2）制度保障，安全生产管理制度是工程施工能够顺利进行的重要保障。制订规范的安全生产管理制度能促使每个行为个体都按照制度行事，使其"一言一行"都有章可循。安全生产管理制度既规范了个人的行为，又可使得工程有组织、有计划地进行。

（3）文化保障，多年来的安全生产实践说明，造成安全事故发生的原因中，人的因素是主要问题之一，主要表现为安全意识淡薄、安全知识贫乏、安全技能不足、安全行为不规范，其中安全意识和安全行为问题尤为突出。因此，建设安全文化对于安全管理有重要的现实意义。全员进行安全文化建设教育，树立大安全观的思想，自觉遵章守纪，自律行为和规范，形成良好的安全行为习惯，有利于实现全面安全管理的目标。

（4）信息保障，安全信息是安全活动所依赖的资源，安全管理就是借助大量的安全信息进行管理。只有充分发挥和利用信息科学技术，才能使安全管理工作在社会生产现代化的进程中发挥积极的指导作用。在工程项目中，各种安全标志、安全信号就是信息，各种伤亡事故的统计分析也是信息。掌握了准确的信息，就能正确决策，就能更好地实施工程全面安全管理。

3.桥梁工程施工全面安全管理的过程

桥梁工程施工全面安全管理的过程，是参与方协同配合，依照一定的安全管理流程，确保项目的顺利实施和安全目标实现的过程。安全管理的核心工作包括危险源的识别、安全施工方案及应急预案的编制与审核、施工过程的全员全要素安全管理、安全状态的动态评价、竣工验收过程的安全管理、突发事故应急管理。

（1）危险源的识别：根据桥梁的特点及其他类似工程的经验，对施工工程中的危险源进行识别，并建立危险源清单，尽量避免或减少施工工程中可能出现的安全事故。

（2）安全施工方案及应急预案的编制与审核：在项目开工前，施工单位应编制安全施工组织设计、安全专项施工方案和应急预案。同时，监理单位要做好审核工作。

（3）施工过程的全员全要素安全管理：在施工过程中，施工方、业主（监理方）、勘查设计方、主管部门都要参与到安全管理中，共同配合、管理和控制，有效实现全面安全管理的目标。

（4）安全状态的动态评价：从全面安全管理的不确定性因素处理和动态评价考虑，对桥梁工程安全状态进行动态评价，并对安全状态的趋势进行预测，以便及时发现问题，规避风险。

（5）竣工验收过程的安全管理：在竣工验收过程中，业主（监理）应把握验收环节，加强验收的安全监管，认真审核施工方提交的竣工验收报告等相关资料，特别是安全措施和设施施工情况的相关资料，必要时应进行现场抽查、测试相关项目。

（6）突发事故应急管理：对突发事故进行应急管理，以确保事故发生后能够及时得到处理，使事故引发的人员伤亡和财产损失降到最低标准。

第二节 桥梁安全运行管理研究

一、桥梁安全运行管理及桥梁安全风险对策

桥梁运行阶段的风险（Risk）主要来自意外事故、自然灾害等。其定义为：在桥梁运行与结构相关的各个过程中出现的，对某种既定目标造成影响的不确定的事态，可称为桥梁运行的风险事态，简称为桥梁运行风险。其中，风险是指损失的概率，损失是指没有代价的消耗或失去。风险评价亦即对损失进行概率评定和价值估定。

（一）风险"超前防范"

国际著名桥梁建筑大师邓文中曾经认为，对于桥梁安全度和桥梁风险评价的问题，工程师应该考虑如何在桥梁设计寿命中确保其健康，如何以最大的成本效率来建造并在长时间内保持桥梁安全，一个成功的设计必须预计在桥梁服务寿命期内将来可能会发生的情况。另有国外专家提出："规范设定的超载系数，绝不可能达到足以防备设计时可能产生的大错误，但是许许多多的中小错误都可以用规范的超载系数来防备。"又提出："规范是分

析、设计和偏于安全的思路的结合。"实际上，国际上对桥梁风险评估的研究和分析也有很成功的经验，常用于对桥梁结构承载能力的评估和对桥梁结构损伤（缺陷）的预测。

城市桥梁工程在规划、设计、施工和运行过程中面临诸多不确定性，这种不确定性是客观存在的，不以人的意志为转移。例如，由于设计或施工缺陷、管理失误、运行环境恶化或其他自然灾害等，工程在运行过程中会面临许多不确定因素，这些因素的影响使得实际情况和工程期望的目标产生了一定的差异，也由此带来了经济、人员安全、环境、运行时间等方面不同程度的损失。特别是特大型桥梁，结构复杂庞大、涉及面广、生命周期长，很多高新技术应用其中，又在使用过程中面临诸多环境侵蚀，材料老化，荷载的长期效应、疲劳效应，以及突发灾害等风险效应因素的耦合作用，常常因此导致桥梁运行阶段桥梁结构损伤的积累和抗力衰减。一旦事故发生，生命及财产就会遭受巨大损失，同时事故所衍生的社会损失更是难以估计，所以需要针对与桥梁关系密切的特定风险关注点，结合运行期结构健康监测技术及养护管理，形成有效的风险应对策略，从而控制和降低风险水平，减少事故发生。

因此，风险"超前防范"就是通过风险识别、风险分析、风险评估、风险决策等方式，对风险实施有效控制，妥善处理损失是典型的风险管理"关口前移"的做法。风险管理的对象是"风险"，是对风险的不确定性和可能性进行管理，它最主要的作用是"超前预防"，即在风险事故发生前防患于未然，预见将来可能发生的损失，或者在风险事故发生后，采取一些消除事故隐患和减少损失的措施，避免损失扩大化。也有研究者称，风险管理工作的终点就是应急管理工作的起点。

（二）风险源的识别

桥梁风险源的识别是以这座桥梁为对象确定的，研究和发现潜在的风险事态。其风险源的识别常常可以基于经验进行判断，如进行某桥撞船风险评估，风险源的识别比较明确，即船只和桥梁结构的相互作用。但对于事件跨度比较大或比较复杂的问题，则需要借助许多其他方法完成风险源的识别工作，如灾害调查、专家咨询、系统分析等。

1. 斜拉桥的风险源

斜拉桥在运行阶段的主要风险包括钢结构损坏、斜拉索腐蚀、斜拉索振动疲劳、桥面铺装破坏、桥梁附属设施风险、冰凌灾害、台风灾害、地震灾害、基础冲刷、船撞、火灾等，如桥梁钢结构的最大风险主要表现为腐蚀失效。当大桥处于海洋氧化物环境或北方地区除冰盐环境中时，包括钢箱梁等在内的钢结构将会遭受较强的腐蚀，影响大桥的安全性和使用寿命。因此，对处于不同氯盐环境的桥梁钢构件的腐蚀失效风险都应该高度重视，尤其是像跨海大桥这类钢结构数量庞大、规模效应明显的集群工程。有些看似影响不大的管养问题，在特定的环境中均有可能进一步放大腐蚀效应。所以，养护单位应及时进行养护维修，保证大桥钢结构满足使用性能和耐久性。氯盐环境对混凝土耐久性的不利影响主要表现为混凝土碳化、钢筋锈胀。当大桥桥位区相对湿度大，季节变化明显，空气中存在一定浓度

的 CO_2 时，也就具备了钢筋混凝土碳化发生的条件；海洋环境或北方地区除冰盐环境中的氯离子含量过多，也会使氯离子渗透到钢筋，从而破坏钢筋表的面氧化膜并造成钢筋锈胀。

2. 悬索桥的风险源

悬索桥在运行阶段的主要风险包括氯盐环境下的结构耐久性、钢结构损坏、吊索振动疲劳、锚碇耐久性、桥面铺装破坏、桥梁附属设施风险、冰凌灾害、台风灾害、地震灾害、基础冲刷、船撞、火灾等。悬索桥的主要风险是其缆索系统处于大气区的干湿交替环境中，氧化、水、电化电位的作用常常引起缆索钢丝锈蚀。大桥运行过程中持续作用于钢丝的高应力状态，往往容易产生应力腐蚀而导致钢丝产生裂缝或断裂。另外，缆索在风荷载或车辆荷载等作用的振动下，极易与锚固装置产生空隙，从而使得水和腐蚀性物质侵入缆索锚固装置，导致内部拉索的电化学腐蚀破坏。

3. 拱桥的风险源

对大跨径钢管混凝土拱桥来说，混凝土脱空是此类桥梁运行期常见病害。由于钢管和混凝土两种材料的性能存在差异，在昼夜温差大、气温变化大的气候条件下，钢管和混凝土往往产生一定的脱离，尤其在拱顶上边缘比较明显。虽然有不少学者研究脱空程度对钢管混凝土极限承载力的影响，指出正常使用时的少量脱空并不影响极限承载能力，并给出容许脱空限值，但这些研究目前都是针对小型构件的，对大跨径钢管混凝土拱桥来说，这些理论仍存在一定的局限性。同时，由于管内混凝土处于密封状态，无法直观地见到脱空、麻面等缺陷，也就进一步加大了维护的难度。

4. 梁桥的风险源

现代大跨径梁式桥从上部结构的材料划分，一般分为钢梁桥、钢筋混凝土梁桥、预应力混凝土梁桥及组合梁桥等。此类桥型具有施工方便、跨越能力强、造价经济、养护方便等优点，在中国城市桥梁建设中得到越来越广泛的应用。然而，近年来，这种类型的桥梁在运行中普遍出现主跨持续下挠、腹板斜裂缝、底板裂缝等病害，此类病害也就成为困扰国内外同类桥型设计、施工及养护的主要问题。因此，此类病害也就属于运行期风险的主要关注点。大跨径梁式桥的运行风险关注点包括氯盐环境下的结构耐久性、预应力混凝土箱梁开裂下挠、钢箱梁结构损坏、桥梁附属设施风险、冰凌灾害、台风灾害、地震灾害、基础冲刷、船撞、火灾等多个方面。

（三）安全风险评估

桥梁运行风险评估是对桥梁安全工作状态的评估。桥梁运行安全最重要的是在事故出现之前预测到伤亡事故的危险性，如果不能根除桥梁设计阶段的危险因素，则可以对桥梁运行状态的风险进行评估，从而使人们识别危险程度，先行采取措施使其风险降至最低。高危行业的生产经营单位通过危险分析和风险评估，可以有针对性地采取切实可行的、有效的防范措施，并运用科学的安全评价方法，建立重特大事故模型，可以根据事故发生、发展的各个阶段，确定应采取什么样的应急措施，才有可能控制事故的发展，减少人员伤亡和财产损失。因此，对于可能发生的重特大事故中各种紧急情况所制订的应急预案，需要进一步明确应急救援体系应具备的基本条件，包括组织机构、职责、人员物资储备、培训和演习、应急行动方案等各种程序与工作要求。

依照以上风险评估的要求，城市桥梁在使用阶段的风险主要来自意外事故、自然灾害、人为破坏等情况。当然，很多在规划、设计、施工阶段埋下的风险隐患也将在使用阶段暴露出来并造成损失。在以往的体制下，使用阶段的风险损失往往都直接由桥梁业主承担，在当前桥梁管理方式由政府向资本管理体制转换的背景下，这种模式给桥梁业主带来了极大的运行风险：如何通过合理的风险评估和管理体制，降低桥梁运行期间的风险和总体运行成本，也是目前桥梁风险评估研究悄然兴起的重要原因。

在近年来发生的诸多桥梁安全事故，不但造成了严重的人员伤亡和经济损失，也给社会带来了非常恶劣的影响。因此，桥梁运行所面临的安全问题逐渐引起社会关注。尤其是2010年交通运输部发布《关于在初步设计阶段实行公路桥梁和隧道工程安全风险评估制度的通知》、2011年发布《开展公路桥梁和隧道工程施工安全风险评估试行工作的通知》及住房和城乡建设部发布《关于加快城市道路桥梁建设改造》等文件之后，这项风险评估技术已成为城市桥梁工程建设、运行过程中安全管理的重要组成部分，也成为在设计使用寿命中处理小概率损失事件或是具有高度不确定性事件最有效的预测工具。

（四）桥梁风险控制对策

风险控制是根据风险评价的结果对风险事态进行事前处理及过程控制的过程，其中包括风险决策和风险监控两部分。风险决策是根据风险评价的结果，从风险对策集合中选定合适的对策处理风险；而风险监控是指对潜在风险事态进行检测；并适时启动有关风险控制措施的过程。风险控制对策通常有以下四类：一是风险规避。风险规避是通过方案改变、参数改变消除风险的，或者是降低风险发生后可能产生的损失。从风险管理的角度看，风险规避是一种最彻底消除风险影响的方法，但可能在某种程度上会降低收益，阻碍创新。二是风险转移。风险转移是以一定的代价将某风险的结果连同对风险应对的权利和责任转移给他人，风险转移并不能消除风险，但通过第三方的介入降低了自身风险。风险转移是风险隶属性在风险决策中的体现：对某方是风险事态，但对其他风险承受者可能并不是不可接受的。保险是风险转移最为常见的形式。

三是风险缓解。风险缓解是通过某种手段将风险降低到可接受的程度，是风险管理中常用的对策。风险缓解既不是消除风险，也不是避免风险，而是减轻风险的影响，包括降低风险发生的概率或控制风险的损失。

四是风险自留。风险自留是一种由项目主体自行承担风险后果的一种风险应对策略。风险自留要求对风险损失有充分的估计。

二、桥梁现场安全管理

通常所说的"安全生产"与桥梁"安全运行"的含义是一样的，都是指生产或运行安全。广义地说，桥梁安全生产范围不仅是指生产安全，还包括消防安全、特种设备安全、道路交通安全、水上交通安全和社会公共安全等。桥梁安全运行管理就是由一系列活动构成的动态过程，每一个进程都包含不同的内容，这些内容可通过采取不同的方法来实现。因此，在桥梁安全运行管理中，首先必须明确安全管理的目标，确定工作的内容，选用正确的方法，使这一过程顺利进行，最终实现桥梁安全运行的目的。

（一）安全思想的概念

安全，顾名思义，"无危则安，无缺则全"，安全意味着不危险，这是人们长期以来总结出的一种传统认识。系统安全工程的观点认为，安全是指生产系统中人员免遭不可承受危险的伤害。安全与危险是相对的，它们是人们对生产、生活中是否可能遭受人身伤害的综合认识，系统安全工程认识论的观点认为"安全"和"危险"都是相对的。桥梁安全运行将其作为桥梁运行管理单位的一种行为，也可以认为是在组织桥梁正常运行及养护维修的过程中，为避免发生桥梁与车船损毁、人员伤害等事故而采取相应的事故预防和控制措施，以保证车辆通行和人员的安全，保证桥梁运行管理活动得以顺利进行的相关活动。危害人的安全与健康的因素有很多，包括物的因素和人为因素。对于人来说，安全的确是一个极其重要的课题。

因此，国际劳工组织每年都要召开雇员、雇主、政府三方代表参加的国际性会议，重点研究减少事故、预防灾难的对策。美国的著名学者马斯洛曾经说过，人有五个层次的需要，即生理需要、安全需要、社交需要、尊重需要和自我需要。这就是说，人类在求得生存的基础上，接下来就是谋求安全的需要，可见"安全"对于人来说是何等重要。然而危害人的安全与健康的因素有很多，这些因素归纳起来大体可以分为物的因素和人为因素两大类。一类是物的因素，主要包括机（工具）的因素和环境因素两个方面。例如，机械加工作业可能会发生绞碾或物体打击事故；化学品生产过程中往往会发生火灾爆炸或化学性灼伤事故；建筑施工作业会发生落水淹溺或船舶相撞事故；矿山井下作业可能会发生瓦斯爆炸、冒顶透水事故，等等。另一类是人为因素。管理者的失职或失误造成违章指挥，强令冒险作业或决策错误等造成事故，或者对从业人员教育培训不到位，导致误操作而发生事故。

为保证桥梁运行安全，保证桥梁正常通行，就必须加强安全管理，消除各种危险、危害因素，确保桥梁安全运行。重要的是，从系统观点抓好安全生产，提高桥梁运行各相关单位本质安全的程度。从开展桥梁安全运行管理的活动来讲，本质安全主要是指桥梁及设施、安全区域、桥下水域以及养护维修等作业过程，含有内在的能够从根本上防止事故发生的功能，即安全功能。本质安全是桥梁安全运行管理以预防为主的根本体现，也是桥梁安全运行管理的最高境界。实际上，由于技术、资金投入和人们对事故的认识等原因，在某些方面，目前还很难做到本质安全，但它必须是人们努力的目标。

系统安全化的提出始于 20 世纪 60 年代，其要旨是，在一定的生产水平状况下，通过各种可承受的经济投入与成熟的安全技术，使人—机—环境系统具有较完善的安全设计和相当可靠的管理技术从而实现它的安全可靠运行。桥梁运行相关单位的系统安全化，应包括人员、桥梁及设施、环境、运行管理等方面的安全内容。一是提高人员、队伍整体素质。以人为本，是安全管理的重要原则。这不仅是对直接从事操作的从业人员的安全要求，也是对桥梁运行相关单位的管理者、经营者和安全生产管理人员的要求。在科学技术飞速发展的今天，必须加强安全技术培训教育，迅速提高各类从业人员的安全操作水平和安全意识，使他们能严格、娴熟地掌握安全操作技能，做到不违章操作，不冒险作业。对桥梁运行相关单位的管理者、经营者和安全生产管理人员，也要加强安全生产管理知识的培训教育，使他们明确自己肩负的安全生产责任，掌握安全管理知识，做到恪尽职守，不违章指挥。通过这些工作，迅速建立起一支文化素质高、安全管理能力强的从业人员队伍。二是采取各种技术措施、管理措施，消除危险危害因素。采取各种技术措施、管理措施，切实改善劳动条件，使桥梁设施、车船通行和作业环境达到安全生产的要求，消除各种危险危害因素。特别是通过桥梁管理信息化，桥面行车及桥下水域监控，对桥梁实施检测与健康监测，保护区域施工限制等，及时消除各种危险危害因素，为从业人员提供安全操作的条件和桥梁运行安全的环境。三是采取各种组织措施，加强桥梁安全运行管理工作，努力减少、控制不安全因素，使事故不易发生。例如，制订各项安全生产规章制度和安全操作规程，建立合理的劳动组织和有序的车辆交通，使桥梁安全运行管理及养护维修等作业始终处于受控状态之下。

桥梁运行安全管理必须将人的因素放在首位，体现"以人为本"的指导思想。以人为本，其实有两层含义：一是安全生产管理活动都是以人为本展开的，人既是管理的主体又是管理的客体，每个人都处在一定的管理层面上，离开人就无所谓管理；二是在安全生产管理活动中，作为管理对象的要素和管理系统各环节，都需要人掌管、运作、推动和实施。桥梁运行安全管理的目标就是安全第一，民生优先。桥梁运行安全管理的各项工作都要围绕这个目标进行，不断强化红线意识，坚守底线思维，始终将人民群众的生命财产安全放在首位，不断提升桥梁运行安全管理水平，为人民群众提供安全、可靠、便捷的出行服务。人的生命是最宝贵的，中国是社会主义国家，社会的发展不能以牺牲精神文明为代价，不能以牺牲生态环境为代价，更不能以牺牲人的生命为代价。所以，我们要坚持"以人为本"，牢固树立安全发展的理念，坚持"安全第一，预防为主，综合治理"的安全生产方针，切实保障人民的生命和财产安全。

（二）桥梁安全运行重在管理到位

桥梁运行安全管理应当立足当前，着眼长远，完善体制机制，强化制度设计，建立健全法律法规制度，科学制定订安全管理规范体系，构建覆盖全领域、贯穿全过程的桥梁运行安全管理长效机制，为桥梁安全运行奠定坚实的制度基础。按照制订的安全管理科学规划方案，明确责任分工，注重标本兼治，切实发挥现有法规、标准、制度在城市桥梁运行安全管理中的引领、推动和促进作用，确保各项工作扎实开展，落实到位。要以问题为导向，抓住关键环节，从桥梁设施运行的质量、从业人员职业素质等影响城市桥梁运行安全的突出问题着手，建立健全安全管理制度。要以提升桥梁运行安全水平为主线，围绕运行安全管理的关键环节，积极推进法律法规建设、强化标准规范、提高队伍素质、提升应急能力、筑牢城市桥梁运行的安全基础，为推进城镇化建设和城市化进程提供强有力的城市交通保障。

桥梁安全运行管理系统是一个人造系统，这种客观实际给预防事故提供了基本的前提，即安全事故应该从源头开始预防，一直到整个过程始终都要预防事故的发生，如果每个环节都能科学、理性、细致入微地处理，事故就可以预防。因此，任何事故从理论和客观上讲，都是可以预防的。认识这一特性，对坚定信念，防止事故发生有促进作用。因此，人们应该通过各种合理的对策，努力从根本上消除事故发生的隐患，将桥梁运行事故的发生概率降到最小。与此同时，只有将"事故是可以预防的"这一理念作为武器，人们才能超越事后的、被动的传统"事故追究型"管理，进入超前的、系统的"事故预防型"管理阶段。

将安全管理挂在嘴上、写在纸上、贴在墙上是远远不够的，关键是要以实际行动抓好落实，将桥梁安全运行管理体现在具体工作中。管理不到位，再完善的系统、再先进的装备也难以发挥应有的作用。管理到位的基本要求是责任明确、制度完善、执行有力、监管严格。责任明确，就是将桥梁安全运行的责任细化，分解落实到各个层级、各个环节和各个岗位，每个人都要明确自己的具体职责。制度完善，就是要建立健全各项规章制度，将对各个环节、各个岗位的工作要求全部纳入规范化、制度化的轨道，做到有章可循。根据条件的变化和随时出现的新情况、新问题，不断修改、充实、完善规章制度，不断改进各项措施，使管理工作常抓常新，科学有效。执行有力，就是要加大贯彻执行力度，在抓落实上狠下功夫。坚持从严要求、一丝不苟，严格执行规章制度，严厉惩处违章指挥、违章作业、违反劳动纪律等行为。监管严格，就是要建立强有力的监督机制，加强监督检查。

随着科学技术的发展，新型桥梁、大型桥梁不断增多，桥梁的运行维护变得越来越复杂，桥梁安全运行管理也变得越来越重要。不断学习桥梁安全运行管理技术，有助于加深对安全管理的认识，更好地掌握安全管理理论、技术和方法，提高安全管理水平，切实做好安全管理工作。首先，要通过安全生产理论、法律法规、规范、标准的学习获得专业的安全管理知识；其次，要学习国内外先进的桥梁安全运行管理经验，更新桥梁运行维护知识，开阔视野，提高安全管理能力；最后，要从桥梁坍塌、船舶撞击等事故中去学习，吸取经验和教训，因为事故是人们违背客观规律受到的惩罚，是对各项工作进行的最公正的检查，是强迫人们接受的最真实的科学实践，避免自己重蹈覆辙。

(三)现场安全管理的五种方法

桥梁现场安全管理就是针对桥梁运行过程中出现的安全问题，运用有效的资源，通过人们的努力，进行有关决策、计划、组织和控制等活动，实现桥梁运行过程中人与桥梁设施、环境的和谐，达到桥梁安全运行的目标。当前城市桥梁的数量比以前有了较大的增长，相应地，安全管理工作任务也显得十分繁重，按照桥梁运行安全、科学、有序发展的要求，桥梁现场的养管、监理及监测等单位应采取切实有效的管理措施，完善安全管理体制机制，着力提升桥梁运行安全管理水平。

现场这个说法，有广义和狭义两种。广义上，凡是企业用于从事生产经营的场所都称为现场，如厂区、车间、仓库、运输线路、办公室及营销场所等。狭义上，现场是指企业内部直接从事基本或辅助生产过程的场所，是生产系统布置的具体体现，是企业实现生产经营目标的基本要素之一。桥梁运行安全管理的场所主要是指桥梁及相应管辖范围。桥梁运行管理的现场就是指运用科学的管理制度、标准和方法对现场各生产作业要素，包括人（作业及管理人员）、机（设备、主体构件、工具）料（原材料）、法（操作、检测方法）、环（环境）、信（信息）等进行合理有效的计划、组织、协调、控制和检测，使其处于良好的结合状态，实现安全、文明生产作业的目的。现场管理是一项综合管理，是桥梁运行管理的重要内容。现场管理以问题发生现场作为管理的对象和背景，强调对现场进行现实的检查、检测及分析，进而采取切实有效的措施以解决现场的问题。现场管理又是一个企业的形象、管理水平、服务质量控制和精神面貌的综合反映，是衡量企业综合素质及管理水平的重要标志。据有关资料统计，全国各类安全事故90%以上发生在生产现场。所以，安全工作应以现场管理为重点，而安全制度则应围绕现场管理制订，使安全贯穿于现场管理的每个环节、每个部位。

(四)安全目标管理

安全目标管理是目标管理在安全管理方面的应用，它是桥梁运行管理过程中各相关单位乃至内部每个部门、每个职工，从上到下围绕企业安全生产的总目标，层层展开各自的目标，确定行动方针，安排安全工作进度，制订和实施有效的组织措施，并对安全成果严格考核的一种管理制度。安全目标管理是根据企业安全工作目标控制企业安全生产的一种民主的科学有效的管理方法，是桥梁运行及养护维修企业实行安全管理的一项重要内容。安全目标的内容包括安全管理水平提高目标、安全教育达到程度目标、伤亡事故控制目标、作业环境达标率提高目标、现代化科学管理方法应用目标、安全标准化达标率目标、安全性评价目标等各项安全工作目标。安全目标管理的实施过程可分为四个阶段，即安全管理目标的制订、建立安全目标体系、安全管理目标的实施、目标的评价与考核。

安全目标管理又是以目标责任者为主的自主管理，是通过目标层层分解、措施的层层落实实现的。将目标落实到每个人身上，渗透到每个环节，使每个职工在安全管理上都承担一定的目标责任。因此，必须充分发动职工，实行全员、全过程参与，才能保证安全目标的达成。

三、管理作业标准化建设

《国务院安委会关于深入开展企业安全生产标准化建设的指导意见》要求，全面推进企业安全生产标准化建设，进一步规范企业安全生产行为，改善安全生产条件，强化安全基础管理，有效防范和坚决遏制重特大事故发生。同时，对企业安全生产标准化建设提出了四个方面的指导意见：一是充分认识并深入开展企业安全生产标准化建设的重要意义；二是总体要求和目标任务；三是实施方法；四是工作要求。开展安全生产标准化建设，既是规范企业安全生产行为、有效防范和坚决遏制重特大事故发生的重要举措，也是建设本质安全型企业的重要保障。

（一）管理作业安全标准化建设的意义

安全生产标准化就是通过建立安全生产责任制，制订安全管理制度和操作规程，排查治理隐患和监控重大危险源，建立预防机制，规范生产行为，使各生产环节符合有关安全生产法律法规和标准规范的要求，人—机—物—环境处于良好的生产状态并持续改进，不断加强企业安全生产规范化建设。而安全生产标准化建设就是用科学的方法和手段提高人们的安全意识，创造人的安全环境，规范人的安全行为，使人—机—物—环境达到最佳的统一，实现最大限度地防止和减少伤亡事故的目的。安全生产标准化还体现了"安全第一，预防为主，综合治理"的方针和"以人为本"的科学发展观，代表了现代安全管理的发展方向，是先进安全管理思想与中国传统安全管理方法、企业具体实际的有机结合。提高安全管理水平，预防事故，对保障生命财产安全有重要意义。深入开展安全生产标准化建设的重要意义主要体现在以下几个方面：一是落实企业安全生产主体责任的必要途径；二是强化企业安全生产基础工作的长效制度；三是政府实施安全生产分类指导、分级监管的重要依据；四是有效防范事故发生的重要手段。

（二）管理作业安全标准的种类

安全系统工程有关事故形成的理论认为，事故是由人、物、环境、管理四要素引起的，事故预防应从影响系统的四个要素，即人、物、环境、管理出发进行综合治理。根据这个理论，安全生产标准可分为基础类标准、管理类标准、技术类标准、方法类标准和产品类标准等五类。

第Ⅰ类：基础类标准。基础类标准是制订其他安全标准的依据和准则。此类标准主要是指在安全生产领域的不同范围内，对普遍的、广泛通用的共性认识所做的统一规定，在一定范围内是制订其他安全标准的依据和共同遵守的准则。其内容包括制订安全标准所必须遵守的基本原则、要求、术语、符号，各项应用标准、综合标准赖以制订的技术规定，物质的危险性和有害性的基本规定，以及材料的安全基本性质和检测方法等。

第Ⅱ类：管理类标准。管理类标准是生产、经营、科学管理的准则和规定。

此类标准是指通过计划、组织、控制、监督、检查、评价与考核等管理活动的内容、程序、方式，使生产过程中人、物、环境各个因素处于安全受控状态，直接服务于生产经营科学管理的准则和规定。管理类标准的内容主要包括安全教育、培训和考核等，重大事故隐患评价方法与分级，事故统计与分析，安全系统工程，以及人机工程和有关激励与惩处等标准。

第Ⅲ类：技术类标准。技术类标准是指在设计、施工、运行等方面提出的技术要求与实施过程中的安全要求，而为达到这些要求，可作为所需制订的技术标准的总称，如民用爆破器材工厂设计安全规范、建筑设计防火规范等。

第Ⅳ类：方法类标准。方法类标准是对技术活动的方法所做出的规定。安全生产方面的方法标准主要包括两种：一种以试验、检查、分析、抽样、统计、计算、测定、作业等方法为对象制定的标准，如试验方法、检查方法、分析方法、抽样方法、计算方法、测定方法、设计规范、工艺规程、作业指导书、操作方法等。另一种是为合理生产优质产品，并在生产、作业、试验、业务处理等方面为提高效率而制订的标准，如安全评价通则、安全验收评价导则，安全现状评价导则等。

第Ⅴ类：产品类标准。产品类标准是对某一具体安全设备、装置及其安全要求所做的技术规定。它是在一定时期和一定范围内具有约束力的技术准则，是产品生产、检验、验收、使用、维护和洽谈贸易的重要技术依据，对保障安全、提高生产和使用效益具有重要意义，如桥梁健康监测系统等。

（三）管理作业安全标准化的基本要求

城市桥梁运行管理相关单位开展安全生产标准化工作，应遵循"安全第一，预防为主，综合治理"的方针，以隐患排查治理为基础，采用"策划—实施—检查—改进"动态循环的模式，依据相关标准的要求，结合自身特点，建立并保持桥梁安全生产标准化系统；通过桥梁安全检查、自我纠正和自我完善，建立安全绩效持续改进的安全生产长效机制。

1.健全桥梁安全运行机制

桥梁是重要的城市基础设施，桥梁监管机构要将城市桥梁安全管理工作作为保障人民群众生命财产安全、维护社会和谐稳定、促进经济社会健康发展的一项长期重要任务。每个城市不同地区应统一领导，完善组织管理和应急处置工作体系，明确具体部门牵头负责，统筹协调，形成合力。同时，与公安等相关部门沟通协调，建立工作协调机制，明确工作职责和流程，建立联席会议等工作制度。桥梁监管机构和运行养管企业应提前介入规划与建设环节，形成安全管理工作合力，全面保障桥梁运行安全。为开展桥梁安全标准化建设、桥梁运行风险防范、桥梁运行安全评估等工作，可考虑组建中间机构和安全管理技术专家队伍，为桥梁安全标准化建设提供技术服务。

2.夯实桥梁安全管理基础

桥梁监管机构和运行养管企业等应及时识别与获取适用的安全生产法律法规、标准规范，形成以法律法规为龙头、部门规章为基础、规范性文件为补充的桥梁运行安全管理体系。必要时，与国内外相关安全标准化管理机构合作，便于形成桥梁运行安全标准制定、修订工作机制，使桥梁运行安全标准的制订、修订工作更加科学、高效、公开、透明。

3.例行桥梁安全检查制度

例行桥梁运行安全管理的监督和检查制度，制订考核管理办法，实现考核工作制度化、规范化，形成管理有效的责任制和监管机制。通常，经常性检查每月不少于一次，汛期应增加检测频率，通过检查尽早发现桥梁重要部位的异常；定期检查是确定桥梁安全技术状况的全面检查，一般每隔三年应不少于一次，可以将这样的检查打包，委托专业桥梁检测单位实施；特大、特殊结构和特别重要桥梁的定期检查，每隔一年不应少于一次，也应委托专业桥梁检测单位实施。同时，根据检查结果，桥梁监管单位应按规定做好桥梁技术状况的复核工作，并及时查清相关桥梁病害的成因、破损程度和承载能力等，提出对这些病害的治理措施。

4.制订应急预案，做好应急保障工作

桥梁监管机构和运行养管企业等单位要按照国家处置城市桥梁突发事件应急响应的有关要求，针对自然灾害和其他原因可能造成的桥梁运行安全事故，结合城市桥梁特点，制订完善应对各类突发事件的应急预案，建立完备的应急预案体系。加强对工作人员的应急培训，组织开展应急演练，对演练中发现的问题及时进行整改，全面提升应急处置能力。针对城市桥梁运行突发事件特点，结合应急预案的要求，建立交通、公安、消防、卫生等部门门的联动机制，储备相应应急物资和装备。城市桥梁监管机构和桥梁养管等单位也应建立相应的专业应急救援队伍，配齐应急人员，完善应急值守和报告制度，保障城市桥梁运行安全。

5.实行桥梁养护等级划分处置制度

根据桥梁技术安全状况评定结果，宜按桥梁完好状态等级采取不同的养护管理措施。一般情况下，A级桥梁属于完好状态，可进行正常保养；B级桥梁属于良好状态，可进行小修，并应及时修复轻微病害；C级桥梁属于合格状态，宜进行中修，酌情进行交通管制，并及时修复或更换较大损坏构件；D级桥梁属于不合格状态，应进行中修或大修，并及时进行交通管制或封闭交通；E级桥梁属于危险状态，应及时封闭交通，进行大修、加固或改建。通常对多年病害多发的桥型，应加大养护和改造力度。对低荷载、浅基础桥梁和宽路窄桥等，应加强桥梁适应性评价，逐步提高安全运行能力。对高烈度地区的桥梁，应逐步有序提升防震能力，力争实现"大震不倒，中震可修，小震不坏"。

6.规范养护维修作业安全操作流程

桥梁养护维修单位应根据现场作业的实际情况，按照有关标准和企业内部的规定，在有较大危险因素的作业场所，设置明显的安全警示标志或设置警戒区域，进行危险提示、警示，告知危险的种类、后果及应急措施。

7. 实施重大危险源监控

依据有关标准对桥梁重大危险源和危桥进行辨识与安全评估，及时登记建档，并按规定备案。同时，建立健全重大危险源和危桥安全管理制度，制订重大危险源和危桥的安全管理技术措施。

8. 隐患排查与挂牌督办

为有效防范和减少桥梁安全事故，桥梁监管单位在组织桥梁安全隐患排查前应制订排查方案，明确排查目的和范围，选择合适的排查方法。确定排查方法的依据如下：有关安全生产的法律法规、设计规范、管理标准、技术标准以及安全生产目标等。同时，在平时抽检和例行检查的基础上，根据桥梁安全隐患严重程度和养管状况，建立桥梁安全隐患分级挂牌督办制度。运用桥梁健康监测技术实施安全预警，同时建立体现桥梁安全运行状况及发展趋势的预警指数系统。通常对存在重大安全隐患的桥梁，住房和城乡建设部将结合年度长大桥抽检巡查情况进行挂牌督办；对存在一般安全隐患的，由省级建设主管部门进行挂牌督办。桥梁养管单位要按照挂牌督办的要求，及时整治和报告隐患整改情况，严防桥梁安全运行事故发生。桥梁监管单位要强化对整改情况的全过程监督，做到隐患不消除，挂牌不取消，督办不停止。

四、安全文化建设

安全文化伴随人类的出现而产生，伴随人类社会的进步而发展。安全文化的概念第一次出现在1991年国际原子能机构编写的《安全文化》中——"安全文化是存在于单位和个人中的种种素质与态度的总和"。1993年国际核设施安全顾问委员会（ACSNI）进一步阐述了安全文化的概念："安全文化是决定组织的安全与健康、管理承诺、风格和效率的那些个体或组织的价值观、态度、认知、胜任力以及行为模式的产物。"

（一）安全文化的定义

在中国桥梁安全运行的实践中，人们发现，要预防桥梁事故的发生，仅有安全技术手段和安全管理手段是不够的。以当前的科技水平还达不到物的本质安全化、桥梁结构等设施设备的危险无法从根本上避免。但越来越多的人认识到，安全管理虽然有一定的作用，但是安全管理的有效性仍然依赖于对被管理者的监督和他们的反馈。安全工程师海因里希（W.H.Heinrich）调查了大量的工业事故，统计得出，工业事故发生的直接原因98%可以归纳为人的不安全行为（88%）和物的不安全状态（10%），人的不安全行为是事故发生的重要原因，大量不安全行为必然导致事故发生。因此，我们需要安全文化手段予以补充。安全文化手段的运用，正是为了弥补安全管理手段不能彻底改变人的不安全行为的先天不足。而安全文化就是通过对人的观念、道德、伦理、态度、情感、品行等深层次的人文因素的强化，利用领导、教育、宣传、奖惩、创建群体氛围等手段，不断提高人的安全素质，增强其安全意识，改正其不安全行为，将人们从被动地服从安全管理制度转变成自觉主动地按安全要求采取行动。

（二）安全文化的层次

安全文化的整体结构由四个层次构成，四个层次相互联系、相互影响、相互渗透、相互制约。其中，安全物质文化是基础，安全精神文化是核心和灵魂，作为中介的安全行为文化和安全制度文化是安全精神文化通向安全物质文化的桥梁与纽带。

一是安全物质文化层：安全物质文化是为保证人们的安全生活和安全生产而以物质形态存在的条件、环境和设施的总和，或者说能够满足人们安全需求的各种物态要素或物质财富的总称。它们是安全文化的物质载体，居于安全文化的表层或最外层。安全物质文化是安全文化的根本保障和基础。

二是安全行为文化层：安全行为文化是在安全精神文化和安全制度文化指导下，人们借助一定的安全物质文化，在生活和生产过程中的安全行为表现，居于安全文化的中间层。行为文化既是精神文化和制度文化的反映，同时又反作用于精神文化和制度文化。

三是安全制度文化层：安全文化中一切制度化的法规、法令、标准及社会组织形式，作为安全文化中重要的、带有强制性的组成部分。安全制度文化是协调生产关系以及规范组织和个体行为的各项法规制度，居于安全物质文化和安全精神文化之间，是安全文化的中间层次，发挥协调、保障、制约和促进的作用。

四是安全精神文化层：安全精神文化居于安全文化的内层或最里层，是指全体成员共同遵守，用于指导和支配人们安全行为的，以价值观为核心的意识观念的总称，是安全文化的核心和灵魂。作为安全、文化的核心，安全精神文化对安全制度文化、安全行为文化和安全物质文化起着主导和决定性作用。

（三）安全文化的内涵

安全文化是人们在长期安全生产活动中形成的或有意识塑造并为人们接受和遵循的，具有企业特色的安全思想和意识、安全物态及环境条件、安全作风和态度、安全管理机制及安全行为规范。安全文化是多层次的复合体，具体内容应包括保护职工从事生产经营活动中的身心安全与健康，既包括无损、无害、不伤、不亡的物质条件及作业环境，也包括职工对安全生产及经营活动的安全意识、信念、价值观、经营思想、道德规范等精神因素。安全文化应以人为本，提倡科学发展、安全发展，以提高职工安全文化素质为目标，形成群体和企业的安全价值观。如果要使职工建立起安全自护、互爱、互救、应急的安全文化体系，以安全为荣，那就应当在职工的心灵深处树立起安全行为规范、安全与健康奋斗目标。

(四)安全文化的功能

安全文化的功能主要表现有凝聚功能、导向功能、激励功能、约束功能、协调功能。

1. 凝聚功能

安全文化是大家的共识,它体现了一种强烈的整体意识,并具备凝聚功能。具体地说,全体成员在安全观念、目标和行为准则等方面保持一致,有利于形成强烈的心理认同力量,能表现出强大的凝聚力和向心力。

2. 导向功能

安全文化具有感召力,通过教育培训、手段和安全氛围的烘托,安全价值观、安全目标在全体成员中可以达成共识,并以此引导人们规范安全行为,指引人们向既定的安全生产目标前进。

3. 激励功能

始于领导层对安全文化的重视,特别是组织安全操作活动竞赛,对优胜者进行奖励等,对员工来说,这自然而然地会成为一种无形的激励,激发他们积极开展安全生产的活动。

4. 约束功能

若违反安全文化的道德规范和行为准则,必然会受到群众舆论和规章制度的约束。同样,当置身于已经达成共识的安全文化氛围中时,职工个人也会产生自我安全意识,形成内在的自我约束。

5. 协调功能

安全文化的形成,使人们对达成安全共识有共同的价值观、态度和信念,这不仅便于相互沟通,也便于团结协作。另外,安全文化也能成为协调矛盾的尺度或准则。

(五)安全文化建设的内容

安全文化建设是企业安全管理中高层次的工作,是实现零事故目标的必由之路,是超越传统安全管理方法来解决安全生产问题的根本途径。因此,桥梁运行养管企业应紧紧围绕"安全—健康—文明—环境"的理念,采取管理控制、精神激励、环境感召、心理调适、习惯培养等一系列方法,推进安全文化建设的深入发展,同时又丰富了安全文化内涵。桥梁运行养管企业安全文化的建设应充分考虑自身内部和外部的文化特征,引导全体员工规范安全行为,以实现在法律和政府监管要求之上的安全约束,并通过全员参与提高桥梁运行安全管理水平。安全文化建设的基本要素为安全承诺、行为规范、激励制度、信息传播、教育培训。安全承诺是由企业公开做出的,代表全体员工在关注安全与追求安全绩效方面具有稳定意愿的明确表示。这个意愿的内容应包括安全价值观、安全愿景、安全使命及安全目标等,而安全承诺的含义应清晰明了,能被全体员工和相关方面知晓理解。

综合利用各种传播途径和方式,提高安全信息传播效果。因此,企业应优化安全信息的传播内容,可将有关安全实践的经验作为主要信息传播内容,对涉及安全事件的信息传播要求真实、开放，同时也可从他人处获取信息或向他人传递信息。

第三节　桥梁养护管理研究

桥梁加固是改善桥梁受力性能以及提高桥梁局部或整体承载能力的技术措施。桥梁加固应以保持原结构受力体系为原则，如确需改变原结构受力体系，需要进行严格的结构分析与验算。当加固仍不能满足要求时，可进行桥梁的部分或全部拆除重建。

一、桥梁加固的原则

桥梁加固是一项十分重要而又极具专业性的工作，要求将专业基础理论与桥梁病害情况有机结合在一起，需要考虑多方面因素。从某种意义上说，无论是加固方案的拟订与设计计算，还是具体实施，难度往往比新建桥梁大很多。

一般桥梁加固是针对Ⅲ~Ⅴ桥梁的，或者是需要临时通过超重车的桥梁，有时也可以与桥梁拓宽、抬高等技术改造工程同时进行，以满足并适应城市交通发展的需要。加固措施所涉及的内容很广，包含桥梁检测鉴定、设计计算、加固方案比较选择以及经济效益的优化等方面。所以，桥梁加固工作从开始至实施阶段还应遵循以下原则。

（一）结合现场条件，制订加固技术方案

桥梁加固前，应对原结构受力体系的承载能力、使用性能进行全面鉴定，对桥梁结构的各种病害、缺陷等实际状况进行客观准确的把握和评价，并分析桥梁结构病害的原因。设计时的分析计算模式、材料性能指标应尽量与实际保持一致，制订加固实施方案应充分考虑对既有交通的影响，使其具有较强的可操作性，而所采用的施工工艺、设备机具应与现场条件相结合。

制订加固方案时，应首先考虑温度变化、地基沉降、腐蚀及振动等因素对桥梁结构耐久性及使用性能的不利影响，并适当考虑交通流量增大、超重超载车辆及施工荷载等因素对结构受力的影响以及对其可能造成的损坏提出对策措施，避免这些不利因素再次影响桥梁加固的效果，消除各种隐患。同时，根据桥梁结构的实际状况、历史变迁、荷载变异、功能要求．加固效果、交通状况、施工条件及资金投入等方面的因素，经比较、论证，优中选优，最终确定加固技术方案。

（二）采取有效措施，防止对结构造成新的损害

桥梁加固过程中，如果发现原有结构或构件存在新的缺陷等问题，应立即停止施工，并会同设计、监理单位采取有效措施，防止对原有结构造成新的损害。对于可能存在倾覆、失稳、滑移、倒塌的结构，应采取有效的临时加固措施，防止在加固期间产生新的病害或

损伤。此外,应尽量不损伤既有结构,保留其具有利用价值的部分,避免不必要的损伤、拆除或更换。

(三)满足安全性、可靠性、耐久性要求

与此同时,桥梁加固还应考虑新旧结构的强度、刚度与使用寿命的均衡和匹配,尽可能保证新增加的截面和构件与原有结构能够可靠地协同受力,有序加固,共同承担外荷载,满足结构安全、可靠、耐久的要求。一般来说,在这项加固过程中,结构受力形式,荷载大小及作用位置等都在不断变化,因此,桥梁加固工作必须依据加固技术与工艺设计的要求,尽量减少作用在原有结构上的施工荷载,避免在某个阶段产生过载现象,导致对原有结构造成新的损害。

二、桥梁加固的常用方法

桥梁加固可采用多种方法,一般应根据旧桥的实际状况、承载能力下降的程度以及日后交通量而定。但不论采取哪种加固方案,都应考虑投资省、工效快、交通干扰小、技术可行、安全可靠和有较好耐久性等方面要求。若采用扩大或增加桥梁构件断面的方法加固,应考虑增加断面的部分与原有部件的结合效果。如果通过这种维修加固的桥梁仍达不到车辆交通的要求,则必须考虑桥梁部分或全部改造重建。

(一)上部结构加固方法

桥梁上部结构常用的加固方法通常包含增大构件截面加固法、粘贴加固法、体外预应力加固法、改变结构体系加固法、增设承重构件加固法等,而如果是拱桥,可根据其受力特点采取顶推法等专门的加固方法。

1.增大构件截面加固法

增大构件截面加固法又称为"外包混凝土"加固法,即通过增大混凝土构件的截面、增加配筋以及提高配筋率等加固方法提高桥梁的承载能力。该方法既可加固梁式桥,也可加固拱式桥,并按构件的截面可分为单侧、双侧、三侧或四周外包加固;根据加固目的和要求的不同,还可以分为以增大断面为主或增加配筋为主的加固。

一般说来,增大构件截面是中小跨度桥梁常用的加固补强方法之一,其优点是可以提高结构承载能力、增大结构刚度,缺点是恒载增加较多、新旧材料的受力性能可能会存在差异。增大截面的途径包括增加受力主筋、增加混凝土断面、加厚桥面铺装层和喷射混凝土加固等几种方法。

(1)增大梁肋断面加固。有相当一部分既有桥梁属于多梁式结构,如装配式T梁桥、钢筋混凝土肋拱桥等。对于这些桥梁的加固,通常是将梁肋的下缘加宽,扩大截面,并在新增混凝土截面中增设受力主筋与箍筋,以提高混凝土梁(肋)的有效高度和抗弯承载力。

（2）加厚桥面铺装层加固。将原有桥面铺装层拆除，重新铺设一层钢筋混凝土补强层，用以增加主梁的有效高度和抗压截面、改善桥梁荷载横向分布性能，从而提高桥梁整体承载能力。这种方法会使桥梁自重和恒载弯矩增加较多，可能造成既有结构下缘受拉钢筋的应力超出规范的限值，所以这种方法只适用于跨径较小的 T 梁桥或板梁桥。

（3）喷混凝土加固。当既有梁体截面过小，下缘应力超过规范允许值而使其出现裂纹，且桥下净空又允许时，宜借助高速喷射机械，将新混凝土连续地喷射到已锚固好钢筋网的受喷面上，凝结硬化而形成钢筋混凝土。通过增大梁体受力断面与增加受力钢筋数量的技术手段，加强桥梁结构的整体性，实现提高桥梁承载能力的目的。

2.粘贴加固法

当桥梁结构构件的抗弯、抗剪能力不足，受拉部位开裂时，可以采用环氧树脂胶黏剂将钢板、钢筋及纤维布等材料，粘贴到钢筋混凝土结构构件的受拉缘或薄弱部位，使之与原结构形成整体，用以代替需增设的补强钢筋。此法可实现增强结构的抗弯、抗剪能力，改善结构的受力状态，以防止结构裂缝进一步扩展。

（1）粘贴钢板加固。根据混凝土构件受力部位的应力状态，选择粘贴钢板加固的形式。一种是沿主钢筋方向或分布钢筋方向单个方向的加固，采用带状钢板加固的形式；另一种是沿主钢筋方向和分布钢筋方向同时加固，采用板状钢板加固的形式。粘贴钢板的用量可通过换算成钢筋用量的方法获得，如果计算求得的钢板厚度很小，一般最小厚度宜取 4.5 mm。粘贴钢板加固的优点是施工简便、周期短；粘贴时所占空间小，不减桥下净空；加固的部位、范围与强度可视需要灵活设置，可在不影响或少影响交通的情况下作业。其缺点是黏结剂的质量及耐久性是影响加固效果的关键因素，应充分重视；另外，钢板容易锈蚀，应做好防锈处理。

（2）粘贴钢筋加固。粘贴钢筋加固常用于中小桥的加固。由于与粘贴钢板可以互换，一般加固工程应用较少。其优点主要是与结构物粘连性能较好，加工成型容易，加固效果明显；缺点是与粘贴钢板相比，加固可靠性稍差，耐久性有所不足，故宜依据其自身的特点合理运用。

（3）粘贴碳纤维布加固。粘贴碳纤维布加固是一种新型的结构加固技术，它是利用树脂类黏结剂将碳纤维增强复合材料（CFRP）粘贴在混凝土构件表面，粘贴时应沿构件主拉应力方向（或与裂缝正交方向），两端应分别设置锚固端，可以约束裂缝的扩展。当结构荷载增加时，碳纤维布因与混凝土协调变形而共同受力，从而提高混凝土构件的承载能力与刚度，对构件起到加固作用。碳纤维的拉伸强度一般为 2 400~3 400 MPa，与普通钢板相比，具有拉伸强度高、自重小、化学结构稳定的特点。碳纤维布补强加固施工方便，无须任何夹具、模板，能适应各种钢筋混凝土结构外形，但也存在难以改善原有结构的应力状况、减弱钢筋塑性对构件延性产生的影响、黏结剂耐久性不足等问题。

3.体外预应力加固法

桥梁使用应力过大，混凝土梁体容易产生开裂，并可能产生过大的下挠变形，而采用体外预应力加固法对其进行加固，是按照预应力的原理，在预应力拉杆或钢束的张拉作用下，对混凝土梁的受拉区施加一定的初始压应力，尽量减少混凝土应力对该受拉区的影响，避免梁体再受力开裂，以改善桥梁使用性能及耐久性。体外预应力拉杆加固，又可根据加固对象的不同，分为水平拉杆加固、下撑式拉杆加固和箱梁体外预应力加固三种形式。

一是正截面受弯的构件采用水平拉杆进行加固，这种加固方法能提高构件的抗弯能力，如可在预应力混凝土T形梁或工字梁断面的受拉侧安装水平拉杆，通过紧销螺栓实施横向张拉，这样拉杆内可以产生较大纵向拉力，此刻梁体下缘受拉区受到拉杆预应力的作用，梁的挠度将逐渐减小，原有的裂缝也随之缩小。二是使用下撑式拉杆对斜截面受剪，正截面受弯的构件进行加固。这种加固方法能同时对受弯构件的抗剪、抗弯强度起到补强作用。

三是箱梁体外预应力加固。这是针对箱梁抗弯和抗剪强度不足、主拉应力过大而采用的一种加固技术，可有效解决预应力连续箱梁跨中区段梁体开裂等问题。

4.改变结构体系加固法

改变结构体系加固法是通过改变桥梁结构的受力体系，以减少梁的内力或应力，提高承载能力的一种加固方法，其加固效果较好，特别适合用于解决超重车辆的临时通行。通常桥梁改变结构体系都会在桥下操作，所以采用这种加固方法，还必须考虑尽量减少对桥下船舶通行和排洪能力的影响。下面简单介绍三种常用的加固方法：

（1）简支梁的连续加固。根据简支梁与连续梁的特征，增加纵向钢筋，将简支梁与简支梁连接转换成连续梁，或将多跨简支梁转换成多跨连续梁，或将多跨简支梁改造成桥面连续体系，从而减小原桥梁跨中截面的弯矩和挠度值，改善多跨梁桥的受力特性。

（2）增设加劲梁或叠合梁加固。该加固法的力学计算，应根据被加固的结构体系转换形成的新受力状态，得出计算图式，并通过补强计算。而在实际运用中，桥梁结构的受力体系比较复杂，各结构部分之间存在多种多样的联系，而决定每个部分联系性质的主要因素是结构的刚度比值。所以，为了获得简明的计算图式，可依据相对刚度大小，将桥梁的结构受力体系分解为基本部分和附属部分，分开计算其内力，如分成主梁与次梁、主跨与附跨，并考虑略去结构的次要变形。

（3）增设八字撑架加固。原有主梁下增设八字形斜撑做支承。斜撑为型钢或钢筋混凝土预制构件，其下端支承在桥墩上或承台顶面，上端支承于梁底，中部有时可加设托梁。如果通过设计计算，增设八字形斜撑仍不能满足桥梁加固所要求的承载能力，还可采取对原有主梁增设主筋或增厚桥面板等措施。

增设八字形斜撑时，对主梁支撑点的位置选择应适当、合理。若原结构为简支梁，则新增设支撑点的位置应考虑恒载与活载组合作用不得超过主梁上缘配筋容许的负弯矩，单跨梁则按三跨弹性支承连续梁进行验算；若原结构为连续梁，该支撑点的位置应通过计算确定，且控制主梁在增设支撑点的负弯矩与原有主梁由恒载产生的正弯矩相近，使每个截面工作时的应力小于容许应力值。而此时的恒载宜按原有结构受力体系计算，活载应按原有结构与八字形斜撑组成的受力体系进行计算。

5.增设承重构件加固法

当桥梁承载能力不能满足要求，但梁体结构基本完好，桥梁墩台、地基又具备足够的承载能力时，可考虑采用增设纵梁或横梁的加固方法，以提高原有桥梁的荷载等级，该方法对于活载内力占总内力比例较大的中小跨度梁桥、拱桥，具有比较明显的加固效果与经济优势。

（1）增设纵梁加固。增设纵梁加固的方式可根据原结构承载能力、加固需求及施工条件等综合考虑。一般情况下，对普通钢筋混凝土梁桥，可以利用原结构设置悬挂模型板，现场浇筑新增加的纵梁，也可以安装预制纵梁。预应力钢筋混凝土梁桥因无法在桥上进行张拉，所以新增加的纵梁也应先预制，后安装。

（2）增设横梁加固。增设横梁的方法常用于因横向整体性差而降低了承载能力的梁桥，或受力整体性较差的双曲拱桥、桁架拱桥。增设横梁可以使各纵梁之间增强横向联系，改善荷载横向分布。其加固特点是需要在纵梁上新增横梁的部位钻孔，并设置贯通桥梁宽度的连接钢筋，而连接钢筋的两端应采用螺帽锚固在纵梁上，并采取必要的防护措施。之后，悬挂模板浇筑混凝土，便形成了新旧纵、横梁相互间的受力整体。

6.其他加固方法

根据桥梁结构受力特点、病害特征，还可采取其他加固方法，如拱桥顶推加固法、钢管混凝土加固补强、改桥为涵加固法。

（1）拱桥顶推加固法。拱桥顶推加固是调整拱轴线及压力线的有效方法。当桥台水平位移过大，致使拱顶下沉，拱顶下缘和拱脚截面上缘出现裂缝，拱轴线严重偏离设计轴线时，可考虑采用此法。考虑采用拱桥顶推加固的同时，还应确认桥台变位已经稳定，否则要先行加固桥台；其次进行试顶、试演，办理相关断道、断航手续划出作业区，确保作业安全。

（2）钢管混凝土受混凝土材料、施工工艺、温度变化及混凝土收缩等因素的影响，经过一段时间后，钢管与管内混凝土之间会出现缝隙，导致钢管混凝土实际受力状况与设计要求不符，从而产生安全隐患。对此，常采取化学灌浆处理措施，以恢复钢管与管内混凝土密贴状态，确保管内混凝土的密实性。

（3）对市区内有些跨径较小的混凝土桥梁，在不影响泄洪能力的情况下，也可采用改桥为涵的加固方法。原结构受到涵洞填充物的连续支承，承载能力会大幅度提高。涵洞的形式可视具体情况，采用圆管涵、拱涵或箱等形式。

（二）选择加固的几种情况

考虑桥梁加固的内容及范围，应根据桥梁评估结论并通过充分比较，才能决定是否需要采取加固措施。通常情况下，加固措施可分为一般性维修加固和结构性加固。一般性维修加固包括加厚桥面铺装层、油漆涂装、裂缝封闭与灌浆处理、支座更换等，这些也是桥梁养护的日常内容，其目的是保证桥梁结构的使用性能和耐久性能不受大的影响。结构性加固包括地基基础及上部结构的加固等，一般用于弥补桥梁结构先天缺陷，恢复受损构件的承载力或使其满足新的使用条件下的功能要求。

当加固费用比新建费用节省一半时，应优先考虑加固。一般确定桥梁加固可以包括整座桥梁，也可以是指定的区段或特定的构件，同时要求加固技术可靠、耐久，养护方便。若发现以下几种情况宜考虑采取加固措施。

1. 桥梁承载能力不足

按照现行通行车辆荷载进行验算，并采用实际计算应力与容许应力比较分析的方法，即若实际荷载作用下构件所产生的计算应力大于材料实测容许应力时，则需要加固；反之，则仅采用维修养护措施即可。

2. 桥梁局部损坏

桥梁因车辆超载局部产生破损，若破损严重，已不能满足承载要求时，应尽早对个别受损构件进行加固；若破损不严重，对正常车辆通行影响不大，则对受损构件进行维修即可。

3. 车辆通行能力不足

现代城市交通量日益增长而造成桥面宽度不够，影响车辆通行能力时，宜考虑采取拓宽的加固形式，满足通行能力的要求。

4. 结构使用性的影响

桥梁局部或整体刚度不足，已影响正常使用时，可采取提高桥梁刚度的加固措施，改善桥梁结构的使用性能。

5. 战争或自然灾害的影响

因战争或遭受特大自然灾害，受损桥梁需要进行抢修，以及为保证重车临时通过桥梁时的安全，需要对桥梁采取临时加固措施。

6. 保持路段内载重一致

为了使整条路线上或一个路段内桥梁的承载能力保持一致，对个别载重能力较低的桥梁，应按当前载重要求进行加固。

桥梁加固是一项探索性、实践性、技术性很强的工作，需要在实践中不断积累经验，总结分析后期桥梁运行效果，采取更科学、更适用的方法实施桥梁加固。

（三）下部结构加固方法

桥梁的承载能力是否满足正常运行的需求，不仅与上部结构的技术状况有关，也与桥梁重要组成部分的下部结构有关。而桥梁下部结构主要包括墩台和基础，这两部分结构将直接承受上部结构的恒载与活载作用,并将荷载传递到基础。因此,桥梁下部结构的技术状况同样也直接影响桥梁的承载能力与桥梁的正常运行,且部分桥梁有些病害还是下部结构的原因引起的。

桥梁下部结构的加固技术,一般采用对墩台的补强、限制,减小墩台的位移,或增加基础的承载能力,如采取加桩、增大基础面积等措施。如果墩台和基础结构技术状况特别差,或加固的施工工艺复杂、把握性不大,工程经费又较高,则不宜考虑加固利用。

1. 扩大基础加固法

扩大基础加固即为桥梁扩大基础底面积的加固方法。该方法适用于桥梁基础承载能力不足或基础埋深不够,而且砌筑的墩台为刚性实体基础。通常情况下,地基的承载力满足要求,而发生的缺陷或病害仅是基础不均匀沉降变形过大引起的,宜采用扩大基础底面积加固的方法,所需扩大基础底面积的大小应根据地基变形计算确定。

2. 增补桩基加固法

桥梁桩基深度不够或水流冲刷过大等造成墩台倾斜、沉降或船舶、漂流物撞击而导致桩端头损伤,在此情形下,采用增补桩基加固是一种比较有效的加固方法。加固时一般是在原基础周围补加钻孔桩(或打入钢筋混凝土预制桩、钢管桩),扩大原承台和基础,并牢固结合,以此提高基础承载力,增强稳定性。

3. 人工地基加固法

桥梁基础的天然地基松软,不能承受很大荷载,或上层土壤承载力足够,但深层存在软弱土层时,可采用人工地基加固法,常用的方法有静力压浆加固、高压旋喷注浆加固等。静力压浆加固。该方法一般采取向墩台中心处斜向钻孔或打入压浆管,并通过管孔,在一定压力下将水泥浆或化学浆等注入土层中,待浆液凝固,原有松散的土固结,结成具有一定强度和防渗性能的整体或把岩石中存在的裂缝堵塞。此法按静力压浆的作用可分为填充压浆、裂缝压浆、渗透压浆与挤压压浆四类;高压旋喷注浆加固。目前,高压旋喷注浆加固的用途比较广泛,而且地基加固的质量可靠、效果好,已逐渐成为常用的地基处理方法之一。该方法最大特点是将钻机的旋喷注浆管置于设定的地基加固深度,借助注浆管的旋转和提升运动,在注浆压力的作用下,通过注浆管的压力喷嘴,将一定比例的浆液喷入土体,使得土和浆液搅拌成混合体,固结后便与原土基结成整体。

4. 桥墩箍套加固法

桥墩因承载能力不足、水流冲刷,以及地震、火灾、船舶和漂流物撞击等造成的损坏,宜采取外围浇筑钢筋混凝土箍套加固补强,箍套的厚度一般不宜小于10~15 cm,并通过内部植入钢筋、布设化学锚栓与原结构形成整体。

5. 桥台帽梁拓宽加固法

有时需要对桥梁进行拓宽,而随着桥梁上部结构的拓宽,下部结构中的桥墩、桥台也要随之加宽加大。当原有桥梁结构布置桥台或盖梁,常常采取接长盖梁的做法,如果盖梁的接长范围较大，则应在盖梁前后及侧面布设体外预应力筋，盖梁接长部分的内部需加密钢筋网，并设置螺旋钢筋网、钢板等预埋件。

三、旧桥拆除作业

目前桥梁工程界在桥梁拆除设计理论、施工方法和技术方面已积累了一定的经验，特别是近年来，随着对静态切割技术（绳锯切割、碟式切割、墙体切割等）、破碎技术（高压水枪、静态爆破、液压破碎锤和液压破碎镐等）、顶升技术（电动和气动液压千斤顶、连续千斤顶、大吨位千斤顶等）和吊装技术（缆索吊装、桥面吊架、大吨位汽车吊和履带吊等）的研究、开发利用，一些新型的可用于桥梁拆除的施工工艺不断涌现，具有较高业务素养的拆除队伍也在逐渐成长。

合理利用已有的新兴工艺和技术，组织专业施工队伍进行桥梁拆除施工以及提升科学拆除各类桥梁的能力势在必行。

通常来说，旧桥只有在结构和功能上同时无法满足使用要求时才考虑拆除。桥梁拆除首先要保证的应是结构受力上的安全。梁桥、板桥、拱桥、吊桥、组合体系桥（斜拉桥、悬索桥）等不同类型的桥梁受力不一，拆除方法也因此各异，即使是同种桥型，其拆除方案也可能不同。这主要是由于旧桥梁本身结构和功能还在发挥作用，其赋予的关联和影响因素诸多，需要具体问题具体分析。如何克服旧桥拆除过程中的复杂影响因素，确保拆除过程安全是选择桥梁拆除方案必须考虑的。

（一）旧桥拆除方案设计

旧桥梁的拆除作业是一项技术较复杂、危险性高的施工作业，从事拆除作业的施工单位或人员应具有拆除施工经验。拆除方法的选用应根据城市桥梁所处的地理位置、桥梁结构类型、拆除方案的可操作性、作业安全性、环境影响及经济性等情况进行筛选，并应进行拆除方案设计，编制详细的施工组织设计方案。

因桥梁结构复杂多样；受力形式不同，拆除方法和步骤很难一概而论，通常是先拆非受力构件，再拆主要受力构件，化整为零，然后按建桥时的逆序施工，并以对称平衡进行卸载。因此，还应把握好下列三项基本原则：①制订合理的拆除方案，选择合理的拆除工艺。②注重施工过程控制，优先选择静力切割拆除等方式。③制订完备的安全应急预案和应急机制。

综上所述，桥梁的拆除应依据施工组织设计的拆除程序，按照逆向施工要求逐步减少恒载。而拱梁的拆除需要基于恒载分布对压力线的影响，拆除工作切不可盲目进行，避免拆桥中拱圈突然倒塌造成人员伤亡事故。桥梁拆除作业的危险性和风险性较高，因此应实行现场管制，禁止非作业人员及车辆进入拆除作业区域，采用爆破法拆除桥梁的，应按爆破作业的有关规定执行，爆破拆除时应确定合适的警戒区域，并实行管制，禁止非相关人员和车辆进入警戒区范围内。爆破警戒区应按爆破作业的有关规定确定，并制订合理的警戒方案。

（二）旧桥拆除步骤和环节

对于桥梁拆除过程中的所有步骤和环节，包括制订科学合理的拆桥方案和全面的安全管控体系以及拆除过程的具体实施，人作为拆除实施的主体，起着重要作用。因此，应选择具有经验的专业施工队伍和专业技术人员承担桥梁拆除的任务，这对保障桥梁拆除安全至关重要。

部分桥梁拆除资料显示，很多桥梁存在先天缺陷和施工质量问题，如按原设计图制订的桥梁拆除方案实施，发现结果与实际情况出入较大，如截面尺寸、预应力钢筋位置、普通钢筋数量、混凝土质量与原设计不一致。另外，桥梁使用数十年后，材质劣化，无法通过计算确定结构的承载能力。这种情况下，桥梁本身的受力和潜在的安全隐患很难把握。旧桥经过多年的运营和维修加固，其强度、刚度、稳定性都有不同程度的下降，同时拆除过程中桥梁结构体系也在不断变化，使得结构受力更加复杂，如果没有丰富的桥梁拆除施工经验，不能对其拆除施工进行可控分析计算，特别是此种情况如果再采用不成熟的拆除设计方案，拆除难度和风险就会更大。因此，施工的每步推进，都必须进行现场调查核实，加强拆除过程的技术控制和施工组织管理。

目前，国内尚无桥梁拆除设计、施工规范（施工指南）等，而且相关方面的报道和工程实例也较少。由于桥梁拆除的方式本身机动灵活，而桥梁拆除设计缺乏理论指导和经验保证，现有各类拆除设计均是套用现有新建桥梁的设计规范，以及建筑起重等方面的规范和规程，设计出的桥梁拆除方案的可实施性、经济性能指标都不太理想。此种情况下，设计方和施工方应不断优化拆桥方案，使桥梁拆除设计方案安全、高效、实用、文明、环保。因此，应结合已有的桥梁拆除工程实践，对现有的桥梁拆除设计理论进行合理的安全性、经济性和适应性论证，必须进行桥梁拆除设计理论方面的研究，制订桥梁拆除相关的设计规范。

（三）旧桥拆除存在的主要问题

国内桥梁拆除行业主要存在以下问题：长期以来重视新建工期经济指标，不重视桥梁的管养和拆除；由于旧桥受力复杂，桥梁拆除理论研究难度大且相对滞后；就目前而言，尚无桥梁拆除相关的设计和施工规范、规程，设计和施工脱节，设计多偏重于理论，不便于操作，施工则偏于粗放；桥梁拆除专业施工队伍少，市场较为混乱；管理理念落后，安全意识薄弱。

针对桥梁拆除行业存在的这些问题，投资、建设和施工单位尤其要高度重视安全问题。加大桥梁拆除理论和技术的研究投入，加快施工经验的总结和提升，确保相关设计施工规范、规程早日出台。加强桥梁拆除管理，强化拆除资质的管理，规范市场，规避不合理低价中标，以及不重视环保和拆除过程控制等现象。首选安全可靠的拆除方式，推行方案专家审查制度、报批制度和全员责任制度，合理利用已有的建筑新技术，要确保拆桥设计合理，选择有经验的专业设计和施工单位。

与新建桥梁相比，桥梁拆除完全是"反其道而行之"。新建桥梁是集零为整的过程，每一步是单一的，安全问题容易克服。拆除桥梁是化整为零的逆过程，每一步是复杂的，安全风险大。行业内曾有这样的说法："新建桥梁自第一个构件就位到建设交工前，仅需要考虑1%的安全问题；而拆除桥梁从第一个构件拆除到结束前，始终需要考虑99%的安全问题。"这足以说明，桥梁拆除的安全问题是决定拆除成功与否的关键。如果在施工组织管理和技术层面把握不好，就容易酿成惨痛的安全事故，造成人员伤亡、机械损毁。而就目前国内桥梁拆除实际情况来看，中国在这些方面的研究并不深入，发展不平衡且相对滞后。昆明小庄立交桥位于昆曲高速公路下行东二环了号匝道下段，在2008年12月9日拆除期间突然发生坍塌，造成2人死亡，4人受伤；浙江温州方隆桥是一座建于20世纪70年代的双曲拱桥，在2009年2月11日拆除期间发生坍塌，造成1人死亡，2人受伤；2009年5月17日，湖南株洲市红旗路待拆除高架桥发生坍塌。在短短不到半年的时间里，相继发生的拆桥悲剧让桥梁拆除安全重要性问题浮出水面，加快对桥梁拆除施工方法、技术的研究和总结，着手进行桥梁拆除施工规范、规程的编制，已经成为当前亟待解决的问题。

（四）旧桥拆除方法

旧桥拆除主要包括直接支撑凿除法、顶推法拆除法、静力切割拆除法、爆破拆除法、整体坍落法和吊移法等方法。倘若施工条件许可，在有安全防护的前提下，应首选直接支撑凿除方式，特别对于净空高度较低的桥梁，该拆除方式直接、快捷、经济。通常桥的箱梁结构基本上可采取直接在贝雷支架及土牛支撑上凿除的方式。对环境要求不高的，也可选择工期短、费用较低的爆破拆除方式。

在不影响交通的前提下，考虑经济性较好的顶推法拆除施工。如果地形合适、交通许可，可考虑工期更短、经济性更好的液压系统平衡法施工。新加坡Adam-Road/PIE为双向六车道立交桥，在保证PIE高速公路正常运营的情况下，采用该方法在八小时内成功地将45 m箱梁移至桥台进行二次解除和破碎。

针对大跨径拱桥，包括混凝土拱桥、钢管混凝土拱桥和钢拱桥，一般可采用整体坍落法和吊移法进行拆除。整体坍落法主要有爆破法和机凿法；吊移法分为桥下支架法、桥上起吊法及缆索吊装法。例如，青岛市胜利桥为大型钢筋混凝土双曲拱桥，采用控制爆破的方式进行拆除；主跨180 m的高悬链线钢箱双肋无铰拱桥—攀枝花3002大桥采用缆索吊装系统进行了拆除；原淮安市钢筋混凝土双曲拱桥—红卫桥采用风镐整体切断，浮吊吊运对拱波和拱板进行拆除，采用浮船顶托，整体切断运走主拱肋进行拆除；某单跨38 m的双曲拱桥，选用桥上搭设贝雷桁架悬吊进行拆除；太原漪汾桥老桥为中承式钢筋混凝土7联拱桥，采用7跨同步顶升技术对桥面系及吊杆进行拆除；武隆区峡门口乌江二桥为主跨

140 m 的钢管混凝土提篮拱桥，采用斜拉扣挂技术进行拆除。不同桥梁的拆除各有其特点、难点及重点，拆除方式因桥而异，科学总结已有桥梁拆除工程实例对中国未来桥梁拆除事业的发展具有重要意义。合理利用静态爆破、顶推、液压系统平移、静力切割、整跨下放、同步顶升、桥面起吊、缆索吊装等新工艺，可为中国桥梁拆除工程提供安全、有效的保证。

第四节　桥梁应急管理研究

桥梁应急管理研究——以城市桥梁重要桥梁突发事件的处置为例，重要城市桥梁现场突发事件处置也可称为应急计划，它是在分析事件后果和现场应急能力的基础上，针对可能发生的突发事件，预先制订的行动计划或应急对策。现场可由值班长及控制中心作为突发事件应急联动处置的指挥平台进行指挥，并负责现场突发事件处置工作。

一、突发事件处置程序

（一）突发事件处置的总体要求

桥梁养护管理单位应组建本单位的抢险队，主要负责事故的抢险抢修工作。通信保障方面，应急指挥网络电话 24 小时开通，保证信息及时畅通，应急救援单位应通过有线电话、移动电话、卫星、微波、网络等通信手段，保证通信联系畅通。技术保障方面，要充分利用现有的人才资源和技术设备设施资源，联系各大设计单位、大专院校和检测机构等，为应急抢险工作提供技术支持。运输保障方面，发动各方力量，组织和调集足够的交通运输工具，保证现场应急抢险工作的需要。经常储备一定数量的常备抢险物资，保证应急抢险的需要，应急响应时服从指挥部调动。宣教演练方面，各级城市桥梁行政主管部门要加强桥梁事故预防、抢险知识的宣传以及对抢险队伍的救援培训和演练工作监督检查，市人民政府对其启动的预案实施全过程进行监督和检查。

当接到因自然灾害和交通事故造成桥梁运行突发事件的信息后，现场指挥部门应当立即召集值班长等领导成员，布置应急处置的任务，并及时与市公安、交警、消防、通信、市应急部门等进行联系协调，做好信息传递和反馈工作。与此同时，应及时掌握桥梁的运行状态，做好现场突发事件处置信息的收集、研判、报告和通报，协同上级部门通过组织、指挥、调度、协调各方面应急力量和资源，采取必要措施，通过桥梁中控室下达指令，对桥梁事故实施相应的现场处置。

应急时的现场防灾抢险人员，一般由运行管理部门当班人员（电力调度、电力值班、监控员、巡检员、道口牵引排堵员）和养护维修部门相关人员组成。在桥梁日常运行中，上述人员应按照突发事件处置实施方案的要求，加强对桥梁的巡视检查和全天候监控，防止人为破坏或损坏设备、设施。随时收听天气预报，做好记录，并及时将信息反馈给值班长。必要时配合交警做好人流疏散，维护正常的工作秩序。此外，还应建立应急通信联络网，落实抢修车辆，保证随时能够出车。

（二）紧急疏散的方法步骤

根据桥梁灾害的程度和种类，由当日值班长决定是否采取紧急情况疏散措施。当桥梁发生火灾、地震、特大交通事故、危险品及毒气泄漏、水管爆裂造成严重积水、重大刑事犯罪、恐怖活动等重大灾害时，值班长可下达紧急疏散指令，要求司乘人员迅速下车，按桥梁指示标志和语音广播提示，进入逃生通道或对向桥梁，然后根据工作人员的指引到达安全地段。处在重大灾害区前方的车辆，应迅速驶出桥梁；后方驶过的车辆，应在工作人员指挥下倒车，迅速驶出桥梁。

按值班长指令，机电监控员通过情报板发布桥梁交通封闭、禁止车辆进入等信息。交通监控员通过监视器、语音广播，指导桥梁上的人员按正确的疏散路径疏散，并不间断地跟踪疏散人群，确保受困人员安全撤离。桥梁巡检人员和抢险队伍收到指令后，应迅速赶赴事故地点，并协同做好维持秩序工作，指引逃生人员疏散，随时向值班长报告疏散情况。

（三）启用突发事件信息联络系统

为了确保突发事件应急预案的及时启动和实施，桥梁养护单位要以控制中心为主体，辅以先进的技术装备，建立桥梁突发事件信息联络系统。在突发事件应急处置期间，必须保证高效通畅的信息联络，及时、准确地做好信息收集、传递、跟踪、反馈工作，确保灾害能够在第一时间内被发现，并根据灾害的轻重缓急情况，将事故现场的信息传递给相关各方，尽可能将事故灾害的损失降到最低程度。

二、交通事故应急处置

车流量较大时，桥面发生交通事故的概率较高，但对桥梁的总体风险水平一般，需要合理控制。这类事故如果造成人员伤亡基本局限在交通事故车辆中，可能对桥梁的拱脚、拱肋、桥面系及附属设施造成损伤，也可能会造成同向车道堵塞，事故严重时可能同时影响到双侧车道通行。通常桥上发生交通事故时，要求在五分钟内对事发地点进行交通维护，道路畅通后应迅速检查桥梁受损构件的损伤程度，组织抢修人员及时维修、更换，确保桥梁安全畅通。

当发生一般交通事故，仅影响某一个车道通行，尚未引起交通拥堵时，桥梁控制中心应直接呼叫、指挥牵引车辆到达指定地点，与先到达的巡逻、巡检人员协助交警处理事故，并负责组织牵引车，实施清障，疏导交通。当发生较大交通事故，已影响某一个车道通行，引起交通拥堵时，桥梁控制中心应直接呼叫、指挥牵引车辆准备清障，并立即通知交警到场。现场巡逻、巡检人员接到通知或在事故现场附近的，则应以谁快谁到的原则赶往现场，负责协助牵引单位清障和维持秩序。控制中心可根据设施损坏的种类和程度，通知相关管理部门做好抢修准备，对事故全过程录像并存储。

三、桥上爆炸、火灾应急处置

桥上发生爆炸、火灾的可能性较小，但此类事件对桥梁结构造成的影响较大，总体风险水平较高，需要严格控制。一般来讲，这类事件可能会损坏周围的附属设施，如灯柱、栏杆等。当爆炸、火灾严重时，可能会造成桥梁构件损伤，并影响整体结构的正常受力，对桥梁运行时间影响较大。

当控制中心发现桥上行驶的车辆（如油罐车）发生火灾时，对于可控的火灾，可由现场防灾抢险人员利用桥上现有消防设备进行扑火；对于火情严重的，应立即拨打119联系消防部门，请求援助，同时通知交警，由交警负责维持交通，备用牵引车到场进行清障。

火灾初起应有效控制初期火势，交通监控员应用语音广播系统，提示驾驶员利用车载灭火器和桥上设置的消火栓进行自救；防灾抢险人员立即赶赴现场，即刻疏散车上人员并采取灭火措施，并且要指定专门人员用灭火器对油箱降温、防止油箱爆炸。

火情严重时，控制中心，同时通过语音广播、情报板发布信息，关闭涉及火灾事故的桥梁入口，必要时直接按特殊交通组织设定的交通控制措施改变通行方式。地面值勤、抢险人员在交警的帮助下，实施封道措施，确保通行车辆的安全和人群的疏散工作。此刻火灾现场的抢险工作人员应服从消防部门和公安交警的现场指挥，切忌盲目行动，如翻动起火货物或车辆发动机罩盖等，以免扩大火势或造成不必要的伤亡。

火灾事故抢险完毕应组织人员清理现场，做好事故，事件的情况记录。事故处理结束后，立即恢复桥梁的通行，并将详细情况在两小时内报上级有关部门。事后对使用过的消防器材做好增补整理工作，保证消防器材完好齐全。

四、危险物质泄漏应急处置

虽然此类事件的发生概率较低，但一旦发生，对桥梁结构、运行时间等均有较大影响，同时对周边水域可能造成污染。通常情况下，重要桥梁禁止油罐车以及盐酸、硫酸等危险品车辆通行，但当通过桥梁的危险品车辆在桥上发生意外事故，造成危险品或有毒气体泄漏时，则要求现场应急抢险人员能够及时采取应急处置措施。

现场应急抢险人员应具有危险品的种类、特性、车辆标志识别的常识，配备必要的防毒面具等防护用品，准备好牵引车辆。桥梁控制中心一旦发现危险品车辆抛锚、发生事故，应立即发出指令迅速清障，并做好现场维护；当发现危险品车辆已发生危险品泄漏及有毒气体泄漏，应通知交警和拨打119联系消防部门，请求援助。现场应急抢险人员必须戴好防毒面罩，并穿好橡胶套鞋立即赶到现场抢险。同时，通过语音广播、情报板发布事故信息标识，必要时关闭桥梁。

现场应急抢险人员协助交警部门合理疏散区域内的车辆和人群,并在消防部门的指挥下,用桥梁专用消防栓冲水设备进行冲洗,稀释有毒液体。对遭受危险物质泄漏影响的水域,可与有关部门及时沟通并处理。应急抢险结束后,现场应急抢险人员必须将含有危险品的黄砂等物品用耐腐蚀容器装载,交有关部门统一处理,严禁乱抛乱弃,造成环境污染。另外,关闭的桥梁也应尽快恢复通行。

五、遭遇暴雨、台风应急处置

桥梁周边区域发生 10 级及以上台风的概率较低,而发生暴雨的概率相对较高,往往在大风期间还伴随着强降雨。台风会对桥梁结构部分构件产生轻微损伤,如受台风影响连续梁拱桥的吊杆可能出现小幅度振动并使得端部防护层疲劳;与主梁连接的锚管可能出现损坏;照明灯具等器物在晃动较大时可能被损坏,对行车、人员影响明显,暴雨对桥梁运行的影响较大。

在汛期和台风季节前,应统筹考虑添置必需的防汛防台器材,并检查通信、车辆等物资到位情况,确保组织、人员、物资三落实。同时,加强气象观察和预报收听,事先做到情况明、决策早、行动快,确保随时能够"开得动,拉得出,杜绝人为积水"的防汛目标,尽量减少或避免暴雨、台风对桥梁运行的影响,完成一年一度的防汛防台任务。

另外,还需要跟踪监视暴雨、台风的影响。通常,遇到台风、暴雨情况(每小时降雨量达到 16mm 或 24 小时降雨量达到 50mm 以上),桥梁控制中心应密切注意桥梁运行状态,掌握是否有大量雨水涌入桥梁。如果有暴雨涌入桥梁造成桥上积水,现场应立即开启排水泵,组织抢险,并逐级报告现场情况。巡逻人员、地面值勤人员应做好对桥梁的巡视,及时向值班长汇报暴雨、台风对设施的损害情况以及道口运行情况。

在高潮位期间,应加强与防汛部门的联系。发生特高潮位,钱塘江等江水、河水有可能漫入道路时,应立即组织筑坝,所有防灾抢险人员赶至桥面值勤亭待命。控制中心负责信息收集、录像及应急电话等。

暴风雨后,应对桥梁进行全面检查,发现灾损,及时修复、整治。另外,特别注意检查桥上照明、通信、航空障碍灯、避雷设施等是否损坏。

六、遭遇浓雾应急处置

一般来说,遭遇浓雾并导致灾害的概率较低,对于桥梁的结构基本没有影响,不会造成由结构损伤原因引起的人员伤亡事故。但有时浓雾持续时间会很长,可能引发车祸等次生灾害,影响桥梁的正常运行。

冬季,桥梁运行管理上最大的天敌是迷雾。出现浓雾环境具有不确定性,桥梁养管企业应具备较强的应变能力并准备好切实可行的应急预案,做好迷雾天来临前的准备,以确保在恶劣天气出现时临阵不乱,减少车辆事故损失。一旦出现大雾天气,控制中心应迅速与交通管理部门联系，取得交通管理部门的意见后，通过情报板发布"雾天慢行"信息。现场值班长可根据具体情况及应急预案的要求，决定是否启动预案。一旦启动预案，则要求巡逻、巡检、地面值勤人员和应急抢险队伍按指令及时到达指定岗位。

启动预案后及时测定雾气的能见度，据此限制车辆的行驶速度。控制中心广播限制的车速。当雾气的能见度不足 30 m，或交通管理部门发布了封闭道路交通的指令时，则宜及时封闭交通，以确保车辆行车安全。

第七章 道路桥梁建养一体化信息管理研究

第一节 公路桥梁建养一体化的概念认知

一、公路桥梁工程的特点

公路桥梁在现代交通基础设施中占有十分重要的地位，特别是对于处在丘陵起伏、江河众多、山水交叠的特殊地理位置的区域。桥梁工程项目相比一般工程项目而言，除具有技术复杂、建设周期长、投资巨大等特点外，最大的区别在于工程质量安全方面的特殊要求，确保工程质量、预防事故的发生是公路桥梁建设与运营单位的首要社会责任。公路桥梁的特殊性主要体现在如下几个方面。

（一）结构设计复杂，预制构件多、体积庞大

为了满足结构安全的要求，桥梁工程设计一般比较复杂，不仅对受力分析要求高，结构形式复杂，还涉及大量的预制构件，特别是异型构件数量众多。桥梁工程预制构件体积庞大，桥梁的大体积施工需解决诸如预制构件的工厂制作和运输以及大型构件的吊装和施工机械的使用等存在的潜在问题。随着桥梁工程不断向大跨度和大宽度方向发展，这对桥梁的设计和施工也提出了更高的要求。

（二）施工环境复杂多变

相对于一般的建筑工程项目，公路桥梁工程施工的整体环境比较恶劣，除会受到洪水、风暴、雨雪甚至地震等恶劣天气的影响外，不同地理环境对施工要求也是千差万别，如跨江、跨海、峡谷及冻土地带等地理环境复杂多变，不同的公路桥梁工程项目可能会面临截然不同的施工环境。为保证桥梁工程施工的顺利进行及施工安全性，必须针对不同的环境制订相应的施工方案。

（三）养护工作重要而艰巨

相对于房屋建筑工程，作为重要交通基础设施的公路桥梁在建设和运营过程中，不仅

受到自然环境的腐蚀风化，甚至是洪水等地质灾害的破坏和船舶撞击的威胁，还要不断受到车辆行车时产生的冲击力，桥梁的技术性能随着服役时间的延长而不断下降，出现退化趋势。如果不采取有效措施，就会加快桥梁的衰老，缩短桥梁的寿命。

相对于公路工程，公路桥梁的结构更为复杂，由于桥梁特有的工程结构，所以桥梁比公路更容易出现各种破损和故障。另外，公路桥梁的检查工作也更复杂，不仅动用各种检测设备和更多的人员与资金，在遇到一些特殊事件，如地震、洪水等情况时，还要采用特殊手段和科学方法对桥梁进行检查，准确判断整座桥的技术状况。大型、特大型桥梁的数量较少但往往又是重要的交通枢纽，它们承担了巨大的交通流量，随着近年来交通量的持续增加，超载、超限车辆日益增多，增加了桥梁维修、养护工作的难度。因此，公路桥梁的养护工作异常重要和艰巨。

二、公路桥梁管理存在问题分析

公路桥梁的特殊性决定了其对技术和管理上的要求也更为严格，但是近年来随着桥梁建设事业的不断发展，相关管理方式和水平却远没有跟上技术发展的步伐。桥梁管理还存在诸如养护管理手段落后，建设与养护管理的人为分割和信息阻隔，以及建设管理信息化水平低，技术档案资料等信息管理不完善，桥梁建设信息系统与养护信息管理缺乏有效的整合与联系，各桥梁信息管理系统独立运行缺乏共享等诸多问题，这都将不利于公路桥梁全寿命周期目标的实现。

（一）公路桥梁养护管理存在的问题

众所周知，公路桥梁损坏后再修复是比较困难的，严重时可能造成交通中断甚至发生安全事故等。因此，对公路桥梁进行科学有效的管理，保证桥梁在设计年限内处于正常使用状态，满足其承载力和通行能力要求，并尽可能延长使用寿命，对公路运输具有极其重要的意义。目前，中国大多数桥梁的养护管理还没有大规模采用科学的定量技术，许多地区仍依靠传统的人工收集、分析信息的方法进行桥梁技术状况的判断，无法全面地掌握桥梁状况，也缺乏相应的数据档案系统，这都影响到公路桥梁的日常养护和维修，造成资源的浪费及养护效率的低下。中国公路桥梁养护管理存在的问题主要有以下几点。

1. 观念问题

目前，中国大部分桥梁养护工作仍存在重建设轻养护、路桥养护不分的观念问题，未意识到桥梁养护的特殊性和重要性，仍混同于一般的养路工作。道路和桥梁都属于重要的基础设施，相对于道路养护、路面养护为重点，桥梁养护则需以桥面养护为中心，承重部件为重点进行全面养护。另外，桥梁养护管理也缺乏系统观念，大多是就养护论养护，与桥梁全寿命周期割裂开来。

2. 资源问题

养护资源存在的问题主要包括养护资金有限和养护技术人才缺乏两方面。中国公路桥梁普遍存在养护资金缺乏的问题，主要表现为有限的养护资金远不足以完成所有桥梁的维修加固需要，如何使用有限的养护资金利用最大化是目前需要解决的难题。此外，中国大部分地区均未设有单独的大桥管理部门，除少数跨海、跨江大桥有专业的养护管理机构外，其余一般委托当地的公路管理机构负责，这就使得公路桥梁的养护资源难以得到保证。中国虽然实行养护工程师制度，但专业的养护管理人才相对缺乏仍然是桥梁养护管理中普遍存在的一个问题，虽然各桥梁养护管理部门都配备了专职的桥梁养护工程师，但是由于管养的路段较长，桥涵数量较大，养护技术人员的数量难以满足桥梁养护、检查和维修工作的需要。

3. 质量问题

桥梁养护存在的质量问题包括桥面不清洁、泻水孔堵塞；桥面不平整，车辆颠簸；引道路面与桥衔接处不够平整导致桥头跳车，行车不顺适；桥栏杆残缺不齐；桥梁构件损坏，如日常养护没有及时修补造成的混凝土剥落、钢筋外露锈蚀、活动支座失去活动能力等。

4. 养护信息问题

公路桥梁养护信息存在的问题主要在于前期信息的缺失及其与养护管理的脱节。

（二）公路桥梁建设管理与养护管理间的脱节

工程项目建设期间的人员调动频繁，一般在建设完成1~2年后，建设期的项目管理者不再承担运营任务，这种情况在公路桥梁建设项目中非常普遍。但从工程全寿命周期考虑，由于项目管理者的极度不稳定，也造成了对项目全寿命周期的人为分割。这体现在建设期的项目管理者很难从运营的角度考虑问题。项目的决策和建设没有运营目标为导向。传统桥梁项目管理以建设过程为对象的目标是近视和局限性的，项目的经济效益是通过建成后的运营收益实现的。由于历史资料和相关技术的限制，公路桥梁的运营需求往往难以得到准确、全面的定义，尤其是建设期间公路桥梁的施工往往容易忽视后期养护维修的需要，加大后期运营成本，无法实现运营目标的最优化。

公路桥梁建设与运营阶段之间的界面信息流失现象较为严重。从设计到施工、从竣工交付到投入使用两个过渡阶段，建设项目信息都存在不同程度的大量流失，严重影响了工程施工质量及运营管理工作的正常进行。

建设和运营阶段的相互独立，不同阶段用于项目管理的信息支离破碎，项目信息只能阶段性局部共享。在传统的阶段性项目管理模式中，项目的信息主要是为阶段性目标服务，如设计阶段的信息主要服务于设计方的工程设计，实施阶段的信息主要关注工程的实施与建成。这种信息传递和共享方式约束了项目信息的潜在价值，忽视了项目全寿命期各阶段间的高度关联性与反馈性，往往会造成建设过程中的项目局部目标最优而整体目标受损。

（三）公路桥梁建设信息管理存在的问题

据国外相关文献介绍，建设项目实施过程中产生的诸多问题，约有三分之二与信息沟通有关；建设项目中 10%~33% 的费用增加与信息交流存在的问题有关；在大型建设项目中，信息交流的问题导致工程变更和工程实施的错误占工程总成本的 3%~5%，由此可见，建设项目管理中信息管理的重要性。随着公路桥梁建造规模的逐渐扩大，桥梁施工技术难度与工程质量要求不断提高，建设管理的复杂程度和难度变得越来越突出。工程项目参建各方交互的信息量不断扩大，信息的交流与传递更加频繁，也就对信息管理提出了更高的要求。然而，中国公路桥梁建设信息管理方式仍比较落后，传统的施工信息管理主要存在以下问题。

1. 公路桥梁施工信息化有待提高

传统施工信息表现与传递形式已不足以满足现代桥梁施工管理的要求。传统的施工信息表现形式以表格、单据等纸质文档为主，面对桥梁工程施工产生的海量信息，基于纸质、会议、人员往来等传统的信息交流方式需要投入大量的人力和物力，而且容易造成信息失真与时间迟滞，因此利用计算机与网络技术构建信息共享平台，成为公路桥梁工程信息管理的发展趋势。

常见的项目管理软件如 P3、Project 等在公路桥梁建设管理中的应用也比较少，除个别大型桥梁工程有针对性地开发专用的项目管理系统，如杭州湾大桥、青岛海湾大桥等都建立了自身的信息化管理系统，这类管理信息系统的开发不仅需要业主承担高额费用，而且系统的研发需要很长时间的调试与试运行，也不具有通用性，难以为其他桥梁工程的建设提供更多参考。

2. 信息管理系统相对独立，存在信息孤岛

有关公路桥梁建设信息化管理的研究和应用多集中在 4D 施工管理系统、桥梁数字化等方面，基于 BIM 的桥梁设计和施工技术也多处于应用研究阶段，少有工程实践。但整体上现有的信息管理系统自成一派，系统集成度不高，与通用办公软件和概预算等其他软件没有接口，重新输入大量基础数据降低了工作效率。另外，由于缺乏统一的编码体系，信息管理系统都是独立的数据体系，存在"信息孤岛"现象。信息系统的数据质量难以有效控制，数据共享和关联程度不够，难以解决协同管理、有效沟通和系统综合管理等关键性问题，即使是 BIM 技术建模也难以对其他同类工程提供可参考的信息。

（四）公路桥梁养护信息管理存在的问题

1. 桥梁技术档案资料不完善

桥梁技术档案不够完善，尤其对于老旧桥梁，由于历史及档案管理等原因，档案资料普遍存在丢失现象，归档不够齐全规范。一方面，桥梁建设时期的变更技术资料容易归档不及时，造成初始资料难以管理，而且档案资料在移交及多部门管理过程中也容易造成资

料的不规范或缺失现场；另一方面，对于公路桥梁的维修和新改建工程等，桥梁技术状况变化较大，由于缺乏有效的历史积累技术资料，极容易找不到最初设计、施工、后期维护等相关信息作为诊断、设计和维修依据，而贻误时机，或者诊断决策、维修不到位，留下安全隐患。

2.桥梁技术资料管理方式存在弊端

技术资料管理方式的不足在于档案资料缺乏系统的统一和信息化管理程度不高。虽然工程各参与方逐渐提高了对档案管理的认识，但资料没有系统地进行统一，参建各方在资料整理方面逐步形成了各式各样的版本，资料的不连续、不集中和相互独立，导致查阅不便，不利于各单位之间庞大的信息交换。此外，桥梁技术档案资料信息化管理程度不高。传统的桥梁档案资料主要依靠人工方式进行管理，这样的方式存在诸多弊端：一方面以纸质为媒介的资料存储、保管和查询困难，也极易造成资料的丢失和残缺；另一方面资料的统计查询对人的依赖性很大，不同人员的管理、统计方式差别较大，不利于档案资料的管理。

3.桥梁信息养护管理系统存在的问题

虽然桥梁信息管理系统的应用有效提升了档案技术资料的管理效率，但在桥梁的养护管理实践中，系统真正得到充分利用的情况非常少，桥梁信息管理系统仍然依赖人工逐条录入，如果没有严格的制度管理和系统设置，极易流于形式，难以系统、完整地建立和完善桥梁技术档案。桥梁养护管理信息化存在的问题有如下几点。

（1）桥梁信息管理系统缺乏前期基础信息的积累，桥梁信息管理系统是协助桥梁管理部门制订桥梁养护管理计划、资金最优规划等策略的最佳工具，主要包括技术状况评估、结构退化预测、维护对策及经济分析等功能。尽管桥梁信息管理系统在功能上得到了不断的完善，然而值得注意的是，中国现有的桥梁信息管理系统中施工模块普遍缺失的。目前，桥梁养护所需的各类设计基础信息、施工阶段沉淀数据及养护历史数据均不成系统，养护方案的制订缺乏准确的科学依据。

（2）各桥梁信息管理系统独立运行，信息共享难以实现，国内桥梁信息管理系统大多还处于独立运行阶段，无法通过网络化等信息技术互联互通，形成资源共享和协同分析决策。桥梁信息的采集主要通过地方桥梁管理部实施，由于缺乏一个统一的系统平台，地方桥梁管理部门采集到的桥梁信息需要分级录入市级桥梁信息管理系统和省级桥梁信息管理系统，整个重复录入的过程极易引起数据的丢失和失真，而且数据的修改也十分不便。这就导致桥梁信息难以及时更新，也不能准确、迅速地在各部门间传递共享。

（3）数据采集和录入问题，桥梁信息管理系统需要大量的各方面数据才能发挥其应有的作用。然而在桥梁运营阶段，想要精确采集相关数据是比较困难的。数据采集需要专门的技术人员进行，而桥梁管理部门存在养护技术人员普遍缺乏的现象，从而难以及时采集相关数据；另外，数据采集采用传统的纸质记录方式，为后期人工逐条录入带来巨大的工作量，数据的准确性和安全性很难保证，也难以避免数据的丢失。如果桥梁信息管理系统没有准确、可靠的数据作为支持，其预测和决策功能也就会受到很大的制约。

三、公路桥梁全寿命周期的划分和建养一体化

（一）公路桥梁全寿命周期的划分

公路桥梁全寿命周期是指项目从构思（项目建设意图产生）到结束（项目废除）的全部过程，包括决策阶段、实施阶段和运营阶段，其中决策阶段是从工程构思开始到批准立项为止，建设阶段通常分为设计和施工两个阶段，运营阶段从项目交付使用直至工程结束，也是工程寿命期中时间最长的阶段。公路桥梁养护工作一般自交付使用之日正式开始，但在病害出现之后才得到重视，从工程全寿命周期的角度来看，公路桥梁从规划立项、设计、施工直至拆除，各项工作与养护工作都有不同程度的联系，故应在全寿命周期内考虑养护问题。

（二）公路桥梁建养一体化

"建养一体化"即建设养护一体化，是在当前高速公路养护普遍存在"重建轻养"、养护管理体制不完善、养护质量偏低的情况下体现出来的，常见于公路管理部门的各项工作报告中，多用于强调做到建养并重，提高高速公路建设和养护水平，实行建设养护一体化管理。

通过以上分析得出，公路桥梁建养一体化是指，在公路桥梁的生命周期内，针对公路桥梁结构性能的安全性、适用性和耐久性能，以及环境、费用和可用性等目标，对建设和养护业务信息进行历史的、空间的分类存储与综合分析，为公路桥梁的建设、养护过程提供信息共享和决策支持，提供公路桥梁建设和养护管理水平。

公路桥梁建养一体化的根本目的是，通过对建设期间信息的有效管理，服务于运营养护期的决策工作。为了实现建设和养护信息之间的共享、消除信息孤岛，公路桥梁建养一体化提出：以一体化的项目管理为目标，采用集成管理和信息管理的方法，为公路桥梁管理单位提供从项目开始建设到交付使用的养护、运营的全过程和一体化的管理，包括建设项目生命周期管理的一体化和各参建单位信息共享的一体化。

第二节 公路桥梁建养一体化信息管理的综合认知

一、建设工程信息的特点

在建设工程全寿命周期中会产生大量的信息，它们在不同的工程参与者之间，以及在不同的工程阶段之间传递，前一阶段的大量信息会被后一阶段连续使用。建设工程的信息具有数量庞大、类型复杂、来源广泛、存储分散、应用环境复杂等特征，在建设工程全寿命周期中始终处于动态变化之中。

（一）信息量大，内容复杂

建设工程全寿命周期内产生的信息数量巨大、种类繁多，随着工程项目的进展，建设项目信息的数量呈现出几何递增的趋势。据测算，单个普通单体建筑产生的文档数量就达到 10^4 数量级，一个大型建设项目在项目实施的全过程中所产生的文档纸张重量可达几十吨。在建设工程全寿命周期内，大量的信息被创建和传递，在工程各阶段之间、项目各参与方之间存在数量庞大的信息流。信息涉及技术、经济、管理、法律等方面与建设工程全过程有关的各种信息。

（二）信息类型复杂、格式多样

建设工程项目信息可依据不同的标准进行分类。按照建设项目实施的过程划分，可分为决策阶段信息、设计阶段信息、施工阶段信息和运营管理阶段信息；按照建设工程的目标划分，可分为投资控制信息、质量控制信息和进度控制信息等；按照参与方信息需求划分，可分为建设单位信息、勘察设计信息、施工单位信息等；从计算机辅助信息管理角度，建设工程信息可以分为结构化信息和非结构化信息两类。在全寿命周期内，建设工程项目信息在被创建和管理的过程中存在多种形式与表现方式，如表达建筑产品构造的工程图纸，反映施工项目管理活动的报告以及体现工程造价的预算表格等，不同格式的信息同时被创建和管理。

（三）信息被多方创建、管理，存储分散

建设项目信息来自建设单位、设计单位、施工单位、监理单位以及其他组织与部门，来自建筑、结构、给排水等不同专业。在全寿命周期内，建设工程各参与方都在工作中创建和管理自身需要的信息，造成信息的分散、重复存储，多个独立的信息中心不能充分地进行信息共享，导致所谓的"信息孤岛"现象的产生，既不利于建设信息的共享及应用，也不利于及时决策。

（四）信息变更频繁，始终处于动态变化之中

建设项目的信息始终处于动态变化之中。与其他应用环境中的信息一样，建设项目中的信息都有一个完整的信息生命周期。建设工程持续时间长，在实施过程中存在大量的不确定因素，如建设工程的实施环境存在很大的不确定性，各类突发事件经常出现，因此建设工程信息由于外部条件变化而变更频繁。

（五）信息应用环境复杂

信息通常按照组织结构形式，在组织成员间进行传输。不同的项目参与方对项目信息有不同的应用要求，同一信息面临不同的信息处理和应用要求，因此对建设工程信息进行组织和管理时需充分考虑对信息的应用要求。

二、公路桥梁信息的分类

桥梁工程项目的信息量大，构成情况复杂，可以从不同的角度对桥梁工程信息进行分类。

按照项目管理工作对象划分，公路桥梁工程信息包括工程系统的总体信息、单位工程信息、分部工程信息、分项工程信息等；按照桥梁结构划分，可分为下部结构、上部结构、桥面系和附属结构信息。

按照信息的内容，公路桥梁工程信息大致可分为技术信息、经济信息、管理信息、法律及其他信息等。根据信息内容属性对信息进行分类和编码，可有效满足项目资料档案收集的需求，实现项目管理各方和各阶段的综合管理。按照工程实施过程中的一些主要工作环节，公路桥梁工程信息可分为决策阶段信息、设计阶段信息、施工阶段信息和运营管理阶段信息。

按照项目参与方划分，建设工程信息可分为业主方信息、设计方信息、施工方信息等不同主体的信息。

三、公路桥梁建养一体化信息管理

公路桥梁建养一体化信息管理主要从两方面实现桥梁建设目标的整体最优，即建设养护信息管理一体化和参建单位信息管理共享一体化。

（一）建设养护信息管理一体化

建设养护信息管理一体化，是将公路桥梁建设阶段和运营阶段的信息进行集成管理，将设计、施工到最后运营养护的管理信息经过充分交流和控制集成为一个整体，减少公路桥梁建设与运营阶段之间的界面信息流失，使项目信息能准确、充分地传递，使公路桥梁建设各个过程之间以及项目各参与方之间进行有效的沟通与合作，实现数据共享。

（二）参建单位信息管理共享一体化

参与公路桥梁建设和养护过程的单位包括业主方、设计单位、施工单位、运营方、政府部门、咨询单位和供应商等有关主体，公路桥梁的建设与养护管理是由各个阶段的参与主体所创建、更新、管理或使用的。在建设阶段，项目各参与主体之间因工作需要而大量、频繁地交流和共享信息，由于各方主体在纵向管理范围有所不同，参与主体在阶段之间的信息交接也是必不可少的。从这个意义上讲，公路桥梁建设与养护管理实际上就是一个工程信息的创建、管理信息共享及应用的过程。因此，基于建养一体化的信息管理模式力图对建设过程中项目各参与主体产生的信息进行有效的梳理，实现在公路桥梁生命周期的各阶段之间、各参与主体之间高效地创建、管理、共享和应用工程信息。基于建养一体化的信息管理共享，一方面要求加强信息（沟通）管理和界面管理，保证界面之间项目各参与主体之间顺利完成信息交接，使工程信息保持准确和完整；另一方面要求加强各参与主体之间彼此合作，强调各参与主体在履行各自传统职责的同时，以配合运营养护为目的将管理工作延伸至工程建设全过程，加强协同工作，实现参建单位信息管理共享一体化。

（三）公路桥梁建养一体化信息管理作用

公路桥梁工程项目信息应符合管理的需要，有助于项目的管理和实施，公路桥梁建养一体化的信息应符合如下要求：符合专业需要，能够满足不同专业、不同项目管理职能人员的信息需求；反映并符合项目实际情况，项目信息保持准确有用且不失真；及时提供和反馈信息；信息通俗易懂，便于正确理解。公路桥梁建养一体化信息管理除了具备信息管理的辅助决策，提高管理水平、降低成本和提高工作效率等常见作用外，更强调以下几点。

1. 合理组织公路桥梁管理信息资源，实现信息资源的共享

公路桥梁从建设到运营的发展过程中，形成了一定的信息沉淀，如果无法有效组织和管理这些信息，则不能发挥信息资源的优势。为了使这些信息真正成为资源，公路桥梁建养一体化的信息管理通过对桥梁信息的搜集、整理、选择和评价，巧用基于BIM技术的数据管理平台实现信息资源的有效整合，通过将分散无序的数据加工为系统有序的信息流，利用信息管理平台实现项目各参与单位的信息资源共享，为桥梁运营养护提供各种工程信息，实现异地协调和控制，并通过各种方式向人们提供信息服务，发挥公路桥梁信息的作用。

2. 信息便于查询与利用

在桥梁运营期间，当通过专业监测系统发现桥梁某技术系统发生故障时，则需要调用设计、施工及变更等所有信息，作为技术人员分析和处理故障的主要信息依据。采用一体化的信息管理方式，通过对公路桥梁建设和养护信息的合理组织，提供多元化查询支持，不仅要提供当前桥梁运营养护管理的信息，同时基于BIM模型提供三维可视化界面，直观地提供公路桥梁各工程系统历史的数据资料，便于工程技术人员查阅和决策。

四、基础理论和方法

（一）建设项目集成管理

集成追求的是优势互补，要求各集成单元能实现优化组合，形成有序和谐的运行结构，从而使得集成产生的总效益大于各集成单元分效益的累加。PMBOK中对项目集成管理的定义是：项目集成管理是项目管理的一个子集，项目集成管理是将项目管理的各个方面整合在一起的活动，包括那些确保项目各要素相互协调所需要的过程，它需要在相互矛盾的项目目标和方案之间做出权衡，以满足或超出项目干系人的需求和期望。

（二）集成管理分析方法

对于建设工程项目而言，一个典型而有效的方法就是采用系统工程的方法进行集成管理。其中运用最多并且十分有效的方法是1969年美国系统工程学者霍尔（Hall）提出的"三维结构体系"，即霍尔模型。它用时间维、逻辑维和知识维的三维空间描述复杂系统分析与设计在不同阶段时所采用的步骤和所涉及的知识，是进行集成化管理系统分析与设计的主要方法。霍尔模型是解决规模较大、结构复杂、影响因素众多的大型复杂工程组织与管理问题的思想方法。

（三）建设工程项目集成管理途径

根据霍尔模型可知，建设工程项目集成管理一般从三个维度进行分析，即组织集成、过程集成、信息集成。建设工程项目作为一个完整的系统，组织集成、过程集成、信息集成分别是从三个不同的侧面对建设工程项目进行集成的途径。

1. 组织集成

组织集成是指建设工程项目参与各方的集成。组织集成描述的是建设工程项目集成管理系统的组织形态，即描述建设工程项目各参与单位之间的组织关系。建设项目集成管理中的组织集成是指项目参与各方为了实现共同的目标，按照特定的原则组织设计，从而使相关资源得到有机整合，并以特定结构运行的结合体。组织集成的方法则根据系统论的观点运用组织理论分析建设工程项目采用何种组织结构模式、组织分工及工作流程组织，实现建设工程项目集成化管理。

2. 过程集成

过程集成是建设工程项目实施过程的集成，也是建设项目全寿命周期各阶段的集成。过程集成强调不能只将管理的重点放在工程建设的实施阶段，而应从工程项目的全寿命周期角度进行分析。建设工程项目的所有活动是不可分割的，应运用系统的观点统筹考虑。在建设工程项目集成管理模式中，过程集成反映了纵向管理的范围，涉及建设项目不同过程之间的交互和协同工作。建设项目的过程集成是指实现建设工程项目全寿命周期数据、资源的共享和各参与方的协同工作，将原来分隔的建设过程集成为一个协调的系统。

3. 信息集成

信息集成主要针对建设工程项目管理过程中大量存在信息孤岛等问题，解决信息准确、高效的共享和交换。信息集成是建设工程项目集成管理首先必须解决的问题。信息集成的主要目的是如何保证建设项目全寿命周期的信息得到合理的定义、组织和管理，使项目整个寿命周期内的信息都能保持最新、一致、共享和安全。建设工程项目的信息集成根据系统论的观点针对工程项目既定的目标或任务，运用信息管理的理论和方法对信息进行组织和管理，使建设项目相关的多元信息有机融合和优化，为建设项目集成管理而服务。

组织集成、过程集成和信息集成是建设工程项目集成管理必不可少的三个方面。信息集成是过程集成和组织集成的基础，过程集成是连接组织集成与信息集成的重要环节，组织集成是在过程集成和信息集成的基础之上进行的，是建设工程项目集成的最高层次。

五、工程全寿命期管理

在全寿命期管理研究中最早的领域是全寿命期费用管理（Life Cycle Cost，LCC）研究，LCC 概念起源于瑞典铁路系统，瑞典 Adranz 公司将 LCC 技术应用于瑞典高速列车工程，并取得了很好的经济效益。成虎在《工程全寿命期管理》一书中关于工程全寿命期管理的定义为：工程全寿命期管理是以工程的前期策划、规划、设计、建设和运营维护、拆除为对象的管理过程。工程全寿命期管理有两个含义。

1. 工程全寿命期管理，主要是指对工程全寿命期内各个阶段的管理工作。

2. 基于工程全寿命期的管理理念、理论和方法。工程全寿命期管理强调工程任何一个阶段的工作都要立足于工程的全寿命期，不仅注重建设期，更注重工程的运行阶段；工程全寿命期管理以工程全寿命期的整体最优作为管理目标，反映工程全寿命期的整体效益和效率；强调对工程全寿命期进行集成化管理，将工程全寿命期的各个阶段的全过程作为一个整体统一管理，形成具有连续性的、系统的、集成化的管理系统。

建设项目全寿命管理从项目决策阶段开始，直至项目废除，进行总体和全面的策划、协调与控制，使项目符合投资方、运营方和最终用户的要求，使建设的投资目标、质量目标和进度目标尽可能实现，并使项目得到尽可能大的投资的有形和无形回报。

全寿命管理的理念要求工程项目的建设和管理应在考虑工程项目全寿命过程的基础上进行，在工程全寿命期内综合考虑工程建设的各种情况，使工程项目的总体目标达到最优。全寿命期管理有助于项目管理者在工程建设过程中统筹考虑工程项目全寿命期目标的实现并最终提升工程的价值。

第三节　公路桥梁建养一体化信息管理过程解析

近年来，随着 BIM 技术的发展，BIM 理念的提出为建设项目全生命周期信息管理提供了理论和技术上的支持。BIM 通过支持协作性的创建、管理、共享和使用项目相关信息，以全寿命周期集成化管理的思想将项目设计和相关信息进行有机集成，为项目增值服务。先分析桥梁工程建设与养护阶段的信息管理过程，包括信息创建、信息加工与存储、信息共享和信息再利用四个环节。然后通过建养一体化信息流程分析，明确基于 BIM 模型的建养一体化信息流动过程，为桥梁建设和养护管理决策服务。

一、基于 BIM 理念的建设工程信息管理

建设工程生命周期信息管理（BIM）的理念是 2000 年提出的，这一思想的提出，从技术上改变了建设工程信息的创建、管理和共享行为与过程，是工程建设领域信息化发展的方向。建设工程生命周期信息管理以 BIM 为技术核心来推动建设工程设计、施工和运营管理工作中的数字化，从而提高信息在工程参与各方之间共享的程度。

公路桥梁建养一体化信息管理的对象是公路桥梁建设项目各阶段的信息，即寻求最佳方式组织、跟踪、访问和管理公路桥梁项目的设计、建造与运行维护等各阶段内的所有数据及信息，它需要解决目前公路桥梁信息的创建、管理、共享和使用中存在的问题。基于 BIM 理念的公路桥梁建养一体化信息管理不仅仅是信息管理，相对于传统的信息管理侧重于信息传输的合理组织和控制，其更密切结合面向公路桥梁项目的协同工作、流程改进和知识管理。公路桥梁建养一体化信息管理过程涉及桥梁工程信息的创建、管理、共享和使用整个过程，需要解决以下问题。

（一）信息的创建阶段

基于 BIM 理念的建养一体化信息管理需要解决公路桥梁巧计方案以及相关的信息集成问题，包括结构空间规划、成本、物料清单等资源和工程结构关系等，以及这些信息的参数化处理和相互关联处理，目前建筑信息模型（BIM）是解决此问题的重要途径。

（二）信息的管理和共享阶段

在这一阶段需要解决信息的分类、文档的产生、桥梁数据的更新以及信息的安全管理、分发和交流等，以使项目各参与方协同工作。

（三）信息的使用阶段

信息的使用阶段需要解决所创建信息的再利用问题，即应具备强大的索引和搜索功能，

从信息的最终用户需求角度出发获取信息，将传统的"推"式转向"拉"式，提升信息使用层次，将信息转化为知识，为公路桥梁项目增值提供服务。

二、公路桥梁建养一体化信息管理的实施

信息管理角度来看，公路桥梁建设与养护管理实际上就是工程信息的创建，以及管理信息共享及应用的过程。公路桥梁建养一体化信息管理的实施可用五个基本过程进行描述，即信息需求的识别、信息创建（获取）、信息加工和存储、信息共享和信息再利用。现在以BIM理念为指导，重点分析桥梁工程建设与养护的信息创建、信息加工和存储、信息共享和信息再利用过程。

（一）建设阶段信息管理过程

公路桥梁建设阶段信息管理过程主要从信息创建、信息加工与存储以及信息共享三个环节进行分析。

1.信息创建（收集）

公路桥梁工程项目在整个建设过程中产生大量的信息，对这些工程信息进行管理的第一步就是信息的创建和收集。BIM设计工具创建了参数化设计数据，为桥梁工程全寿命期的信息管理提供了可行的技术基础，实现全寿命期各阶段的信息管理和共享。基于BIM模型的信息创建主要包括BIM核心、信息的创建以及技术信息、经济和资源信息、管理和其他信息等附属信息的创建。

桥梁工程BIM核心、信息的创建主要由专业软件系统实现，在设计阶段主要是参数化三维建模，建立结构细化模型，不仅包括桥梁图形信息、设计信息和材料信息等BIM模型创建桥梁工程结构信息等核心信息，还包括通过与BIM模型相结合的信息平台集成创建的相关附属信息（如技术信息、经济和资源信息、进度信息等），是BLM各阶段信息共享和协调工作的基础。

2.信息加工与存储

原始信息创建（收集）后并不宜直接存储和使用，信息存储之前需要对信息加工和处理，即对与建设项目相关的信息根据不同需要及要求进行选择、核对、分类和汇总，在此基础上生成不同形式的信息。基于BLM理念的信息加工与处理，在强调信息集中管理的同时，主要通过判断、分类整理以及编辑与归档保存三方面的工作，获得可供利用和存储的真实可靠的信息资料。

（1）判断。除了判断创建信息的真实性与准确性外，BIM信息的判断主要包括两方面：一是工程建设需要的信息，宜由业主方牵头组织，设计、施工方负责实施；二是从运营养护管理角度出发，由运营方负责判断信息的归档和参考类型。

（2）分类整理。公路桥梁建设项目参与方众多，从各方面收集到的信息分散而杂乱，

采用基于 EBS 的信息模型能够以统一的标准对其进行分类整理。拓展的编码信息则用于将创建的初始信息按一定的标准，如时间、业务性质等将其分门别类进行整理。

（3）编辑与归档保存。信息的编辑与归档保存主要是为后期的调用提供便利。基于 BIM 的信息模型能够通过三维可视化让使用者直观地了解桥梁状况，采用统一的编码体系则有助于信息归档的电子化和规范化，以实现数据库对信息的集中管理。

3. 信息共享

传统的信息传递主要依赖人工的方式进行，如专人负责信息的传递，将纸质文件在规定时间内传达到指定方，通过通信方式（如信函、电话、传真等方式）及会议形式进行信息传递。BIM 作为一项基于三维的面向对象的工程数据库技术，BIM 数据库包含设计意图、设计管理数据、项目资料和建造信息等可视化信息，因此满足了构建信息交换平台的最基本要求。基于 BLM 的信息共享强调在桥梁工程生命周期内，使工程各参与方能够在线交流信息与协同工作，项目信息门户（Project Information Portal，PIP）为此提供了技术方面的支持。项目信息门户在对工程各参与方产生的信息进行集中管理的基础上，在互联网平台上为各参与方提供个性化建设工程信息的单一入口，项目所有参与方可以通过这一单一入口访问他们所需要的信息，从而使项目信息从传统低效、点对点的沟通方式转变为集中共享，不仅大大提高了信息沟通的效率，项目信息也得以稳定、准确和及时传递，为工程各参与方提供一个高效的信息交流和共同协作的环境。设计阶段 PIP 为设计方基于 BIM 的协同工作提供支撑，各专业工程师改变传统点对点的沟通方式，采用在 PIP 平台上实现基于 BIM 的信息集中共享。PIP 还为业主方决策提供信息支撑，决策人员通过 PIP 能够实时掌握工程进展和工程方案实施情况。施工阶段 PIP 除实现信息共享、协同工作和文档管理等功能外，基于 PIP 平台集成相关项目管理信息系统，能够在 PIP 平台上进行成本管理、进度管理、合同管理等项目管理工作。另外，BIM 中心、数据库的信息内容也可以通过 PIP 平台进行共享和发布，并通过 PIP 平台接收各参与方的信息指令。基于 BIM 数据库和 PIP 信息平台的信息传递与管理模式，使建设项目信息在规划、设计、建造和运营维护全过程充分共享、无损传递，可以使建设项目的所有参与方在项目从概念产生到完全拆除的整个生命周期内都能够在模型中操作信息和在信息中操作模型，进行协同工作，从根本上改变过去依靠文字符号形式表达的蓝图进行项目建设和运营管理的工作方式。

（二）养护阶段信息管理过程

公路桥梁养护是一项系统工程，涉及的信息量多且广，针对公路桥梁养护信息过于抽象、分散的特点，将桥梁养护信息进行科学加工与集成共享具有重要意义。桥梁养护信息过程管理也可以从信息创建、信息加工与存储，以及信息共享的角度进行分析。

1. 信息收集（创建）

公路桥梁养护信息可以分为构件信息和业务信息两类。运营阶段公路桥梁的产品数据模型由构件数据模型和业务数据模型组成，构件数据模型是在移交的 BIM 模型基础上形成的，主要描述公路桥梁构件的状态，构件数据模型信息包括桥梁下部结构、上部结构、桥面系、附属结构信息，以及档案信息和图形信息等基本信息。业务数据模型则用于描述桥梁检测、桥梁状况和评估等动态信息。

构件数据模型信息由在桥梁维护过程中所需和积累的设计与施工信息构成。因此，构件数据模型创建的信息包括结构类型和构件在维护计划、退化诊断、维修与加固阶段的信息。

业务数据模型信息由运营阶段桥梁养护工作产生的信息构成，业务数据模型创建的信息包括：桥梁检查检测产生的数据，桥梁检查检测专业数据信息是桥梁状态评估和养护决策的主要专业数据来源，包括经常性检查、定期检查和特殊检查专业数据和健康监测系统采集的数据；根据桥梁检查数据生成的桥梁评定结果的数据；桥梁养护决策信息以及维修加固计划的制订；进行桥梁维修与加固产生的数据；等等。

2. 信息加工与存储

桥梁管理系统的数据库子系统为桥梁养护信息的加工和存储提供了技术支持，一般桥梁管理系统数据库包括桥梁基本数据（桥梁结构、设计数据、施工数据）、检查数据、维修改建历史数据、技术状况数据、费用数据和交通环境数据等。采用基于BIM的数据库技术，在实现传统桥梁管理系统数据库功能的基础上，通过面向对象的、智能化和参数化特点的数字化表示，支持桥梁养护过程中动态信息创建、更新和管理，实现信息可视化表达，为桥梁养护信息加工与存储提供集成化平台。基于BLM的桥梁产品数据模型也可根据判断、分类整理、编辑归档三方面工作进行信息的加工与处理。

（1）判断。除判断创建信息的真实性与准确性外，桥梁养护信息判断主要包括两方面：一是工程后期维护需要的信息；二是为桥梁设计、施工提供技术参考的信息。由运营方负责判断信息的归档和参考类型，并且与设计、施工方保持长期合作关系。

（2）分类整理。桥梁养护信息的整理采用动态数据与静态数据的相互转化进行分类整理，对于构件数据模型的信息，主要桥梁构件指将对应的基本数据、检查数据、维修数据、技术状况等数据归类整理。

（3）编辑和归档保存。桥梁养护信息的编辑归档是一个不断更新的过程，其中构件数据模型的信息经归类后即可累积存储，业务数据模型的信息在信息输入和输出的过程中将相关技术信息归类保存，便于本工程后期运营参考和其他类似工程设计、施工的借鉴。

3. 信息共享

相对于桥梁养护管理，桥梁建设阶段参与方多、信息量大，基于BIM的PIP为不同参与方之间的交流和信息共享构建了面向桥梁建设全生命周期信息管理的协作平台。桥梁运营方在建设阶段基于BIM的PIP平台上实现桥梁建设信息共享之外，桥梁养护信息的共享则由基于BIM数据库的产品数据模型实现。不同于传统的桥梁管理系统，基于BIM数据库的桥梁3D产品数据模型最大的特点是提供一个可视化直观界面，作为进入海量桥梁信息库的窗口,具备强大的索引和搜索功能,为相关方信息查阅提供支持。

传统桥梁养护管理从运营阶段开始,相关养护信息也是在运营阶段开始创建和管理。基于BIM数据库的产品数据模型在整合桥梁维护过程中所需和积累的设计与施工信息基础上,不断更新桥梁构件在维护计划、退化诊断、维修和加固阶段的信息,其面向桥梁工程对象的设计、施工、养护一体化信息,实现桥梁全生命周期的信息传递,特别是桥梁运营期间的检测评估后的信息共享,为相关设计、施工与养护等部门提供反馈信息,实现桥梁建设与养护之间的信息共享。

产品数据模型中的业务数据模型可以与传统的桥梁管理系统相结合,实现业务间的信息共享;产品数据模型与健康监测系统相结合—在产品数据模型上结合桥梁健康监测布局,实现桥梁基本数据信息、业务数据信息、健康监测信息一体化,实现BIM数据库、桥梁管理系统和健康监测系统间的信息共享。

(三)信息再利用

对于建养一体化的公路桥梁而言,信息的价值在全生命周期各个阶段的体现也有所不同。在决策阶段,信息的价值在于明确定义一个项目,并为后续阶段提供决策信息;在设计阶段,信息的价值在于为招投标、施工和运营阶段提供准确而完整的项目信息;在施工阶段,信息的价值在于根据项目目标进行各项管理活动并指导施工,避免因信息的错误导致不必要的浪费;在运营阶段,信息的价值在于辅助运营管理及资产的保值增值。

1. 信息管理平台的应用能够减小数据手工输入造成的错误。采用信息管理平台实现信息再利用的"一次录入,多次使用",这就避免了传统信息在过程界面或组织界面都需要重复手工录入的情况,从而减少手工录入造成的信息错误。

2. 基于EBS的编码体系减少信息冗余。信息再利用是根据需求对信息的多次使用,由于EBS编码体系的固定性,只需对录入的一套信息进行维护就可以满足多方需求,这不仅减少了信息总量,也降低了信息搜索与维护的成本。

3. 提高信息准确性,准确反映桥梁状态。传统公路桥梁各阶段都是利用本阶段录入的信息,在桥梁生命周期内存在多种表达同一构件的信息,当信息变更时,无法及时反映给其他相邻阶段,造成信息时效性和准确性下降,无法准确地反映桥梁状态。

三、公路桥梁建养一体化信息流程

信息流程是记录业务流程中管理工作形成的数据流,建设项目信息流程主要反映建设项目的建设过程和信息处理过程。公路桥梁建养一体化信息流程包括项目管理流程和信息流分析两方面。采用IDEFO(Intergrated Definition Language)方法对公路桥梁建养一体化过程建立模型,通过分析项目各个过程之间的联系,梳理项目管理流程,是信息流程分析的基础。项目建设的不同阶段均存在信息流动过程,建养一体化信息流通过分析基于BIM

信息模型的数据流，实现公路桥梁设计、施工和养护管理各个阶段的过程数据与结果数据的整合及再利用，服务于公路桥梁建设和养护管理决策。

（一）建养一体化工程模型建立

工程建设项目的过程是指为完成建设项目目标而进行的一系列逻辑相关的跨越时间的活动的有序集合。工程建设项目的所有活动是不可分割的，需要用系统的观点统筹考虑，公路桥梁建养一体化过程涉及不同过程之间的交互和协同工作，运用过程建模技术对公路桥梁建养一体化过程建立模型，分析项目各个过程之间的联系，也有利于实现桥梁建设各过程的信息集成与管理。采用IDEFO方法可以清晰而有序地描述各层次的过程以及相互关系，IDEFO的基本元素包括输入、活动、输出、机制和控制。

工程建设过程从不同参与方的视角出发具有不同的输入、输出和控制机制，业主方作为整个项目的组织者与集成者，公路桥梁建养一体化的过程模型是基于业主视角的模型。由于桥梁工程建设过程涉及内容广泛，人们主要就桥梁工程生命周期过程及其部分关键过程给予建模，着重体现建模的思路和方法。建养一体化过程总体模型可分为建养一体化信息管理、前期策划、设计、施工和运行及维护五个子过程，具体包括以下内容。

1.建养一体化信息管理活动。建养一体化信息管理主要集中在将资源转化为项目参与团队、文档或合同等控制条件，建养一体化信息管理受控于两个要素，即整个项目的状况信息和优化项目内部子过程的信息。

2.项目前期策划活动。通过明确和定义业主需求与实现方法，将建设想法转化为设计要求，受控于项目参与者、管理计划、合同和优化信息，输出包括活动下游的设计要求文件和项目前期策划信息。

3.设计活动。基于策划报告和设计文件的要求，将执行方案转化为BIM模型、工程文档和运行维护文档。另外，后续活动的设计可施工性以及运营养护管理信息也是设计所需的控制信息，以使工程满足业主的需求。基于BIM的设计过程可分为如下几个子过程：理解项目需求和要求；项目定义和概念设计；初步模型建立；模型改进和深化；模型的测试与模拟；模型的维护和设计文档的输出。

4.施工活动。基于BIM模型、工程文档、合同、标准和现场计划等控制条件，施工活动的主要任务是将与设计有关的资源转化为一个完整的工程实体。

（二）建养一体化项目管理工程分析

基于建养一体化的项目管理流程更多地考虑工程技术的定位、工程建设组织协调管理和运营维护，包含许多职能型的计划和管理控制，使桥梁工程在建设期和运营期都能很好地发挥作用，实现建设目标。项目管理流程可分为建设管理流程和养护管理流程两部分。

1.基于建养一体化的桥梁建设项目管理流程

建养一体化桥梁建设项目管理应以运营养护为导向，从提高信息再利用、降低桥梁寿命周期成本和提高运营效率的功能角度出发,在满足当前目标的基础上,以建养一体化为目标,形成一体化的管理流程,为桥梁养护决策提供必要的条件。在桥梁建设阶段,项目管理流程主要反映项目管理要素之间的关系。

2. 基于建养一体化的桥梁养护管理流程

在养护管理工作中,基于 BIM 模型的数据库包含桥梁基本数据(即产品数据模型中包含的桥梁设计、施工数据),它是进行检测、评估、计划和决策的基础。在桥梁检查检测和健康监测系统数据基础上进行结构状态评估,评估结果为维护计划和决策的制订提供数据基础。根据评估的结果制订维修加固计划,最后将维修加固实施的结果也录入数据库保存。

(三)建养一体化信息流分析

从全寿命周期的角度来分析,建设项目在某一阶段产生的一些信息不会立刻消失或失效,往往会继续进入下一个阶段使用、更改。在信息产生、转化、消亡的过程中,项目建设的不同阶段均存在信息的流动过程。公路桥梁工程项目从产生开始经历了决策、设计、施工和运营多个阶段,各阶段之间的管理过程是紧密联系的,前一阶段的信息输出会成为后一阶段的信息输入。建养一体化信息流即用来分析相关的信息流动过程是如何为桥梁建设和养护管理服务的。

1. 桥梁建养一体化总体信息流

公路桥梁建养一体化信息平台不同于一般的桥梁管理系统,公路桥梁信息平台利用 BIM 技术,通过对全桥进行结构分解、参数化编码,将每个构件在设计阶段、施工阶段以及运营阶段检测、维修养护的各类数据信息输入,实现桥梁生命周期数据的流通,形成建养一体化的信息流,其信息资料的完整性也符合全寿命周期理念的要求。

2. 公路桥梁建设—养护管理信息流

BIM 作为桥梁建养一体化信息管理的核心,在工程生命周期不同阶段的模型信息是一致、连贯的,同一信息无须重复输入,故建设—养护管理信息流分析以 BIM 模型信息流分析为主。BIM 模型信息流以完善 BIM 数据库的信息为目标,BIM 数据库相当于提供了一个信息存储平台,不同阶段、不同参与方可以根据需求提取相关信息,扩展和输入相应的信息,随着 BIM 数据库信息的不断完善,为相关参与方进行项目决策提供技术支持。

从以养护为导向的桥梁建养一体化角度出发,桥梁运营阶段的产品数据模型信息由在桥梁维护过程中所需与积累的设计和施工信息构成。因此,运营阶段信息流关注构件的结构类型及其在设计、施工、运营维护计划、退化诊断、维修和加固阶段的信息积累,并将这些信息有效归类于桥梁上部结构、下部结构、桥面系和附属设施中。其中,CAD、设计分析和工程量计量结果等信息作为运营阶段产品数据模型的基础数据,应能体现一定的架构并提供原数据的链接。

(1)桥梁建设阶段的信息流,通过设计和施工各功能模块信息的完善最终流向 BIM

数据库。桥梁 BIM 功能模型的建立是在数据的基础上进行的，可以从相关模型软件中抽取提炼出可识别的信息，通过 BIM 数据集成平台（BIM 数据库）实现共享和扩展。例如，设计阶段的信息模型主要包括桥梁 3D 模型、材料属性、地质环境、水文资料、基础造价等信息；施工信息模型对其进行扩展，包含桥梁施工模拟数据、施工基本信息、安全管理方案。由于后续信息模型在建立时可以从中提取所需的信息，减少不必要的信息输入，提高信息的重复利用率。

（2）桥梁运营阶段的信息流。桥梁运营阶段的 BIM 信息流以桥梁设计和施工模型积累的信息为基础，对最终施工信息模型进行进一步扩展，增加桥梁检测采集信息、桥梁状况评估产生的关于桥梁构件的结构特征信息以及后期桥梁维修加固的相关信息，更新到 BIM 数据库中。一方面为桥梁后期养护管理提供技术基础，提高信息再利用；另一方面对其他桥梁工程的设计、施工提供参考信息。

第八章 道路桥梁工程施工环保与安全

环境保护是我国的一项长期的基本国策。在经济建设过程中，为了正确处理环境保护与经济发展的关系，坚持环境与经济协调发展的思想，为此国家制定了"经济建设、城乡建设、环境建设同步规划、同步实施、同步发展，实现经济效益、社会效益、环境效益统一"的指导方针，相继颁布了《环境保护法》等各项有关环境保护方面的专门法律，发布了 20 多项环保法规和 360 项环保标准，以指导各行各业在经济建设活动中的环境保护工作。就公路工程环保而言，国家体现的是公路建设与环境保护并举的原则，同时提出"保护优先，防护为主，防治结合"的方针，为公路工程建设过程中的环境问题提出了明确方向。

施工安全技术是在施工项目生产活动中，根据工程特点、规模、结构复杂程度、工期、施工现场环境、劳动组织施工方法、施工机械设备、变配电设施、架设工具以及各项安全防护措施等，针对施工中存在的不安全因素进行预测和分析，找出危险点，为消除和控制危险隐患，从技术和管理上采取措施加以防范，消除不安全因素，防止事故发生，确保项目安全施工。

第一节 道路桥梁工程施工与环境保护

1. 道路与桥梁施工环境保护基本概念

交通运输部历来十分重视环境保护工作，从 1973 年第一次全国环境保护工作会议开始，交通运输部就成立了以分管部长任主任、部内有关司局领导参加的环境保护委员会。40 多年来，交通环保从以"三废"治理为主，逐步在港口、船舶、公路建设和运营中进行全面的环保管理，到现在已基本形成了较为完善的机构体系、法规标准体系、环境监测和环保科研体系等。

到目前为止，交通行业完成环境影响评价 1200 余项。2008 年仅国家管理立项的交通建设项目环境影响评价达 105 项，为全国行业之最。经过 40 年的努力，交通运输部逐步完善形成了较为系统的环境管理、污染防治、科研监测、信息教育法规标准体系。在国家有关环保法律标准的基础上，交通运输部先后制定了《交通行业环境保护管理规定》《交通建设项目环境保护管理办法》《交通运输部环境监测工作条例》《公路建设项目环境影响评价规范》《公路环境保护设计规范》等。在交通运输部颁发的现行 62 项公路工程技术标准规范中，在《公路工程技术标准》《公路路基设计规范》《公路路基施工技术规范》《公路隧道设计规范》《公路路线设计规范》《公路工程国内招标文件范本》等13项标准规范中，都编制专门条款规定环境保护的工作内容。

公路工程环境保护法必须根据经济规律和生态规律的要求，认真贯彻"经济建设、城市建设、环境建设同步规划、同步实施、同步发展"的三同步方针和"经济效益环境效益、社会效益"的三统一方针。多年来，公路环保事业与时代同步，环境保护队伍从无到有，从弱到强，逐步发展壮大，交通环保工作从点到面，逐步展开。随着国家进入全面建设小康社会时期的到来，交通行业迎来了一个长期高速发展时期。公路行业环境保护工作在40年经验的基础上取得了长足进步，公路环保与国家经济、交通事业共同发展，走出了一条具有行业特色的交通环保之路，取得了可喜的成就。

（1）水土保持的基本规定

①水土保持工作的方针。根据我国的水土流失发展状况，确定了"预防为主，全面规划，综合防治，因地制宜，加强管理，注重效益"的水土保持工作方针，把预防保护工作摆到了首位。

②权利义务的规定。防治公路建设造成水土流失的总原则是"谁开发谁保护，谁造成水土流失谁负责治理"。

③水土保持的责任范围。根据水土保持法规规定的"谁开发谁保护，谁造成水土流失谁治理"的原则，按照国家行业标准《开发建设项目水土保持方案技术规范》规定，公路建设水土流失防治责任范围包括项目建设区（一般指公路建设主体工程区、取土场、弃土弃渣场以及临时工程占地等）和直接影响区（一般指由于公路建设行为而造成水土流失危害的直接产生影响区域，如项目区外的拆迁安置区、排水承纳区等）。

④水土流失防治实行分区防治原则。要求县级以上人民政府根据当地水土流失的具体情况，划定水土流失重点防治区，即重点预防保护区、重点监督区、重点治理区，进行分类指导，分区防治。

⑤水土保持的"三同时"制度。根据《中华人民共和国水土保持法》的规定，我国实行水土保持"三同时"制度。水土保持"三同时"制度是指建设项目中的水土保持设施，必须与主体工程同时设计、同时施工、同时投产使用。建设项目设计中要同时编制水土保持方案，并经行政主管部门批准，施工时要同时按水土保持方案的要求建设水土保持设施，主体工程与相关水土保持设施要同时建成竣工并投入使用。

⑥建立水土保持方案报告制度。凡从事可能引起水土流失的生产建设活动的单位和个人，必须首先编报水土保持方案，经水土行政主管部门批准后方可审批环境影响报告，才能申请计划部门立项。

⑦明确水土保持机构的监督职能。县级以上地方人民政府行政主管部门及其水土保持监督管理机构，地方政府设立的水土保持机构，对水土流失的防治实施监督检查，这是贯彻实施水土保持法的重要保证。

（2）水土保持方案的意义和作用

①落实法律规定的水土流失防治义务；

②水土保持列入开发建设项目的总体规划；

③水土流失防治有科学规划和技术保证；

④有利于水土保持执法部门监督实施。

（3）水土保持的原则和目标

①水土保持的原则

公路建设水土保持必须按照经济规律和生态规律进行，以保护生态环境为基点来建立水土保持目标，促进经济的发展。公路建设水土保持的原则应当遵守水土保持法规、水土保持技术标准和环境保护总体要求的共同原则，同时还要根据主体工程设计及施工的特点，遵守以下基本原则：

A. 坚持"预防为主、防治结合"的水土保持方针；

B. 水土保持与公路建设相结合；

C. 因地制宜，因害设防，重点治理与一般防护相结合；

D. 公路水土保持管理与地方水土保持管理相结合。

②水土保持的预期目标

在公路施工及运营过程中，通过布设水土保持工程的生物措施，使新增水土流失得到有效控制，项目区原有的水土流失得到有效措施，减少水土流失造成的危害。恢复和保护公路沿线水土保持设施，加大公路绿化里程，改善生态环境。具体目标如下：

A. 通过采用有效的水土保持措施使边坡稳定，岩石、表土不裸露，为公路安全运行服务，避免水土流失对工程本身的危害；

B. 取土场全部做防护处理，覆土加以利用；

C. 通过对弃土（渣）场进行综合治理，使工程施工过程中产生的弃土、石渣得到有效拦挡或利用；

D. 工程与植物措施相结合，使泥沙不进入下游河道，不影响河流正常行洪；

E. 做好公路绿化工程的养护，使生态环境明显改善。

（4）水土保持方案编制内容

①方案编制总则，含编制依据、技术标准；

②建设项目及其周边地区概况；

③生产建设过程中水土流失预测；

④水土流失防治措施；

⑤水土保持投资概（估）算及效益分析；

⑥方案实施保证措施。

（5）水土保持方案审批规定

①行业归口管理

各级行政主管部门及地方政府设立的水土保持机构负责审批建设项目的水土保持方案。

②分级审批制度

A. 国家审批立项的项目，其方案由水利部审批（含各部委的项目）；

B. 地方审批立项的项目，其方案由相应级别的行政主管部门审批；

C. 乡镇、集体、个体项目的方案，由所在地县级行政主管部门审批；

D. 跨地区项目的方案由上一级行政主管部门审批。

③修改申报制度

经审批的水土保持方案，如项目性质、规模、地点等发生变化，应及时修改方案，并报原批准单位审批。

（6）水土保持方案实施规定

①投资责任。企事业单位在公路建设和生产过程中造成水土流失，由其负责治理。

②组织治理方式。项目建设单位有能力（主要是技术、人员、管理等能力）进行治理的，自行治理；因技术等原因无力自行治理的，可以缴纳防治费，由行政主管部门代为组织治理。

③监督实施。工程所在地的行政主管部门有权监督建设单位按批准的水土保持方案实施，具有法律强制性。

④竣工验收。根据水土保持"三同时"制度的要求，建设项目主体工程验收时，应同时验收水土保持设施。

（7）公路工程竣工环境保护验收

公路建设项目竣工环境保护验收是指公路建设项目竣工后，环境保护行政主管部门依据《建设项目竣工环境保护验收管理办法》，根据环境保护验收监测或调查结果，并通过现场检查等手段，考核该公路建设项目是否达到环境保护要求的活动。

①公路竣工环境保护验收依据

2001年12月20日国家环境保护总局令第13号发布，2002年2月1日起施行的《建设项目竣工环境保护验收管理办法》。2003年4月11日经中华人民共和国交通运输部第三次部务会议通过，2003年5月13日中华人民共和国交通运输部令2003年第5号公布，自2003年6月1日起施行的《交通建设项目环境保护管理办法》。环境保护验收目的是加强公路建设项目环境保护管理，监督落实环境保护措施，防治环境污染和生态破坏。

②验收方法

公路建设项目竣工后，建设单位应当向有审批权的（即审批该建设项目环境影响评价文件的）环境保护行政主管部门申请环境保护设施竣工验收，同时报县级以上人民政府交通主管部门，省级以上人民政府交通主管部门按规定组织公路建设项目的竣工验收，应当有交通环境保护机构参加。

公路建设项目的建设单位、设计单位、施工单位、监理单位、环境影响报告书（表）编制单位、环境保护验收调查报告（表）的编制单位应当参与验收。对填报建设项目竣工验收登记卡的建设项目，环境保护行政主管部门经过核查后，可直接在环境保护验收登记卡上签署意见，做出批准决定。国家对建设项目竣工环境保护验收实行公告制度，环境保护行政主管部门应定期向社会公告建设项目竣工环境保护验收结果。

③验收申报

建设单位应最迟在建设项目整体正式验收两个月前按要求填写《建设项目竣工环境保护执行报告》及《建设项目竣工环境保护验收申请报告》（申请登记表登记卡），并附环境保护验收调查报告（调查表），报环境保护行政主管部门。

④验收条件

A.建设前期审查、审批手续完备，技术资料与环境保护档案资料齐全；

B.环境保护设施及其他措施等已按批准的环境影响评价文件和设计文件的要求建成或者落实；

C.环境保护设施安装质量符合国家和有关部门颁发的专业工程验收规范、规程和检验评定标准；

D.具备环境保护设施正常运转的条件，包括：经培训合格的操作人员，健全的岗位操作规程及相应规章制度，原料、动力供应落实，符合交付使用的其他条件；

E.污染物排放符合环境影响评价文件中提出的标准及核定的污染物排放总量控制指标的要求；

F.各项生态保护措施按环境影响评价文件规定的要求落实，项目建设过程中受到破坏并可以恢复的环境已按规定采取恢复措施；

G.环境监测项目、地点、机械设置及人员配备，符合环境影响评价文件和有关规定的要求；

H.环境影响评价文件提出需对环境保护敏感点进行环境影响验证、施工期环境保护措施落实情况进行工程环境监理的，已按规定要求完成。

⑤验收范围

与公路建设项目有关的各项环境保护设施，包括为防治污染和保护环境所建成或配备的工程、设备、设施和监测手段各项生态环境保护设施；环境影响评价文件和有关项目设计文件规定应采取的其他各项环境保护措施。

⑥提交材料

公路建设项目竣工环境保护验收时，要提交下列材料：

A.建设项目竣工环境保护执行报告

建设项目竣工环境保护执行报告由建设单位在环境保护行政主管部门进行现场检查前自行负责编写。主要内容包括：

a. 建设项目的基本情况，包括项目立项、投资概算、环境影响评价环保初步设计、主要经济技术指标、主要工程量、施工概况、试运行情况等；

b. 建设项目主要污染物排放情况；

c. 环保设施基本情况，包括环评及其批复要求的落实情况，各项环保设施是否正常、稳定、持续动转，各项环保设施的处理工艺、处理能力、处理效率及排放情况，环保设施投资及其占总投资的比例等，并附加环境保护措施及投资一览表；

d. 各类污染物是否按环评及其批复的要求进行排放，环境敏感点上是否达到经批复的环评要求；

e. 生态恢复、绿化及固体废弃物综合利用情况；

f. 企业环境管理组织机构及环保规章制度；

g. 环境保护工作存在问题及完善计划。

B. 建设项目竣工环境保护验收申请报告或建设项目竣工环境保护验收申请表、建设项目竣工环境保护验收登记卡

"建设项目竣工环境保护验收申请报告"（申请登记表、登记卡）的内容和格式由国家环境保护总局制定。建设项目竣工环境保护验收分类管理的办法包括：

a. 对编制环境影响报告书的公路建设项目，为建设项目竣工环境保护验收申请报告，并附加环境保护验收调查报告；

b. 对编制环境影响报告表的公路建设项目，为建设项目竣工环境保护验收申请表，并附环境保护验收调查表；

c. 对填报环境影响登记表的公路建设项目，为建设项目竣工环境保护验收登记卡。

d. 环境保护验收调查报告（表），由建设单位委托经环境保护行政主管部门批准，有相应资质的环境监测站或者具有相应资质的环境影响评价单位编制。原承担该建设项目环境影响评价工作的单位，不得同时承担该建设项目环境保护验收调查报告（表）的编制工作。

2. 环境保护依据

自 20 世纪 80 年代起，按照国家有关环境保护的规定，在公路建设项目的可行性研究阶段执行环境影响评价制度。通过环境影响评价，对项目存在的环境影响问题进行分析、预测，并针对不利环境的影响提出防治措施，要求项目在规划设计阶段和建成运营阶段严格落实执行。涉及亚行和世行贷款项目对环境保护问题尤为重视，要求在环境影响评价报告的基础上编制环境保护行动计划，以指导项目的整个实施过程。因此，在公路施工过程中实行环境保护，是对项目全过程环境保护管理不可缺少的重要环节，也完全符合国家关于环境保护必须与工程主体"同时设计、同时实施、同时交付使用"的三同时原则。为了保护环境，国家制定了很多规定，具体如下：

（1）项目的环境影响评价报告书；

（2）项目的环境行动计划（贷款项目均有此文件）；

（3）国家有关资源环境保护法规；

（4）国家有关文物保护法规；

（5）国家有关环境质量法规；

（6）地方有关环境质量法规。

具体到实际法律有：《环境保护法》《环境影响评价法》《水污染防治法》《大气污染防治法》《环境噪声污染防治法》《固体废物污染环境防治法》《放射性污染防治法》《清洁生产促进法》。

3.施工对生态环境的影响及防治

（1）公路施工对生态环境的影响

①道路的廊道与分割效应。对于生物来说，尤其是对地面的动物，公路的建设导致自然生境的人为分割，使生境岛屿化，不利于生物多样性的保护。为避免生境岛屿化造成的生物多样性受损，许多自然保护区需要建立与其他自然保护区域、自然地域的通道，这就是经常所说的"生物走廊"。

②水文影响。公路建设会改变地表径流的固有态势，从而造成冲、淤、涝等局部影响。

③对土地利用的影响。公路建设对土地利用的影响较为显著，将改变沿线被征用土地的利用现状，其中对耕地的占用较为突出。

④生态敏感地区的影响。交通运输线路长，会穿越各种生态系统，其中不可避免地会涉及一些特殊敏感的生态能区，如湿地、荒地、自然保护区、天然森林、森林公园、水源保护区、风景名胜区、特殊地质地貌区以及生态脆弱区、自然灾害多发区等。

（2）防治措施

①充分考虑公路环保措施，严格控制公路占地面积和临时用地规模，减少对耕地和植被的破坏；避开环境敏感性区域，如学校、工厂、医院、名胜古迹、自然保护区、精密食品基地和军事设施等。

②重视水土资源，减少水土流失。工程设计应充分考虑水土流失预防措施：一是注意填挖平衡，减少土石方量，减少借土弃土；二是做好边坡防护设计工作，确保边坡稳定，以减少将来使用过程中的不良病害发生，并应根据地质情况多采用种草植树的绿化护坡方法；三是做好沿线排水设计；四是合理取土、规范弃土、保护耕地、少占良田，应尽量在荒地或低产耕地集中取土，取土后对取土坑进行后期利用，弃方应集中堆弃，不占农田，堆弃后应上覆表土，播种绿化。

③注意保持原有的灌溉系统和自然水网体系。桥梁布置尽量避免影响河流水文、水流特征，做到顺应地形和原水体流向；避免改变或堵塞大型河沟；对小型排灌系统如遭破坏应予以恢复或加以调整，合理设置小桥涵位置，必要时对原有排灌体系进行优化合并或改移；做好项目自身的排水系统，增加必要的构造设施以防止路基路面排水对农田水利的冲击。

④做好公路沿线景观设计工作。首先路线要尽量与地形地貌相吻合，减少土石方量，减少对自然风景的破坏，避开受保护的景观空间；还要加强道路沿线绿化，以补充和改善

沿线景观，如边坡尽量采用种草植树的护坡方式。

4.施工噪声及振动的影响及防治

（1）公路施工噪声及振动的影响

在公路施工期间，各种作业机械和运动车辆产生施工噪声，对环境产生一定影响。由于施工机械不单是噪声源，同时也是振动源。大多数施工机械5m处的声级为80~90 dB，运输车辆7.5 m处的声级为80~86 dB。

除了打桩和爆破作业外，其他施工阶段的一般施工噪声的达标距离，在昼间约需60 m，而在夜间则需200 m，甚至更远。因此，在施工期间，这些施工机械产生的噪声对公路两侧一定范围内的居民会产生一定影响，有的甚至影响居民的正常生活。

（2）防治措施

①合理选址。施工人员生活区、大型施工场地以及水泥混凝土拌和场、沥青混凝土拌和场、碎石厂的选址时，应尽可能远离学校、医院、幼儿园、敬老院、居民集中区等环境敏感点，最好在200 m以上。如果达不到此要求，可对强噪声源采取消声、隔声、减振等措施。

②选用低噪声、低振动的施工工艺。

③加强施工机械和运输车辆的保养、维修。

④环境敏感点附近施工防治措施。

5.道路与桥梁施工废水的影响及防治

（1）公路施工废水对环境的影响

公路施工过程中对水环境的影响主要来自施工作业中的生产废水和施工人员生活污水两方面。施工作业的生产废水主要指工程中各大、中、小桥梁建设过程中钻孔桩污水和施工机械所产生的含油污水等。

①桥梁施工的影响。桥梁施工中对水体的影响主要是桥桩建设时采用钻孔灌注桩，其对河道水体的影响主要是钻孔扰动河水使底泥浮起，局部悬浮物增加，河水变得较为混浊。

②施工物料流失的影响。公路建设由于建筑材料堆放、管理不当，特别是易流失的物资，土方等露天堆放，遇暴雨时将被冲刷进入水体，建材在运输过程中的散落也会随雨水进入附近的水体；而施工中，如水泥拌和后没有及时使用造成的废弃等，部分建材也会随雨水进入附近的水体。

③机修及洗车废水的影响。公路建设中的汽车维修站及施工设备维修站的污水，常含有泥沙和油类物质，若不经过处理直接排入周围水体，必将造成水域的油类污染。

④施工人员生活污水的影响。公路施工时，施工人员集中生活，在特大桥、大桥、互通等大型施工场地，施工人员可达数百人。如果施工营地生活污水直接排放，对附近河道会产生一定的污染。

（2）防治措施

①实施清洁生产，减少废水量；

②开展科学研究，采用先进技术；

③开展环境宣传，提高环境意识；

④从全局出发，对废水进行妥善处理。

6. 道路与桥梁施工对空气环境的影响及防治

（1）公路施工对空气环境的影响

公路施工阶段，对空气环境的污染主要来自施工扬尘、施工车辆尾气及路面铺浇沥青的烟气。

①施工扬尘对环境的影响。施工扬尘主要有车辆行驶扬尘、堆场扬尘、拌和扬尘。

②沥青烟气对环境的影响。沥青混凝土路面施工阶段的空气污染除扬尘外，沥青烟气是主要污染源，会对附近的居民产生一定的影响。

（2）防治措施

①运输扬尘的防治。运输道路应定时洒水，每天至少两次（上下班）；粉状材料应罐装或袋装，粉煤灰采用湿装、湿运。土、水泥、石灰等材料运输时禁止超载，并盖篷布，如有撒落，应派人立即清除。

②沥青混凝土拌和。沥青混凝土集中拌和，合理安排沥青混凝土拌和场；沥青混凝土拌和场不得选在环境敏感点上风向，与其距离应在 300 m 以上。

③灰土拌和。合理安排拌和场并集中拌和，尽量减少拌和场；灰土拌和场不得选在环境敏感点上风向，与其距离应在 200 m 以上。

④水泥混凝土拌和。水泥混凝土集中拌和，封闭装罐运输；水泥混凝土拌和场不得选在环境敏感点上风向，与其距离应在 300 m 以上。

7. 道路与桥梁建设对社会环境的影响及防治

（1）公路建设对社会环境的影响

①对社会经济的影响。公路建设对沿线区域的社会经济发展有积极的促进作用，公路建设将促进沿线区域的城镇化发展进程。

②征地拆迁的影响。

③对基础设施的影响。如对水、电等基础设施的影响，对其他道路的影响。

④对人员交往的阻隔。

⑤对文物保护的影响。

（2）减缓公路建设对社会环境影响的措施

①节约用地：

A. 在施工招标时，应将耕地保护的条款列入招标文件；

B. 项目法人要增强耕地保护意识，统筹工程实施临时用地，加强科学指导；

C. 施工单位要严格控制临时用地数量，施工便道各种料场、预制场要根据工程进度统筹考虑，尽可能设置在公路用地范围内或利用荒坡、废弃地解决；

D. 进行公路绿化，如公路沿线是耕地则要严格控制绿化带宽度；

E. 公路建设中废弃的旧路要尽可能复垦，不能复垦的要尽量绿化，避免闲置浪费；

F. 农村公路改建要贯彻因地制宜，充分利用旧路资源的原则，尽量在原有路基基础上加宽改造，尽量减少占地，保护基本农田。

②减小施工对当地交通的影响。

③做好与水、电、通信等部门的协调工作。

④其他措施。根据沿线实际情况，增加或改移通道、天桥等，减少对人民群众生产、生活、上学、交往的阻隔；对临时用地进行清理、平整恢复等。

第二节　道路桥梁工程施工安全

一、安全生产原则与方针

2004年国务院颁发了《国务院关于进一步加强安全生产工作的决定》，该决定指出：要努力构建"政府统一领导、部门依法监管企业全面负责群众参与监督、全社会广泛支持"的安全生产工作格局。

政府统一领导，是指国务院以及县级以上地方人民政府有关部门对建设工程安全生产进行的综合和专业的管理，主要是监督有关国家建设工程安全生产法律法规和方针政策的执行情况，预防和纠正违反国家建设工程安全生产法律法规和方针政策的现象。部门依法监管，是指各级政府管理部门要组织贯彻国家关于建设工程安全生产的法律法规和方针政策，依法制定建设行业安全生产的规章制度和标准规范，对建设行业的安全生产工作进行计划组织、监督检查和考核评价，指导企业搞好建设工程安全生产工作。企业全面负责，是指施工单位、建设单位、勘察单位，设计单位、工程监理单位及其他与建设工程安全生产有关的单位，必须遵守和贯彻执行国家关于安全生产、建设工程安全生产等法律法规和方针政策的规定，建立和落实安全生产管理制度，保证建设工程安全生产，依法承担建设工程安全生产责任。群众参与监督，是指群众组织和劳动者个人对于建设工程安全生产应负的责任。工会是代表群众的主要组织，工会有权对危害职工健康与安全的现象提出意见，进行抵制，有权越级控告，也担负着教育劳动者遵章守纪的责任，群众监督有助于建立企业的安全文化，形成"安全生产，人人有责"的局面。全社会广泛支持，是指提高全社会的安全意识，形成全社会广泛"关注安全、关爱生命"的良好氛围。要做好建设工程安全生产管理工作，提高建设行业安全生产管理的水平，必须有政府、社会各界的广泛参与，就是要通过全社会的共同努力，提高安全意识，增强防范能力，大幅度地防止和减少安全事故，为我国社会经济的全面、协调、可持续发展奠定坚实的基础。

安全与生产的关系是辩证统一的关系，是一个整体。生产必须安全，安全促进生产，不能将二者对立起来。在施工过程中，必须尽一切可能为作业人员创造安全的生产环境和条件，积极消除不安全因素，防止伤亡事故的发生，使作业人员在安全的条件下进行生产；安全工作必须紧紧围绕着生产活动进行，不仅要保障作业人员的生命安全，还要促进生产的发展。离开生产，安全工作就毫无实际意义。

安全管理是施工企业管理的一项重要内容，也是施工现场一时一刻都不能忽视的工作。确保安全施工、防止事故发生，是企业全体职工的重要任务，是各级领导的重要职责。安全管理的基本含义是：劳动者必须在安全的环境中进行生产活动。安全管理是对工作环境、施工各环节采取必要的安全措施，提出一定的安全要求，及时消除人的不安全行为和物的不安全状态，以保证劳动者的健康和生命安全，保证生产的顺利进行。

1. 安全生产的原则

（1）"管生产必须管安全"的原则：是指工程项目各级领导和全体员工在生产工程中必须坚持在抓生产的同时抓好安全工作。它体现了安全和生产的统一，二者是一个有机的整体，不能分割更不能对立，应将安全寓于生产之中。

（2）"安全一票否决权"的原则：是指安全生产工作是衡量工程项目管理的一项基本内容，它要求在对工程项目各项指标考核、评优创先时，首先必须考虑安全指标的完成情况。安全指标没有实现，其他指标顺利完成，仍无法实现工程项目的最优化，安全具有一票否决的权利。

（3）职业安全卫生"三同时"的原则：是指一切生产性的基本建设和技术改造工程项目，必须符合国家的职业安全生产的法规和标准，职业安全卫生技术措施及设施应与主体工程同时设计、同时施工、同时投产使用，以确保工程项目投产后符合职业安全卫生要求。

（4）事故处理"四不放过"的原则：国家法律法规要求，在处理事故时必须坚持和实施"四不放过"原则，即：事故原因未查清不放过，事故责任和职工群众没受到教育不放过，安全隐患没有整改预防不放过，事故责任者不处理不放过。

2. 安全生产要处理好的五种关系和要坚持的六项原则

（1）安全生产要处理好的五种关系

①安全与危险的并存。安全与危险在事物的运动中是相互对立、相互依赖而存在的。因为有危险才要进行安全管理，以防止危险。安全与危险并非等量并存、平静相处。随着事物的运动变化，安全与危险每时每刻都在变化着，进行着此消彼长的斗争。可见，在事物的运动中，都不会存在绝对的安全和危险。危险因素客观地存在于事物运动之中的，自然是可知的，也是可控的。保持生产的安全状态必须采取多种措施，以预防为主，危险因素是完全可以控制的。

②安全与生产的统一。生产是人类社会存在和发展的基础。如果生产中人、物、环境都处于危险状态，则生产无法顺利进行。因此，安全是生产的客观要求。自然地，当生产完全停止，安全也就失去意义。生产有了安全保障，才能持续稳定发展。生产活动中事故

层出不穷，生产势必混乱，直至瘫痪状态。当生产与安全发生矛盾，危及职工生命或国家财产时，生产活动停下来整顿、消除危险因素以后，生产形势会变得更好。

③安全与质量的同步。从广义上看，质量包涵安全生产质量，安全概念也包含着质量、交互作用、互为因果。安全第一、质量第一两个第一并不矛盾。安全第一是从保护生产因素的角度提出的，质量第一则是从关心产品成果的角度而强调的。安全为质量服务，质量需要安全保证。生产过程舍掉哪一头，都要陷于失控状态。

④安全与速度的互促。生产的蛮干、乱干，在侥幸中求得的快，缺乏真实性与可靠性，一旦酿成不幸，非但没有速度可言，反而会延误时间。速度应以安全做保障，追求安全加速度，竭力避免安全减速度。安全与速度成正比例关系，当速度与安全发生矛盾时暂时减缓速度，保证安全才是正确的做法。

⑤安全与效益的兼顾。安全技术措施的实施，会改善劳动条件，调动职工的积极性，焕发劳动热情，带来经济效益，足以使原投入得以补偿。从这个意义上说，安全促进了效益的增长，安全与效益是一致的。在安全管理中，投入要适度，统筹安排，既要保证安全生产，又要经济合理，还要考虑力所能及。单纯为了省钱而忽视安全生产，或单纯追求安全不惜资金的盲目高标准，都是不可取的。

（2）安全生产的六项原则

①坚持管生产同时管安全原则。将安全寓于生产之中，并对生产发挥促进与保证作用。从安全生产管理的目标、目的，安全与生产表现出高度的一致和完全的统一。安全管理是生产管理的重要组成部分，安全与生产的实施过程中两者存在着密切的联系，存在着进行共同管理的基础。

管生产同时管安全，国务院《关于加强企业生产中安全工作的几项规定》中明确指出：各级领导人员在管理生产的同时，必须负责管理安全工作，企业中有关专职机构都应该在行业业务范围内，对实现安全生产的要求负责，不仅是对各级领导人员明确安全管理责任，同时，也向一切与生产有关的机构、人员，明确了业务范围内的安全管理责任。可见，一切与生产有关的机构、人员，都必须参与安全管理并在管理中承担责任。认为安全管理只是安全部门的事，是一种片面、错误的认识。各级人员安全生产责任制度的建立、管理责任的落实，体现了管生产同时管理安全。

②坚持目标管理原则。安全管理的内容是对生产的人、物、环境因素状态的管理，有效地控制人的不安全行为和物的不安全状态，消除或避免事故，达到保护劳动者的安全与健康的目的。没有明确目标的安全管理是一种盲目行为，只能劳民伤财，危险因素依然存在，而且只能纵容威胁人的安全与健康的状态，向更为严重的方向发展或转化。

③坚持预防为主的原则。安全生产的方针是"安全第一，预防为主"。"安全第一"是从保护生产力的角度和高度，表明在生产范围内安全与生产的关系，肯定了安全在生产活动中的位置和重要性。安全管理是对于生产的特点，对各个因素采取的管理措施，有效控制不安全因素的发展与扩大，把可能发生的事故消灭在萌芽状态，以保证生产活动中人

的安全与健康。

④坚持全方位动态管理。安全管理涉及生产活动的方方面面，涉及从开工到竣工交付的全部生产过程，涉及全部的生产时间，涉及一切变化着的生产因素。因此，安全生产活动中必须坚持全员、全过程、全方位、全天候的全面动态管理。安全管理不是少数人和安全机构的事，而是一切与生产有关的人共同的事。缺乏全员的参与，安全管理不会有生气，不会出好的管理效果，生产组织者在安全管理中的作用固然重要，全员参与管理也十分重要。

⑤坚持全过程控制原则。进行安全管理的目的是预防、消灭事故，防止或消除事故伤害，保护劳动者的安全与健康。在安全管理的主要内容中，虽然都是为了达到安全管理的目的，但是对生产因素状态的控制，即事前控制、事中控制、事后控制，与安全管理的目的关系更直接，显得更为突出。因此，对生产中人的不安全行为和物的不安全状态的控制，必须是动态的安全管理。事故的发生，是由于人的不安全行为运动轨迹与物的不安全状态运动轨迹的交叉。从事故发生的原理，也说明了对生产因素状态的控制，应该作为安全管理的重点。

⑥坚持持续改进原则。建设工程施工安全管理是在变化着的施工生产活动中的管理，是一种动态管理，其管理就意味着是不断变化的，以适应变化的生产活动，消除新的危险因素，更重要的是不间断地摸索新规律，总结管理和控制的办法与经验，持续改进，指导新变化后的管理，从而不断提高建设工程施工安全管理水平。

二、安全生产管理的实施

为了切实加强公路建设安全生产管理，认真贯彻执行国家有关安全生产的法律、法规和"安全第一、预防为主"的方针，规范安全生产行为，保障在生产过程中的安全和健康，预防事故发生，确保国家和人民生命财产的安全，制定如下规定：

1. 建设指挥部是本建设工程安全生产的主管机关，总监办、驻地办负责实施对承包人安全生产监督管理。承包人应按职责和合约对安全生产进行落实。

2. 建设指挥部成立建设安全管理领导小组：建设指挥部指挥长任组长，副指挥长、总工程师、副总工程师、总监理工程师任副组长，成员由建设指挥部相关部门人员组成。领导小组下设办公室，建设指挥部工程部长兼办公室主任。领导小组办公室的主要职责是：检查监督施工安全生产情况，对存在的安全隐患责令承包人限期整改；协调解决施工过程中的重大安全问题；监督指导和考核创建安全文明标准工地。

3. 驻地办应当审查施工组织设计中的安全技术措施或者专项施工方案是否符合工程建设强制性标准。在实施监理过程中，发现承包人存在安全事故隐患的，应当要求承包人整改；情况严重的，应当要求承包人暂时停止施工，并及时报告建设指挥部。承包人拒不整改或者不停止施工的，驻地办应当及时向建设指挥部和总监办报告。驻地办和监理工程师应当按照法律、法规和工程建设强制性标准实施监理，并对建设工程安全生产承担监理责任。

4. 承包人相应成立安全管理机构，配备专职安全生产管理人员，主要负责人对安全生产工作全面负责。其主要职责是：

认真贯彻执行国家《安全生产法》《建设工程安全生产管理条例》《环境保护法》等法律法规；必须在施工组织设计中编制安全技术措施和专项安全技术方案；施工前必须进行安全技术交底；建立健全本单位安全生产责任制度和安全生产教育制度；组织制定安全生产规章制度和操作规程，在施工场所设置明显的安全警示标志，保证本单位安全生产条件所需资金的投入；定期和不定期安全检查，及时消除安全事故隐患，并做好记录；组织制订并实施本单位的生产安全事故应急救援预案；及时如实报告生产安全事故和事故按"四不放过"的原则进行调查处理。

5. 安全保证体系组成。为了全面贯彻落实安全方针和实现安全目标，各单位根据具体情况并结合工程实际，从安全生产管理的思想组织保证、工作保证、制度保证等方面建立和完善安全保证体系。

6. 思想组织保证

（1）承包人要建立健全安全管理组织机构和各级机构或部门的安全管理工作人员，明确其安全工作职责范围，将施工经验丰富、安全意识强的人员充实到安全管理的各级机构和部门，项目经理是安全管理的第一责任人，以确保安全管理工作的领导权威。

（2）制订严格的安全管理制度和措施，定期分析安全生产形势，研究解决施工中存在的问题，建立健全各级安全生产责任制，责任落实到人。充分发挥各级专职安检人员的检查和监督作用，及时发现和排除安全隐患。

（3）安全教育要形成经常化、制度化，对特种作业人员必须经培训合格后持证上岗，对新员工必须进行经理部、项目队和班组三级安全教育和培训。

（4）承包人应通过安全生产竞赛、现场安全标语、图片等宣传形式，增强全员安全生产意识和自觉性，把"以人为本、珍惜生命"的安全生产思想落到实处。

7. 工作保证

（1）编制实施性施工组织设计的同时必须编制安全组织设计及安全技术措施，必须坚持"三同时"的原则，并下达月、季度、年度安全生产计划及安全保证措施；

（2）根据工程特点编制有针对性的安全防护措施，对一些危险点，必须组织设计专项安全防护方案及措施；

（3）承包人要对作业层人员进行安全措施及防护方案等安全技术交底；

（4）针对工程具体情况，制定相应的安全操作规程、技术措施和安全规则；

（5）根据各工点或工序的具体情况，配置与之相适应的机械设备，杜绝因机械设备不符合工程特点而造成的安全事故。

施工过程阶段检查内容和要求：各个作业层及操作人员必须熟悉、清楚所从事施工项目的安全设计、安全技术措施及工艺流程安全注意事项，并在实施中严格遵守。坚持安全管理制度，充分发挥安全监督岗的积极作用；实行安全否决制，杜绝违章指挥和违章作业；广泛开展安全的预测预控活动和"三不伤害"活动（即不伤害他人、不伤害自己、不被别人伤害）；认真开展安全大检查，查制度、查违章、查隐患、搞整改，消灭事故隐患，杜绝安全事故的发生。

竣工验收阶段：总结施工过程中的安全生产经验，对于好的经验措施和办法在下一项目建设中推广运用。找出施工过程中的安全管理薄弱环节和安全事故的原因，改进或制订具有针对性的措施。

8. 制度保证。承包人必须完善安全生产各项管理制度，针对各工序及各工种的特点，制订相应的安全管理制度，建立安全生产责任制，落实各级管理人员和操作人员的安全职责，做到纵向到底，横向到边，人人有责，各自做好本岗位的安全工作。安全工作必须坚持下列管理制度：安全生产责任制，安全会议制度，安全三级教育管理制度，安全技术方案逐级审查制度，安全技术交底制度，特殊工种持证上岗制度，每周一安全活动制和工地班前安全讲话、班后安全活动制度，安全技术操作规程制度，安全生产检查制度（工班每天自检，专职安检员每周专检，项目每月系统检查），安全资金保障制度，安全生产操作挂牌制度，环境保护制度，安全生产事故报告处理制度，安全生产奖惩制度。

9. 经济保证。实行安全生产包保责任制，谁主管、谁负责，明确奖惩措施，实行层层包干负责，定期进行考核，并严格兑现奖惩。

10. 安全防范重点：严格控制路基土石方爆破，防止飞石伤害事故；预防高空坠落、物体打击事故；土石方开挖、填筑及隧道施工中防止塌方事故；隧道控制爆破中防止爆破伤害事故；加强隧道通风挖孔桩基通风，防止瓦斯爆炸、防止缺氧窒息事故；防止机械设备伤害、触电事故；规范施工场地交通安全，防止交通伤害事故；防止火灾、洪灾事故；防止压力容器爆炸伤亡事故。

11. 安全事故处理。伤亡事故：承包人必须用电话 2 h 内报建设指挥部，并在 12 h 内以书面形式报建设指挥部；发生死亡、重大死亡事故的单位应迅速采取必要措施抢救人员和财产，防止事故扩大，同时保护事故现场；重大伤亡事故由其上级有关主管部门组成事故调查组，报请地方相关部门参加，进行调查；事故采取"四不放过"的原则进行处理；对伤亡事故，在上报本单位上级主管部门的同时，将事故调查报告一并报建设指挥部。

三、危险源辨识与风险评估

国内学术界将风险定义为：风险就是与出现损失有关的不确定性，也就是在给定情况下和特定时间内，可能发生的结果之间的差异（或实际结果与预期结果之间的差异）。风险要具备的条件：一是风险因素的存在性；二是风险因素发生的不确定性；三是风险产生损失后果。

风险识别是指通过一定的方式，系统全面地识别出影响建设工程目标实现的风险事件，并加以适当归类的过程。风险评估，国家标准《职业健康安全管理体系》将其定义为："评估风险大小以及确定风险是否可容许的全过程。"这个过程在系统地识别建设工程风险与合理地作风险对策之间起着重要的桥梁作用。从定量评价角度，风险评估是将建设工程风险事件的发生可能性和损失后果进行定量化的过程。风险评估的结果包括：确定各种风险事件发生的概率和可能性；确定各种风险事件的发生对建设工程目标影响的严重程度等。

风险对策决策是建设工程风险事件最佳对策组合的过程。一般来说，风险管理中所运用的对策有以下四种：风险回避、损失控制、风险自留和风险转移。这些风险对策的适用对象各不相同，需要根据风险评价的结果，对不同的风险事件选择最适宜的风险对策，从而形成风险对策组合。实施决策是对风险对策所做的决策进一步落实到具体的计划和措施。

建设工程实施过程中，一方面要对各项风险对策的执行情况不断地进行检查，并评价各项风险对策的执行效果；另一方面，在工程实施中内外条件发生变化时，如工程变更或施工条件改变等，要确定是否需要提出不同的风险处理方案。此外，还需要检查是否有被遗漏的建设工程风险或者发现新的建设工程风险，当发现新的建设工程风险时，就要进行新的建设工程风险识别，即开始新一轮的风险管理过程。

1. 风险的识别结果

风险识别的结果是制订建设工程风险清单。在建设工程风险识别过程中，核心工作是建设工程风险的分解，识别建设工程风险因素、风险事件及后果。

2. 建设工程风险的分解

根据建设工程的特点，建设工程风险的分解可以按以下途径进行：

（1）目标维：即按建设工程目标进行分解。

（2）时间维：即按建设工程实施的各个阶段进行分解。

（3）结构维：即按建设工程组成内存进行分解。

（4）因素维：即按建设工程风险因素的分类进行分解。

（5）环境维：即按建设工程与其所在环境的关系进行分解。

在风险分析过程中，有时并不仅仅是采用一种方法就能达到目的的，而需要几种方法组合。

3. 建设工程风险识别的方法

建设工程风险识别的方法有风险调查法、专家调查法、财务报表法、流程图法、初始清单法和经验数据法。其中，风险调查法是建设工程风险识别的主要方法。

（1）风险调查法。风险调查通常可以从组织、技术、自然及环境、经济、合同等方面分析拟建建设工程的特点以及相应的潜在风险。

（2）专家调查法。专家调查法通常包括两种形式：头脑风暴法和德尔菲法。前者是召集有关专家开会，让其各抒己见，充分发表意见；后者是问卷式调查，并且各专家不知道其他专家的意见。针对专家发表的意见，由风险管理人员归纳分类、整理分析。头脑风暴法的特点是：多人讨论、集思广益，可以弥补个人判断的不足，采取专家会议的方式互相启发、交换意见，使风险的识别更加细致、具体。德尔菲法的特点是：避免集体讨论中的从众倾向，代表专家的真实意见。

（3）经验数据法。经验数据法是根据已建建设工程与风险有关的统计资料来识别拟建建设工程的风险。

此外，建设工程风险管理是一个系统、完整的循环过程，因此风险识别也应该在建设工程实施全过程中不断地进行,这样才能了解不断变化的条件对建设工程风险状态的影响。

对扩建工程的风险识别来说，仅仅采用一种风险识别方法是远远不够的，综合采用两种或多种风险识别方法才能取得较为满意的结果。

4. 风险评估

风险评估在系统地识别建设工程风险与合理地作出风险对策之间起着重要的桥梁作用。风险评价可以采用定性和定量两大类方法。

定性风险评估方法有专家打分法层次分析法等，其作用在于区分不同风险的相关严重程度以及根据预先确定的可接受的风险水平作出相应的对策。定量风险评估方法有敏感度分析、盈亏平衡分析作业条件危险性评价法、决策树、定量风险评价法和随机网络等，其作用在于可以定量地确定建设工程各种风险因素和风险事件发生的概率大小或概率分布，及发生后对建设工程目标影响的严重程度或损失严重程度，了解和估计各种风险所造成的损失后果。

5. 风险对策

风险回避就是拒绝承担风险，通过回避建设工程风险因素，回避可能产生的潜在损失或不确定性。其特点是：回避也许是不实际或不可能的；回避失去了从中获益的可能性；回避一种风险，有可能产生新的风险。

损失控制是一种主动、积极的风险对策。损失控制可分为预防损失和减少损失两方面工作。预防损失措施的主要作用是降低或消除损失发生的概率，而减少损失措施的作用是降低损失的严重性或遏制损失的进一步发展，使损失最小化。一般地，损失控制方案包括预防损失和减少损失两个方面措施。就施工阶段而言，该计划系统一般应由预防计划、灾难计划和应急计划三部分组成。

预防计划的目的在于有针对性地预防损失的发生,其主要作用是降低损失发生的概率，同时能在一定程度上降低损失的严重性。

灾难计划是为现场人员提供一组事先编制好的，目的明确的处理特种紧急事件的工作程序和具体措施，其作用是在各种严重的、恶性的紧急事件发生时，现场人员可以做到从容不迫，及时、妥善地处理紧急事件，从而减少人员伤亡以及财产等损失。灾难计划是在严重风险事件发生或即将发生时实施的。

应急计划是在风险损失基本确定后的处理计划，其作用是使因严重风险事件而中断的工程实施过程尽快恢复，并减少进一步的损失，使其影响程度减少到最小。应急计划包括制订所需采取的相应措施和规定不同工作部门相应的职责等。

四、应急救援预案

为了更好地适应法律和经济活动的要求，给企业员工的工作和施工场区周围居民提供更好、更安全的环境；保证各种应急反应资源处于良好的备战状态；指导应急反应行动计划有序地进行，防止因应急反应行动组织不足或现场救援工作的无序和混乱而延误事故的应急救援；有效地避免或降低人员伤亡和财产损失；帮助实现应急反应行动的快速、有序、高效；充分体现应急教授的"应急精神"，根据预测危险源、危险目标可能发生事故的类别、危害程度，而制订的事故应急救援方案，要充分考虑现有物资、人员及危险源的具体条件，能及时、有效地统筹指导事故应急救援行动。

1. 应急预案的作用

（1）应急预案确定了应急救援的范围和体系，使应急管理不再无据可依、无章可循，尤其是通过培训和演练，可以使应急人员熟悉自己的任务，具备完成指定任务所需的相应能力，并检验预案和行动程序，评估应急人员的整体协调性。

（2）应急预案有利于做出及时的应急响应，降低事故后果，应急行动对时间要求十分敏感，不允许有任何拖延，应急预案预先明确了应急各方职责和响应程序，在应急资源等方面进行先期准备，可以指导应急救援迅速、高效有序开展，将事故造成的人员伤亡、财产损失和环境破坏降到最低限度。

（3）应急预案是各类突发事故的应急基础，通过编制应急预案，可以对那些事先无法预料到的突发事故起到基本的应急指导作用，成为开展应急救援的"底线"。在此基础上，可以针对特定事故类别编制专项应急预案，并有针对性地制定应急预案，进行专项应急预案准备和演习。

（4）应急预案建立了与上级单位和部门应急救援体系的衔接，通过编制应急预案可以确保当发生超过本级应急能力的重大事故时，与有关应急机构的联系和协调。

（5）应急预案有利于提高风险防范意识，应急预案的编制、评审、发布、宣传、演练、教育和培训，有利于各方了解面临的重大事故及其相应的应急措施，有利于促进各方提高风险防范意识和能力。

2. 应急救援预案的基本要求

（1）针对性

应急预案是针对可能发生事故，为迅速、有序地开展应急行动而预先制订的行动方案，因此，应急预案应结合危险分析的结果。

①针对重大危险源。重大危险源是指长期或是临时地生产、搬运、使用或贮存危险性

物品，且危险物品的数据等于或超过临界量的单位。重大危险源历来都是生产经营单位监管的重点对象。

②针对可能发生的各类事故。在编制应急预案之初需要对生产经营单位中可能发生的各类事故进行分析和编制，在此基础上编制预案，才能保证应急预案更广范围的覆盖性。

③针对关键的岗位和地点。不同的生产经营单位，同一生产经营单位不同生产岗位所存在的风险大小都往往不同，特别是在危险化学品、煤矿开采、建筑等高危行业，都存在一些特殊或关键的工作岗位和地点。

④针对薄弱环节。生产经营单位的薄弱环节主要是指生产经营单位为应对重大事故发生而存在的应急能力缺陷或不足方面。企业在编制预案过程中，必须针对生产经营在进行重大事故应急救援过程中，人力、物力、救援装备等资源是否可以满足要求而提出弥补措施。

⑤针对重要工程。重要工程的建设和管理单位应当编制预案，这些重要工程往往关系到国计民生的大局，一旦发生事故，其造成的影响或损失往往不可估量，因此，针对这些重要工程应当编制应急预案。

（2）科学性

应急救援工作是一项科学性很强的工作，编制应急预案必须以科学的态度，在全面调查研究的基础上，实行领导和专家结合的方式，开展科学分析和论证，制订出决策程序和处置方案、应急手段先进的应急反应方案，使应急预案真正的具有科学性。

（3）可操作性

应急预案应具有实用性和可操作性，即发生重大事故灾害时，有关应急组织、人员可以按照应急预案的规定迅速、有序、有效地开展应急救援行动，降低事故损失。

五、安全生产经费的管理

为加强建设工程安全生产费用管理，建立工程施工单位安全生产投入长效机制，进一步落实安全施工措施，改善施工单位作业条件，减少施工伤亡事故发生，切实保障工程施工人员人身安全，根据国家《建设工程安全生产管理条例》《建设施工安全生产管理办法》等有关法律法规，制定如下规定：

1.安全生产费用支付程序及方式

（1）依据工程招标文件规定，业主已经明确的安全生产费用提取费率、数额、支付计划使用要求等条款。

（2）结合工程建设工期的实际情况，按招标文件规定，施工单位进场后，业主预付安全生产费用总额的30%，用于购置安全生产用具和落实安全生产要求。

（3）施工单位在工程量或施工进度完成50%时，项目负责人应当按照《建设工程监理规范》填报"其余安全生产费用支付申请表"，并经施工单位负责人签字盖章后报驻地监理单位。驻地监理单位应当在5日内审核工程进度和现场安全生产管理情况。驻地监理单位审核时发现施工现场存在安全隐患的,应当责令施工单位立即整改。经审核符合要求或整改合格的,上报监理工程师办公室。监理方经核实及时签署"其余安全生产费用支付证书"并提请业主单位及时支付。

(4)业主单位收到监理单位其余安全生产费用支付证书后,五日内支付安全生产费用总额的40%,支付凭证报送业主安全生产管理办公室备案。

(5)按照招标文件规定,其余30%安全生产费用待交工证书签发后,办理竣工结算时一次支付。

(6)工程监理单位发现建设单位未按本规定支付安全生产费用的,应当及时提请建设单位支付。

2.安全生产费用的使用

工程安全生产费用应在以下范围使用:完善、改造和维护安全防护、检测、探测设备、隧道施工现场固定电话设施支出;配备必要的应急救援器材,设备和现场作业人员安全防护物品支出;安全生产检查与评价支出;重大危险源、重大事故隐患的评估、整改、监控支出;安全技能培训及进行应急救援演练支出;其他与安全生产直接相关的支出(如标志、标牌、防火器材等)。安全生产费用实行专户核算,施工单位应当按规定范围使用,不得挪用或挤占。施工单位应当建立健全本标段安全生产费用管理制度和项目安全生产费用核算制度,明确安全生产费用使用、管理程序职责及权限。施工单位或其委托的安全评价机构应当依据现行的标准规范,定期对工程施工现场安全生产情况进行检查评价。对于评价结果不合格的,应当督促该项目立即整改。监理单位应当对施工单位在施工现场落实安全生产情况进行监理。发现施工单位在施工现场存在安全隐患,未落实安全生产费用的有权要求其改正,施工单位拒不改正的,工程监理单位应当及时向业主报告,必要时依法责令其暂停施工。

3.安全生产费用的监督管理

建设主管部门对建设工程安全生产费用计取、支付、使用实施监督管理,行业主管部门按照职责分工对有关专业建设工程安全生产费用计取、支付,使用实施监督管理。建设主管部门或有关行业主管部门应当对施工单位安全生产费用管理、使用情况进行监督检查。安全生产管理委员会应当按照现行标准规范,对工程项目施工现场安全生产条件改善和安全施工措施落实情况进行监督检查。财务科应当按期对支付给各标段施工单位的安全生产费用管理、使用进行监督检查,应当及时受理对建设工程安全生产费用不按规定管理、使以及挪用安全生产费用的检举、控告和投诉。

4.责任

施工单位不按规定管理以及挪用安全生产费用的,依照《建设工程安全生产管理条例》第六十三条规定予以处罚。施工单位对安全生产费用提而不用导致安全生产条件不符合国家规定,依照《安全生产许可条例》第十四条规定予以处罚。施工单位的主要负责人项目负责人未履行安全生产管理职责，有违反本规定行为的，依照《建设工程安全生产管理条例》第六十六条规定予以处罚。总承包单位未按规定支付分包单位安全生产费用的，由建设主管部门或有关行业主管部门责令其限期整改，并处以1万元以上3万元以下罚款；发生生产安全事故的，由总承包单位承担主要责任。监理单位未按本规定及时签署安全生产费用支付证书的，由建设主管部门或有关行业主管部门责令其限期改正，并处以2000元以上1万元以下罚款。监理单位有违反《建设工程安全生产管理条例》的，由建设主管部门或有关行业主管部门按照《建设工程安全生产管理条例》第五十七条规定予以处罚。

六、安全生产检查与绩效考核

安全生产工作必须贯彻执行（法定代表人）负责制，各级领导要坚持"管生产必须管安全"的原则，生产要服从安全的需要，实现安全生产和文明生产。对在安全生产方面有突出贡献的团体和个人要给予奖励，对违反安全生产制度和操作规程造成事故的责任者，要给予严肃处理，触及刑律的，交由司法机关论处。

安全生产主要责任人的划分：单位行政第一把手是本单位安全生产的第一责任人，分管生产的领导和专职安全生产管理员是本单位安全生产的主要责任人。

企业安全生产专职管理人员职责：协助领导贯彻执行劳动保护法令制度，综合管理日常安全生产工作；汇总和审查安全生产措施计划，并督促有关部门切实按期执行；制订、修订安全生产管理制度，并对这些制度的贯彻执行情况进行监督检查；组织开展安全生产大检查，经常深入现场指导生产中的劳动保护工作，遇有特别紧急的不安全情况时，有权指令停止生产，并立即报告领导研究处理；总结和推广安全生产的先进经验，搞好安全生产的宣传教育和专业培训；根据有关规定，发放符合国家标准的劳动防护用品，并监督正确佩戴和使用；组织有关部门研究制定防止职业危害的措施，并监督执行；生产单位专职安全生产管理员要协助本单位领导贯彻执行劳动保护法规和安全生产管理制度，处理本单位安全生产日常事务和安全生产检查监督工作。安全生产专职管理干部职责：协助领导贯彻执行劳动保护法令、制度，综合管理日常安全生产工作；汇总和审查安全生产措施计划，并督促有关部门切实按期执行；制订、修订安全生产管理制度，并对这些制度的贯彻执行情况进行监督检查；组织开展安全生产大检查，经常深入现场指导生产中的劳动保护工作，遇有特别紧急的不安全情况时，有权指令停止生产，并立即报告领导研究处理；总结和推广安全生产的先进经验，协助有关部门搞好安全生产的宣传教育和专业培训；参加审查新建、改建、扩建、大修工程的设计文件和工程验收及试运转工作；参加伤亡事故的调查和处理，负责伤亡事故的统计、分析和报告，协助有关部门提出防止事故的措施，并督促其按时实现；根据有关规定，制订本单位的劳动防护用品管理制度，并监督执行；组织有关部门研究制订防止职业危害的措施，并监督执行；对上级的指示和基层的情况上传下达，做好信息反馈工作。

各生产单位专（兼）职安全生产管理员要协助本单位领导贯彻执行劳动保护法规和安全生产管理制度，处理本单位安全生产日常事务和安全生产检查监督工作。各生产班组安全员要经常检查、督促班组人员遵守安全生产制度和操作规程；做好设备、工具等安全检查、保养工作；及时向上级报告班组的安全生产情况，做好原始资料的登记和保管工作；职工在生产、工作中要认真学习和执行安全技术操作规程，遵守各项规章制度；爱护生产设备和安全防护装置，设施及劳动保护用品；发现不安全情况，及时报告领导，迅速予以排除。

七、安全教育培训

对新职工、实习人员，必须先进行安全生产的三级教育（即生产单位或班组、生产岗位）才能准其进入操作岗位。对改变工种的工人，必须重新进行安全教育才能上岗。

对从事电气、焊接、车辆驾驶、易燃易爆等特殊工种人员，必须进行专业安全技术培训，经有关部门严格考核并取得合格操作证（执照）后，才能准其独立操作。对特殊工种的在岗人员，必须进行经常性的安全教育。

第九章 道路桥梁工程施工组织与管理

第一节 道路桥梁工程施工

施工组织与管理是研究如何以最合理的方法和手段来组织均衡生产,提高劳动生产率,确保质量和效益的一门学科,是对施工活动实行科学管理的重要手段,它具有战略部署和战术安排的双重作用。它体现了实现基本建设计划和设计的要求,提供了各阶段的施工准备工作内容,协调施工过程中各施工单位、各施工工种、各项资源之间的相互关系。施工组织是用来指导施工项目全过程各项活动的技术、经济和组织的综合性文件,是施工技术与施工项目管理有机结合的产物,它是工程开工后施工活动能有序、高效、科学合理地进行的保证。施工组织的繁简,一般要根据工程规模大小、结构特点、技术复杂程度和施工条件的不同而定,以满足不同的实际需要。复杂和特殊工程的施工组织应较为详尽,小型建设项目或具有较丰富施工经验的工程则可较为简略。施工组织是为解决整个建设项目施工的全局问题的,要求简明扼要、重点突出,要安排好主体工程、辅助工程和公用工程的相互衔接和配套实施。单位工程的施工组织是为具体指导施工服务的,要具体明确,要解决好各工序、各工种之间的衔接配合,合理组织平行流水和交叉作业,以提高施工效率。施工条件发生变化时,施工组织须及时修改和补充,以便继续执行。施工组织的内容要结合工程对象的实际特点、施工条件和技术水平进行综合考虑。

1.公路工程基本建设程序

基本建设程序是指基本建设项目从规划立项到竣工验收的整个建设过程中各项工作的先后次序,这个次序是由基本建设的客观规律决定的。公路工程基本建设程序应当是:根据国民经济长远规划以及公路网建设规划,提出项目建议书;进行可行性研究,编制可行性报告;经批准后进行初步设计;再经批准后列入国家年度基本建设计划,并进行技术设计和施工图设计;设计文件经审批后组织施工;施工完成后,进行竣工验收,然后交付使用。这一程序必须依次进行,一步一步地实施。其具体内容如下:

(1)项目建议书

根据国民经济发展的长远规划和公路网建设规划,提出项目建议书。项目建议书应对拟建项目的目的、要求、主要技术标准、原材料及资金来源等提出文字说明。项目建议书是进行各项前期准备工作和进行可行性研究的依据。项目建议书不是项目的最终决策，项目建议书一经批准，即着手进行可行性研究。

（2）可行性研究

可行性研究是基本建设前期的重要组成部分，是建设项目立项、决策的主要依据。在新制定的《公路建设项目可行性研究报告编制办法》中规定，大中型工程、高等级公路及重点工程项目（含国防、边防公路）均应进行可行性研究，小型项目可适当简化。公路建设项目可行性研究的任务是：在对拟建工程地区社会、经济发展和公路网状况进行充分的调查研究、评价、预测和必要的勘察工作的基础上，对项目建设的必要性、经济合理性、技术可行性、实施可能性，提出综合性研究论证报告。可行性研究报告的文件，应符合《公路建设项目可行性研究报告编制办法》的规定。

（3）设计文件

公路工程基本建设项目一般采用两阶段设计，即初步设计和施工图设计。对于技术简单、方案明确的小型建设项目，也可采用一阶段设计，即一阶段施工图设计。对于技术复杂、基础资料缺乏和不足的建设项目，或建设项目中的特大桥、互通式立体交叉、隧道、高速公路和一级公路的交通工程及沿线设施中的机电设备工程等，必要时采用三阶段设计，即初步设计、技术设计和施工图设计。

①初步设计。初步设计应根据批复的可行性研究报告、测设合同及勘测资料进行编制。初步设计的目的是确定设计方案，必须进行多设计方案比选才能确定最合理的设计方案。设计方案确定后，拟定修建原则，计算工程数量和主要材料数量，提出初步施工方案，编制设计概算，提供文字说明和有关图表资料。初步设计文件经审查批复后，即作为订购主要材料、机具、设备等及联系征用土地、拆迁等事宜，进行施工准备，编制施工图设计文件和控制建设项目投资等的依据。

②技术设计。按三阶段设计的项目，应进行技术设计。技术设计应根据初步设计的批复意见勘测设计合同要求，进一步勘测调查，分析比较，解决初步设计中尚未解决的问题，落实技术方案，计算工程数量，提出修正的施工方案，编制修正设计概算，批准后即作为施工图设计的依据。

③施工图设计。不论几阶段设计，都要进行施工图设计。两阶段（或三阶段）施工图设计应根据初步设计（或技术设计）的批复意见勘测设计合同，到现场进行详细勘察测量，确定道路中线及各种结构物的具体位置和设计尺寸，确定各项工程数量，提出文字说明和有关图表资料，做出施工组织计划，并编制施工图预算，向建设单位提供完整的施工图设计文件。施工图设计文件一般由以下资料组成：总说明书、总体设计、路线、路基、路面及排水、桥梁涵洞、隧道、路线交叉、交通工程及沿线设施、环境保护、渡口码头及其他工程、筑路材料、施工组织计划、施工图预算、附件。

（4）列入年度基本建设计划

当建设项目的初步设计和概算报上级审查批准后，才能列入国家基本建设年度计划，这是国家对基本建设实行统一管理的手段。年度计划是年度建设工作的指令性文件，一经确定后，如果需要增加投资额或调整项目时，必须上报原审批机关批准。

（5）施工准备

公路工程涉及面广，为了保证施工的顺利进行，建设单位、勘测设计单位、施工单位和银行等都应在施工准备阶段充分做好各自的准备工作。施工单位应首先熟悉图纸并进行现场核对，编制实施性施工组织设计和施工预算，同时组织先遣人员、部分机具、材料进场，进行施工测量、修筑便道及生产、生活临时设施，组织材料及技术物资的采购、加工、运输、供应、储备，提出开工报告。

（6）工程施工

施工准备工作完成后，施工单位必须按上级下达的开工日期或工程承包合同规定的日期开始施工。在建设项目的整个施工过程中，应严格执行有关的施工技术规程按照设计要求，确保工程质量，安全施工。坚持施工过程组织原则，加强施工管理，大力推广应用新技术、新工艺，尽量缩短工期，降低工程造价，做好施工记录，建立技术档案。

（7）竣工验收、交付使用

建设项目的竣工验收是公路工程基本建设全过程的最后一个程序。竣工验收包括对工程质量数量、工期、生产能力、建设规模和使用条件的审查。对建设单位和施工企业编报的固定资产移交清单、隐蔽工程说明和竣工决算（竣工验收时，建设单位必须及时编制竣工决算，核定新增固定资产的价值，考核分析投资效果）等进行细致检查。当全部基本建设工程经过验收合格，完全符合设计要求后，应立即移交给生产部门正式使用。对存在的问题要明确责任，确定处理措施和期限。

2．公路建设项目的组成

（1）基本建设项目

基本建设项目又称建设项目，一般指符合国家总体建设计划，能独立发挥生产能力或满足生活需要，其项目书经批准立项和可行性研究报告经批准的建设任务。如工业建设中的一座工厂、一座矿山，民用建设中的一个居民区、一幢住宅、一所学校等都为一个建设项目。公路建设项目，一般指建成后要以发挥其使用价值和投资效益的一条公路或一座独立的大中型桥梁或一座隧道。

按国家计划及建设主管部门的规定，一个建设项目应有一个总体设计。在总体设计的范围内可以由若干个单项工程组成（如一个建设项目划分为几个标段），经济上实行统一核算，行政上实行统一管理，也可以分批分期修建。

（2）单项工程

单项工程又称为工程项目，它具有独立的设计文件，在竣工后能独立发挥设计规定的生产能力或效益的一项工程。如工业建筑中的生产车间、办公楼，民用建筑中的教学楼、图书馆、宿舍楼等。公路建设的单项工程一般指独立的桥梁工程、隧道工程，这些工程一般包括与已有公路的接线，建成后可以独立发挥交通功能。但一条路线中的桥梁或隧道，在整个路线未修通前，并不能发挥交通功能，也就不能作为一个单项工程。

（3）单位工程

单位工程是单项工程的组成部分，是指在单项工程中具有单独设计文件和独立施工条件，并可单独作为成本计算对象的部分。如：单项工程中的生产车间的厂房修建、设备安装；公路工程中同一合同段内的路线、桥涵等。由此可见，单位工程一般不能独立发挥生产能力和使用效益，一个单位工程可以包含若干分部工程。

（4）分部工程

分部工程是单位工程的组成部分，一般是按单位工程中的主要结构、主要部位来划分的。如：工业与民用建筑中的房屋基础、墙体等。在公路建设工程中，如按工程部位划分为路基工程、路面工程、桥涵工程等；按工程结构和施工工艺划分为土石方工程、混凝土工程和砌筑工程等。一个分部工程包括若干分项工程。

（5）分项工程

分项工程是分部工程的组成部分，是根据分部工程划分的原则，再进一步将分部工程分成若干个分项工程。分项工程是按照不同的施工方法、不同的施工部位、不同的材料、不同的质量要求和工作难易程度来划分的，是概预算定额的基本定量单位，故也称为工程定额子目或工程细目。一般来说，分项工程中只是建筑或安装工程的一种基本构成要素是为了确定建筑或安装工程费用而划分出来的一种假定产品，以便作为分部工程的组成部分。因此，分项工程的独立存在是没有意义的。

综上所述，一个建设项目是由一个或几个单项工程组成，一个单项工程是由几个单位工程组成，一个单位工程又由若干个分部工程组成，一个分部工程还可以划分为若干个分项工程。

第二节 施工组织设计的任务与原则

1.道路与桥梁工程施工特点

道路桥梁是一种人工构筑物，是通过设计与施工，消耗大量的人工、材料和机械而完成的建筑产品。和工业生产比较，道路桥梁施工同样是把一系列的资源投入产品（即工程）的生产过程，在生产上的阶段性和连续性与组织上的专门化和协作化是一致的。但是，道路桥梁施工与一般工业生产和其他土建工程施工（如房屋建筑）都有所不同。比如，由于道路工程的线性分布性质，使施工面狭长，流动性大，临时工程多，施工容易受到其他工程和外界干扰，施工管理工作量大，由于道路施工全是野外作业，受自然条件影响很大，施工受季节影响；由于工程数量分布不均匀（特别是集中土石方和大中桥），给各施工项之间的协调工作带来困难；由于道路是永久性建筑，占用土地又多，一般不可能拆除重建，因此施工质量尤其重要。

由于道路桥梁施工的上述特点，为了保证施工任务的圆满完成，必须做好施工组织设计，并采取相应的管理措施。

2．施工组织设计的任务与作用

施工现场的组织与管理工作贯穿于施工的全过程，分为施工准备工作、现场施工管理与调度工作及竣工验收与结算。具体包括以下内容：

（1）施工准备工作

①现场调查，即调查地物地貌、水文地质、资源供应及施工运输条件；

②图纸会审与技术交底；

③编制施工组织设计；

④编制施工预算，下达施工任务，签订分包协议；

⑤组织劳力、机械、材料进场；

⑥测量放线，二通一平，按平面布置图搭设临时生产生活设施；

⑦外部协作，办理施工执照，申办封闭交通。

（2）现场施工管理与调度

①编制和下达施工作业计划，制订劳动组合与施工作业程序，工程任务划分；

②建立施工组织管理体系，形成生产指挥系统；

③开展现场技术管理质量管理、材料管理、机械设备管理、安全文明施工管理及施工现场的平面管理与环境管理；

④建立现场调度会议制度，定期分级召开生产调度会议；

⑤推行施工任务书与包工合同，加强基层作业队（班、组）管理。

（3）竣工验收与工程结算

①工程收尾清场、返修补修。工程分级检查验收，工程量核实，签证与工程结算，交工会议与签订保修协议。

②当承担大中型市政工程施工项目时，应实行"项目法"管理。

施工组织设计的作用是指导拟建工程从施工准备到竣工验收全过程的各综合性的技术经济文件，是沟通工程设计和施工之间的桥梁，是指导现场施工的法规。它的作用是全面规划、布置施工生产活动；制订先进合理的技术和组织措施；确定先进合理、切实可行的施工方案；节约使用人力、物力和加强各方面的协调配合，保证有节奏地连续施工，全面完成施工任务，以便企业以最小的消耗取得较大的经济效果。

3．施工组织设计的一般原则

组织施工或编制施工组织设计时，应根据施工特点和以往积累的经验，遵循以下几项原则：

（1）认真贯彻党和国家对基本建设的各项方针和政策；

（2）严格遵守国家和合同规定的工程竣工及交付使用期限；

（3）合理安排工程开展程序和施工顺序。建筑施工的特点之一是产品的固定性，因此使建筑施工在同一场地上同时或者先后交叉进行。没有前一阶段的工作，后一阶段的工作就不能进行，同时它们之间又是交错搭接地进行；顺序反映客观规律要求，交叉则反映争取时间的努力。因此在编制施工组织设计的过程中必须合理安排施工程序。在安排施工程序时必须考虑以下几点：

A. 要及时完成相关的准备工作，为正式施工创造良好条件；

B. 正式施工时应该先进行全场性的工作，然后再进行各个项目的施工；

C. 对于单个构筑物的施工顺序，既要考虑空间的顺序，也要考虑各个工种之间的顺序；

D. 可供整个施工过程使用的建筑物要尽可能地提前建造，以便减少施工的临时设施，从而节约投资。

（4）在选择施工方案时，要积极采用新材料、新设备、新工艺和新技术，努力为新结构的推行创造条件；要注意结合工程特点和现场条件，使技术的先进适用性和经济合理性相结合，防止单纯地追求先进而忽视经济效益的做法；还要符合施工验收规范、操作规程的要求和遵守有关防火、保安及环保等规定，确保工程质量和施工安全。施工方案的选择必须进行多方案比较。比较时应做到实事求是，在多个方案中选择最经济、最合理的；一切从实际出发，以数据来定方案，数据一定要准确，结论要有理、有力。

（5）对于那些必须进入冬、雨季施工的工程，应落实季节性施工措施，以增加全年的施工天数，提高施工的连续性和均衡性。建筑施工周期长，多属露天作业，不可避免地受到天气和季节的影响，主要是冬、雨季的影响。因此，如何克服冬、雨季所造成的不利影响是关键问题。主要措施有两条：一是在安排进度时，将受季节影响较大的施工项目安排在有利的天气进行，将受天气影响较小的项目安排在冬雨季进行；二是采取一定的措施，保证冬、雨季施工的施工质量与进度。

（6）尽量利用正式工程已有设施，以减少各种临时设施；尽量利用当地资源，合理安排运输、装卸与储存作业，减少物资运输量，避免二次搬运；精心进行场地规划布置，节约施工用地，不占或少占农田。

（7）必须注意根据地区条件和构件条件，通过技术经济比较，恰当地选择预制方案或现场浇筑方案。确定预制方案时，应贯彻工厂预制与现场预制相结合的方针，努力提高建筑工业化程度，但不能盲目地追求装配化程度的提高。

（8）要贯彻先进机械、简易机械和改进机械相结合的方针，恰当选择自行装备、租赁机械或机械化分包施工等方式，但不能片面地强调提高机械化程度指标。

（9）制订节约能源和材料措施。

（10）要贯彻"百年大计、质量第一"和预防为主的方针，从各方面制订保证质量的措施，预防和控制影响工程质量的各种因素。

（11）要贯彻"安全为了生产，生产必须安全"的方针，建立健全各项安全管理制度，制订安全施工的措施，并在施工过程中经常地进行检查和督促。

第三节　施工组织设计的阶段与内容

一、施工组织设计阶段的方案

施工组织设计根据设计和编制对象的不同大致可分为三类：施工组织总设计、单位工程施工组织设计和分部分项工程施工组织设计。

1. 施工组织总设计

施工组织总设计即施工组织大纲，它是以群体工程若干个单项工程为对象，在初步设计阶段或扩大初步设计阶段编制的战略性和方针性的全面规划和总体部署，是指导整个工程施工全过程的组织、技术、经济的综合性设计文件。它将建设项目视为一个系统，对影响全系统的重大战略问题进行预测和决策，预见工程建设的进程和发展，预见可能发生的矛盾，从而把握全局，取得主动，指导做好施工前的准备工作，内容比较概括、粗略。它是施工单位编制年度施工计划和单位工程施工组织设计的依据。

施工组织总设计的主要内容包括：工程概况，施工部署与施工方案，施工总进度计划，施工准备工作及各项资源需要计划，施工总平面图，主要技术组织措施及主要技术经济指标等。

2. 单位工程施工组织设计

单位工程施工组织设计是以单位工程为对象，在接到施工图纸资料后，并在主体工程开工之前，编制的统筹规划和施工部署，由直接组织施工的单位编制。如确定具体的施工组织、施工方法技术措施等。内容比施工组织总设计详细、具体，是指导该单位工程施工全过程的组织、技术、经济的综合性文件，也是施工企业编制季度、月度计划的依据。

3. 分部分项工程施工组织设计

分部分项工程施工组织设计是以一个较小的单位工程或大型复杂的分部分项工程或专业工程为对象，在接到图纸资料后，并在工程开工之前，针对工程特点和主要施工工序，在施工方法、施工机具施工进度、劳动组织技术措施、时间配合和空间布置等方面编制的，用以指导该项工程施工全过程的组织技术经济的综合性文件。内容比单位工程施工组织设计详细、具体、简明，是专业工程的具体施工设计。一般在单位工程施工组织设计确定了施工方案之后，由施工队技术员负责编制。

分部分项工程设计的主要内容包括：工程概况、施工方案、施工进度表、施工平面图及技术组织措施等。

施工方案是根据设计图纸和说明书，决定采用哪种施工方法和机械设备，以何种施工顺序和作业组织形式来组织项目施工活动的计划。施工方案确定了，就基本上确定了整个工程施工的进度、劳动力和机械的需要量、工程的成本、现场的状况等。所以说，施工方案的优劣在很大程度上决定了施工组织设计质量的好坏和施工任务能否圆满完成。施工方案包括施工方法与施工机械选择、施工顺序的合理安排以及作业组织形式和各种技术组织措施等内容。

（1）施工方案制订的原则

①制订方案首先必须从实际出发，符合现场的实际情况，有实现的可能性。所制订方案在资源、技术上提出的要求应该与当时已有的条件或在一定时间能争取到的条件相吻合，否则是不能实现的。

②施工方案的制订必须满足合同要求的工期。按工期要求投入生产，交付使用，发挥投资效益。

③施工方案的制订必须确保工程质量和施工安全。工程建设是百年大计，要求质量第一，保证施工安全是员工的权利和社会的要求。因此，在制订方案时应充分地考虑工程质量和施工安全，并提出保证工程质量和施工安全的技术组织措施，使方案完全符合技术规范操作规范和安全规程的要求。如在质量方面制订工序质量控制标准、岗位责任制与经济责任制和质量保障体系等。

④在合同价控制下，尽量降低施工成本，使方案更加经济合理，增加施工生产的盈利。从施工成本的直接费和间接费中找出节约的途径，采取措施控制直接消耗，减少非生产人员，挖掘潜力，使施工费用降低到最低限度，不突破合同价，取得好的经济效益。

（2）施工方法的选择

施工方法是施工方案的核心内容，它对工程的实施具有决定性作用。确定施工方法应突出重点，凡是采用新技术、新工艺和对工程质量起关键作用的项目，以及工人在操作上还不够熟练的项目，应详细而具体，不仅要拟订进行这一项目的操作过程和方法，而且要提出质量要求以及达到这些要求的技术措施，并要预见可能发生的问题，提出预防和解决这些问题的办法。对于一般性工程和常规施工方法则可适当简化，但要提出工程中的特殊要求。

①施工方法选择的依据

正确地选择施工方法是确定施工方案的关键。各个施工过程均可采用多种施工方法进行施工，而每一种施工方法都有其各自的优势和使用的局限性。我们的任务就是从若干可行的施工方法中选择最可行最经济的施工方法。选择施工方法的依据主要有：

A. 工程特点。主要指工程项目的规模构造、工艺要求技术要求等方面。

B. 工期要求。要明确本工程的总工期和各分部、分项工程的工期是紧迫、正常与充裕三种情况的哪一种。

C. 施工组织条件。主要指气候等自然条件，施工单位的技术水平和管理水平，所需设备材料、资金等供应的可能性。

D. 工程扩建，要求采用的施工方法必须保证既有工程的安全和行车的安全。

E.设计图纸,主要指根据设计图纸的要求,确定施工方法。如隧道施工设计要求用新奥法施工,确保施工质量和安全,且保证要求的工期,那么在做施工准备时必须按新奥法施工要求做准备。

F.施工方案的基本要求。主要是指根据制订施工方案的基本要求确定施工方法。对于任何工程项目都有多种施工方法可供选择,但究竟采用何种方法,将对施工方案的内容产生巨大影响。

②施工方法的确定与机械选择的关系

公路工程施工机械的合理组合也是公路建设中选择施工机械时应遵循的原则之一。施工机械的合理组合分为技术性能组合和类型数量组合。施工机械技术性能的合理组合包括以下方面:

A.主要机械与配套机械的组合。配套机械的工作容量、生产率和数量应稍大一点,以便充分发挥主要机械的作业效率。例如,自卸运输车的车厢容积应是挖掘机铲斗工作容量的3~5倍,但不要大于7~8倍。

B.主要机械与辅助机械的组合。辅助机械的生产率应略大一些,以便充分发挥主要机械的生产率。

C.牵引车与其他机具的组合。两者要互相适应,以便获得最佳的联合作业效益。施工机械类型与其数量的合理组合:施工机械类型及数量宜少不宜多。根据道路建设项目的作业内容,尽可能地选用大工作容量、高作业效率的相同类型的施工机械。一般来说,组合的施工机械台数适当减少,有利于提高协同作业的效率。施工机械品种规格单一时,便于施工过程中的调度、管理和维护。并列组合,只依靠一套施工机械组合作业,当主要施工机械发生故障时,就会造成建设项目全线停工。若选用两套或多套施工机械并列作业,则可避免或减少全线停工现象的发生。沥青路面施工中多采用两套沥青摊铺机、压路机并列作业即为典型实例。在多年的公路工程施工实践中,从实际出发根据道路建设项目和施工机械保有量(机型、规格数量),可采用如下不同的方法选配施工机械:

a.根据道路建设项目作业内容选择施工机械。以路基工程施工为例,路基工程作业内容包括土石方挖掘、铲运、填筑、压实、修整及挖沟等基本内容,以及伐树除根松土、爆破、表层清理和处置等辅助作业,每种作业可根据工程类别选择机械与设备。

b.根据道路建设项目工程量选择施工机械。在公路建设项目的施工期限内,按照施工计划中的月作业强度和日作业量选择施工机械。

c.根据运输距离和道路情况选择施工机械。在沥青路面施工中,为保证沥青混合料摊铺工序所需温度(≥110℃)和压实工序所需温度(≥90℃),自卸车运输沥青混合料的距离不宜超过30km。在路基工程施工中,选择施工机械时应考虑运输机械的经济运距和道路条件。

d.根据土质选择施工机械。在路基工程施工中,土壤是施工机械作业的主要对象,其性质和状态直接关系到施工机械的作业质量、作业效率和成本,因此土质是选择施工机械的重要根据之一。根据土壤性质和状态，可选择推土机装载机、平地机挖掘机等，压实机械有光面压路机、轮胎压路机、振动压路机等土方施工机械。

e.根据气象条件选择施工机械。雨水会迅速改变土壤状态，特别是黏土。因此，选择施工机械时要充分考虑道路建设项目施工期间的气象情况。如久晴不下雨、土质干燥时，可选择轮式施工机械进行作业；反之，旷日持久下雨、土壤过分潮湿和作业场地及道路泥泞时，则选用履带式施工机械进行作业为宜。

（3）施工机械的选择和优化

施工机械对施工工艺施工方法有直接影响，施工机械化是现代化大生产的显著标志，对加快建设速度、提高工程质量保证施工安全、节约工程成本起着至关重要的作用。因此，选择施工机械成为确定施工方案的一个重要内容，应主要考虑下列问题：

①在选用施工机械时，应尽量选用施工单位现有机械，以减少资金的投入，充分发挥现有机械效率。若现有机械不能满足工程需要，则可考虑租赁或购买。

②机械类型应符合施工现场的条件。施工条件指施工场地的地质、地形、工程量大小和施工进度等，特别是工程量和施工进度计划，是合理选择机械的重要依据。一般来说，为了保证施工进度和提高经济效益，工程量大应采用大型机械，工程量小则应采用中小型机械，但也不是绝对的。如一项大型土方工程，由于施工地区偏僻，道路、桥梁狭窄或载重量限制大型机械的通过，如果只是专门为了它的运输问题而修路、桥，显然是不经济的，因此应选用中型机械施工。

③在同一建筑工地上施工机械的种类和型号应尽可能少。为了便于现场施工机械的管理及减少转移，对于工程量大的工程应采用专用机械；对于工程量小而分散的工程，则应尽量采用多用途的施工机械。

④要考虑所选机械的运行费用是否经济，避免大机小用。施工机械的选择应以能否满足施工的需要为目的。如本来土方量不大，却用了大型土方机械结果不到一星期就完工了，但大型机械的台班费、进出场的运输费便道的修筑费以及折旧费等固定费用相当庞大，使运行费用过高，超过缩短工期所创造的价值。

⑤施工机械的合理组合。选择施工机械时，要考虑各种机械的合理组合，这样才能使选择的施工机械充分发挥效率。合理组合是指主机与辅机在台数和生产能力上的相互适应，作业线上的各种机械互相配套的组合。主机与辅机的组合：一定要在设法保证主机充分发挥作用的前提下，考虑辅机的台数和生产能力。作业线上各种机械的配套组合：一种机械化施工作业线是由几种机械联合作业组合成一条龙施工，才能具备整体生产能力，如果其中某种机械的生产能力不适应作业线上的其他机械或机械可靠性不好，都会使整条作业线的机械发挥不了作用。如在桥梁工程中的混凝土拌和机、塔吊、吊斗的一条龙施工，就存在合理配套组合的问题。

⑥选择施工机械时应从全局出发统筹考虑。全局出发就是不仅考虑本项工程，而且要考虑所承担的同一现场或附近现场其他工程的施工机械的使用。这就是说，从局部考虑去

选择机械是不合理的,应从全局的角度进行考虑。

(4) 施工顺序的选择

施工顺序是指施工过程或分项工程之间施工的先后次序,它是编制施工方案的重要内容之一。施工顺序安排得好,可以加快施工进度,减少人工和机械的停歇时间,并能充分利用工作面,避免施工干扰,达到均衡连续施工的目的,并能实现科学的组织施工,做到不增加资源,加快工期,降低施工成本。安排好一个施工项目的施工顺序,要考虑到多方面的因素:

①统筹考虑各施工过程之间的关系。在工程施工过程中,任何相邻的施工过程之间总是有先有后,有些是由于施工工艺的要求而固定不变的,也有些不受工艺限制,有一定的灵活性。

②考虑施工方法和施工机械的要求。如桥梁工程的基础是钻孔灌注桩,施工方法采用钻孔机钻孔,在安排每个基础每根桩的施工顺序时相邻桩不能顺序施工,否则会发生塌孔现象,所以必须要间隔施工。采用间隔施工时,钻机移动的次数会增多,而钻机移动需要拆卸和重新安装,很费时间。此时必须采取措施合理安排桩基的施工顺序,既要保证钻机移动的最少,又要保证钻孔安全,还能加快施工进度。

③考虑施工工期与施工组织的要求。合理的施工顺序与施工工期有较密切的关系,施工工期影响到施工顺序的选用,如有些建筑物,由于工期要求紧张,采用逆作法施工,这样便导致施工顺序的较大变化。

一般情况下,满足施工工艺条件的施工方案可能有多个,因此,还应考虑施工组织的要求,通过对方案的分析、对比,选择经济、合理的施工顺序。通常情况下,在相同条件下,应优先选择能为后续施工过程创造良好施工条件的施工顺序。

④考虑施工质量的要求。确定施工顺序时,应以充分保证工程质量为前提。当有可能出现影响工程质量的情况时,应重新安排施工顺序或采取必要的技术措施。

⑤考虑当地的气候条件和水文要求。在安排施工顺序时,应考虑冬季、雨季、台风等气候的影响,特别是受气候影响大的分部工程应尤为注意。在南方施工时,应从雨季考虑施工顺序,可能因雨季而不能施工的应安排在雨季前进行。如土方工程不能安排在雨季施工。在严寒地区施工时,则应考虑冬季施工特点安排施工顺序。桥梁工程应特别注意水文资料,枯水季节宜先施工位于河中的基础等。

⑥安排施工顺序时应考虑经济和节约,降低施工成本。合理安排施工顺序,加速周转材料的周转次数,并尽量减少配备的数量。通过合理安排施工顺序可缩短施工期,减少管理费、人工费、机械台班费等,降低工程成本,给项目带来显著的经济效益。

⑦考虑施工安全要求。在安排施工顺序时,应力求各施工过程的搭接不会产生不安全因素,以避免安全事故的发生。

(5) 技术组织措施的设计

组织措施是施工企业为完成施工任务,保证工程工期,提高工程质量,降低工程成本,在技术上和组织上所采取的措施。企业应该把编制技术组织措施作为提高技术水平的关键，改善经营管理。通过编制技术组织措施，结合企业内部实际情况，很好地学习和推广同行业的先进技术和行之有效的组织管理经验。

①技术组织措施

技术组织措施主要包括以下几方面的内容：

A.提高劳动生产率和机械化水平，加快施工进度方面的技术组织措施。例如，推广新技术、新工艺新材料，改进施工机械设备的组织管理，提高机械的完好率、利用率，科学地进行劳动组合等方面的措施。

B.提高工程质量，保证生产安全方面的技术组织措施。

C.施工中的节约资源，包括节约材料、动力、燃料和降低运输费用的技术组织措施。为使编制技术组织措施的工作经常化、制度化，企业应分段编制施工技术组织措施计划。

②工期保证措施

A.施工准备抓早、抓紧。尽快做好施工准备工作，认真复核图纸，进一步完善施工组织设计，落实重大施工方案，积极配合业主及有关单位办理征地拆迁手续。主动疏通地方关系，取得地方政府及有关部门的支持，施工中遇到问题而影响进度时，要统筹安排，及时调整，确保总体工期。

B.采用先进的管理方法（如网络计划技术等）对施工进度进行动态管理。以投标的施工组织进度和工期要求为依据，及时完善施工组织设计，落实施工方案，报监理工程师审批。根据施工情况变化，不断进行设计、优化，使工序衔接、劳动力组织、机具设备、工期安排等有利于施工生产。

C.建立调度指挥系统，全面、及时掌握并迅速、准确地处理影响施工进度的各种问题。对工程交叉和施工干扰应加强指挥和协调，对重大关键问题超前研究，制订措施，及时调整工序，调动人、财、物、机，保证工程的连续性和均衡性。

D.加强物资供应计划的管理。每月上旬提出资源使用计划和进场时间。

E.对控制工期的重点工程，优先保证资源供应，加强施工管理和控制。如现场昼夜值班制度，及时调配资源和协调工作等。

③保证质量措施

保证质量的关键是对工程对象经常发生的质量通病制定防治措施，从全面质量管理的角度，把措施落到实处，建立质量保证体系，保证"PDCA循环"的正常运转，全面贯彻执行国际质量认证标准。对采用的新工艺、新材料、新技术和新结构，必须制订有针对性的技术措施，以保证工程质量。

常见的质量保证措施有：质量控制机构和创优规划；加强教育，提高项目全员综合素质；强化质量意识，健全规章制度；建立分部、分项工程的质量检查和控制措施；技术、质量要求比较高，施工难度大的工作，成立科技质量攻关小组—全面质量管理体系中QC攻关小组，确保工程质量；全面执行和贯彻标准、行业指导书，保证工序质量和工作质量。

④工程安全施工措施

安全施工措施应贯彻安全操作规程，对施工中可能发生安全问题的环节进行预测，提出预防措施。杜绝重大事故和人身伤亡事故的发生，把一般事故减少到最低限度，确保施工的顺利进展。

安全施工措施的内容包括：全面推行和执行职业安全健康管理体系标准，在项目开工前进行详细的危险辨识，制订安全管理制度和作业指导书；建立安全保证体系，项目部和各施工队设专职安全员，专职安全员属质检科，在项目经理和副经理的领导下，履行保证安全的一切工作；利用各种宣传工具，采用多种教育形式，使职工树立"安全第一"的思想，不断强化安全意识，使安全管理制度化、教育经常化；各级领导在下达生产任务时，必须同时下达安全技术措施；检查工作时，必须总结安全生产情况，提出安全生产要求，把安全生产贯彻到施工的全过程中去；认真执行定期安全教育安全讲话、安全检查制度，设立安全监督岗，发挥群众安全人员的作用，对发现的事故隐患和危及工程、人身安全事项，要及时处理，并做记录，及时改正，落实到人；施工临时结构前，必须向员工进行安全技术交底，对临时结构必须进行安全设计和技术鉴定，合格后方可使用。

⑤施工环境的保护措施

为了保护环境，防止污染，尤其是防止在城市施工中造成污染，出台防止污染的措施。主要包括以下几方面：积极推行和贯彻环境管理体系标准，制订相应的环境保护管理制度和作业指导书；对施工环境保护意识进行宣传教育，提高对环境保护工作的认识；保护施工场地周围的绿色覆盖层及植物，防止水土流失。

二、施工组织计划内容

1. 工程概况

（1）简要说明工程名称，施工单位名称，建设单位及监理机构、设计单位、质检站名称，合同开工日期和施工日期，合同价（中标价）。

（2）简要介绍拟建工程的地理位置、地形地貌、水文、气候、降雨量、雨季、交通运输、水电情况。

（3）施工组织机构设置及职责部门之间的关系。

（4）工程结构、规模、主要工程数量表。

（5）合同特殊要求，如业主提供结构材料、指定分包商等。

2. 施工总平面部署

（1）简要说明可供使用的土地、设施、周围环境环保要求，需要保护或注意的情况。

（2）施工总平面布置必须以平面布置图表示，并应标明拟建工程平面位置、生产区、生活区、预制场、材料场、爆破器材库位置。

（3）施工总平面布置可用一张图，也可用多张相关的图表示；图上无法表示的，应用文字简单叙述。

3. 技术规范及检验标准

（1）明确本工程所使用的施工技术规范和质量检验评定标准。

（2）注明本工程所使用的作业指导书的编号和标题。

4. 施工顺序及主要工序的施工方法

（1）施工顺序。一般应以流程图表示各分项工程的施工顺序和相关关系，必要时附以文字简要说明。

（2）施工方法。施工方法是施工组织设计重点叙述的部分，它包含主要分项工程的施工方法，重点叙述技术难度大、工种多、机械设备配合多、经验不足的工序和结构关键部位。对于常规的施工工序则简要说明。

5. 质量保证计划

（1）明确工程质量目标。

（2）确定质量保证措施。

根据工程的实际情况，按分项工程项目分别制订质量保证技术措施，并配备工程所需的各类技术人员；对于工程的特殊过程，应对其连续监控和持证上岗作业，并制订相应的措施和规定；对于分包工程的质量要制订相应的措施和规定。

6. 安全劳保技术措施

安全劳保技术措施包括水上作业、高空作业、夜间作业、起吊安装、预应力张拉、爆破作业、汽车运输和机械作业等安全措施，安全用电、防水、防火、防风、防洪的措施；机械、车辆多工种交叉作业的安全措施，操作者安全环保的工作环境，所需要采取的措施，拟建工程施工过程中工程本身的防护和防碰撞措施，维持交通安全的标志。所有措施应遵守行业和公司各类安全技术操作规程和各项预防事故的规定，应由项目部的安全部门负责人审核后定稿。

7. 施工总进度计划

（1）施工总进度计划用网络图和横道图表示。

（2）计划一般以分项工程划分并标明工程数量。

（3）将关键线路（工序）用粗线条（或双线）表示。

（4）根据施工强度配备各类机械设备。

8. 物资需用量计划

（1）本计划用表格表示，并将施工材料和施工用料分开。

（2）计划应注明由业主提供或自行采购。

（3）计划一般按月提出物资需用量，以分项工程为单位计算需用量。

（4）本计划同时附有物资计划汇总表，将配备品种、规格、型号的物资汇总。

9. 机械设备使用计划

（1）机械设备使用计划一般用横道图表。

（2）计划应说明施工所需机械设备的名称、规格、型号、数量等。

（3）计划应标明最迟的进场时间和总的使用时间。

（4）必要时，可注明某一种设备是租用外单位或自行购置。

10. 劳动力需用量计划

（1）劳动力需用量计划以表格表示。

（2）计划应将各技术工种和普通杂工分开，根据总进度计划需要统计各月工种最多和最少人数。

（3）计划应说明本单位各工种自有人数和需要调配或雇用人数。

三、实施施工组织设计

工程中标后，对于单位工程和分部工程，应在指导性施工组织设计的基础上分别编制实施性的施工组织设计。

实施性施工组织设计的任务是：

1. 它是用来直接指挥施工的计划，这是它的核心内容。因此应具体制订出按工作日程安排的施工进度计划。

2. 根据施工进度计划，具体计算出劳动力机具材料等的日程需要量，并规定工作班组及机械在作业过程中的移动路线及日程。

3. 在施工方法上，要结合具体情况考虑工程细目的施工细节，具体到能按所定施工方法确定工序、劳动组织及机具配备。

4. 工序的划分、劳动力的组织及机具的配备，既要适应施工方法的需要，还要考虑工作班组的组织结构和设备情况，要最有效地发挥班组的工作效率，便于实行分项承包和结算，还要切实保证工程质量和施工安全。

5. 要考虑到当发生意外情况时留有调节计划的余地。如因故中途必须停止计划项目的施工时，要准备机动工程，调动原计划安排的班组继续工作，避免窝工。

实施性施工组织设计，必须具体、详细，以达到指导施工的目的，但应避免过于复杂、烦琐。在某些特定情况下，针对工程的具体情况有时还需要编制特殊的施工组织设计，如以下几种情况：

（1）某些特别重要和复杂，或者缺乏施工经验的分部、分项工程，如复杂的桥梁基础工程、站场的道岔铺设工程、特大构件的吊装工程、隧道施工中的喷锚工程等。为了保证施工的工期和质量，有必要编制专门的施工组织设计。但是，编制这种特殊的施工组织设计，其开工与竣工的工期要与总体施工组织设计保持一致。

（2）对一些特殊条件下的施工，如严寒、雨季、沼泽地带和危险地区（如隧道中通过瓦斯地层的施工）等，需要采取一些特殊的技术措施，有必要为之专门编制施工组织设计，以保证施工的顺利进行以及质量要求和人员的安全。

（3）某些施工时间长的项目，即跨越几个年度的项目，在编制指导性施工组织设计或实施性施工组织设计时，不可能准确地预见到以后年度各种施工条件的变化，因而也不可能完全切实或详尽地进行施工安排。因此，需要对原定项目施工总设计在某一年进行进一步具体化或做相应的调整与修正。这时，就有必要编制年度的项目施工组织总设计，用以指导施工。

指导性项目施工组织设计是整个项目施工的龙头，是总体的规划。在这个指导文件规划下，再深入研究各个单位工程，从而制订实施性的施工组织设计和特殊的施工组织设计。在编制项目指导性施工组织设计时，可能对某些因素和条件未预见到，而这些因素或条件却是影响整个部署的。这就需要在编制了局部的施工组织设计后，再对全局性的指导性施工组织设计做必要的修正和调整。

第四节　施工组织的基本方法

一、顺序作业法

根据工程结构施工程序和工艺流程，按照先后顺序施工操作，按照固定的程序组织施工称为顺序作业法。主要特点如下：

1. 没有充分利用工作面进行施工，工期较长。
2. 每天投入施工的劳动力、材料、机具的种类比较少，有利于资源供应的组织工作。
3. 施工现场的组织、管理比较简单。
4. 不强调分工协作，若由一个作业队完成全部施工任务，不能实现专业化生产，不利于提高劳动生产率；若按工艺专业化原则成立专业作业队，各专业队不能连续作业，劳动力和材料的使用可能不均衡。

二、平行作业法

根据工程结构施工程序和工艺流程，大量人员机械施工操作，按照固定的程序组织施工称为平行作业法。主要特点如下：

1. 充分利用工作面进行施工，（总）工期较短。
2. 每天同时投入施工的劳动力材料和机具数量较大，影响资源供应的组织工作。
3. 如果各工作面之间需共用某种资源时，施工现场的组织管理比较复杂、协调工作量大。
4. 不强调分工协作，此点与顺序作业法相同。

三、流水作业法

流水施工是一种科学有效的工程项目施工组织方法之一，它建立在分工协作的基础上，实行专业化施工，充分利用工作时间和操作空间，减少非生产性劳动消耗，保证工程施工连续、均衡、有节奏地进行，从而对提高工程质量、降低工程造价、缩短工期有着显著作用。流水作业施工就是由固定组织的工人在若干个工作性质相同的施工环境中依次连续地工作的一种施工组织方法。在工程施工中，可以采用依次施工（亦称顺序施工法）、平行施工和流水施工等组织方式。对于相同的施工对象，当采用不同的作业组织方法时，其效果也各不相同。

流水施工组织的具体步骤是：将拟建工程项目的全部建造过程，在工艺上分解为若干个施工过程，在平面上划分为若干个施工段，在竖向上划分为若干个施工层，然后按照施工过程组建专业工作队（或组），并使其按照规定的顺序依次连续地投入到各施工段，完成各个施工过程。当分层施工时，第一施工层各个施工段的相应施工过程全部完成后，专业工作队依次、连续地投入第二、第三…第 N 施工层，有节奏均衡、连续地完成工程项目的施工全过程，这种施工组织方式称为流水施工。例如吊顶的班组在 10 层工作一周完成任务后，第二周立即转移到 11 层干同样的工作，然后第三周再到 12 层工作。别的工作队也是这样工作。此种作业法既能充分利用时间又能充分利用空间，大大缩短了工期，三个楼层总工期为 35 d，同时又克服了平行作业法资源高度集中的缺点，所以流水作业法是一种先进有效的作业组织法。流水作业法可保证生产的连续性和均衡性，而生产的连续性和均衡性势必使各种材料可以均衡使用，消除了工作组的施工间歇，因而可以大大缩短工期，一般可缩短 1/3~1/2。

流水施工方式是一种先进科学的施工方式，由于在工艺过程划分、时间安排和空间布置上进行统筹安排，将会给相应的项目部带来显著的经济效果，具体可归纳为以下几点：前后施工过程衔接紧凑，消灭了不必要的时间间歇，使施工得以连续进行，后续施工过程尽可能提前在不同的工作面上开展，从而加快施工进度，缩短工程工期；各个施工过程均采用专业班组操作，可提高工人的熟练程度和操作技能，同时，工程质量也易于保证和提高；采用流水施工，使得劳动力和其他资源的使用比较均衡，从而可避免出现劳动力和资源使用大起大落的现象，减轻施工组织者的压力，为资源的调配、供应和运输带来方便；由于工期的缩短、工作效率提高、资源消耗等因素共同作用，可以减少临时设施及其他一些不必要的费用，从而降低工程造价。

流水施工的优点是：各工作队可以实行专业化施工，从而为工人提高技术熟练程度以及改进操作方法和生产工具创造有利条件，可充分提高劳动生产率。劳动生产率得到提高，相应地可以减少工人人数和临时设施数量，从而可以节约投资，降低成本，同时专业化施工有助于保证工程质量。

流水施工具有以下特点：

1. 科学地利用工作面，争取时间，总工期趋于合理。

2. 工作队及其工人实现了专业化生产，有利于改进操作技术，可以保证工程质量和提高劳动生产率。

3. 工作队及其工人能够连续作业，相邻两个专业工作队之间可实现合理搭接。

4. 每天投入的资源量较为均衡，有利于资源供应的组织工作。

5. 为现场文明施工和科学管理创造了有利条件。

上述经济效果都是在不需要增加任何费用的前提下取得的。可见，流水施工是实现施工管理科学化的重要组成内容，是与建筑设计标准化、施工机械化等现代施工内容紧密联系、相互促进的，是实现企业进步的重要手段。

四、网络计划法

网络计划技术既是一种科学的计划方法，又是一种有效的生产管理方法。主要有单代号网络图、双代号网络图。与横道图计划管理方法相比，网络计划技术具有如下特点：

1. 网络计划把整个施工过程中各有关工作组成一个有机的整体，因而能全面而明确地反映出各工序之间的相互制约和相互依赖的关系，能够清楚地看出全部施工过程在计划中是否合理。

2. 网络计划可以通过时间参数计算，能够在工作众多、错综复杂的计划中，找出影响工程进度的关键工作，便于管理人员集中精力抓住施工中的主要矛盾，确保按期竣工，避免盲目抢工。因为，在通常的情况下，当计划内有 10 项工作时，关键工作只有 3~4 项，占 30%~40%；有 100 项工作时，关键工作只有 12-15 项，占 12%~15%；有 5000 项时，关键工作也不过 150~160 项，占 3%~4%。据说，世界上曾经有过 10 000 项工作的计划，其中关键工作只占 1%~2%。

3. 通过利用网络计划中反映出来的各工作的机动时间，可以更好地运用和调配人力与设备，节约人力、物力，达到降低成本的目的。

4. 通过对计划的优劣比较，可在若干可行性方案中选择最优方案。

5. 在计划的执行过程中，当某一工作因故提前或拖后时，能从计划中预见到它对其他工作及总工期的影响程度，便于及早采取措施以充分利用有利的条件或有效地消除不利因素。

6. 它还可以利用现代化的计算工具计算机，对复杂的计划进行绘图、计算、检查、调整与优化。

网络计划的缺点是从图上很难清晰地看出流水作业的情况，也难以根据一般网络图算出入力及资源需要量的变化情况。

可见，网络计划技术的最大特点就在于它能够提供施工管理所需的多种信息，有利于加强工程管理。所以，网络计划技术已不仅仅是一种编制计划的方法，而且还是一种科学的工程管理方法。它有助于管理人员合理地组织生产，做到心中有数，知道管理的重点应放在何处，怎样缩短工期，在哪里挖掘潜力，如何降低成本。在工程管理中提高应用网络计划技术的水平，必能进一步提高工程管理的水平。

网络计划的优化是指在一定的约束条件下，利用最优化原理，按照既定目标对网络计划不断改进，以寻求满意方案的过程。根据优化目标的不同，网络计划的优化可分为工期优化、资源优化和费用优化。

第五节 机械化施工组织

1. 机械化施工组织的作用

施工机械在城市建设、交通运输、能源开发、国防建设中起着十分重要的作用，是国家经济建设不可缺少的技术装备，是确保工程质量、降低工程造价、减轻劳动强度、提高经济效益和社会效益的重要手段。

土石方机械包括推土机、装载机、挖掘机、铲运机、平地机、凿岩机以及石料破碎、筛分机械等几个重要机种，它们是工程机械中用途最广泛的一大类机械，也是公路建设特别是高等级公路建设中土石方工程中的主要施工机械。同时，土石方机械还广泛应用于铁路水利、矿山、港口、机场、农田及国防等工程建设中，在国民经济建设中起着重要作用。在公路路基工程中，土石方机械担负着土石方的铲装、填挖、运输、整平等作业，它具有施工速度快、作业质量高、生产效率高等优点，是现代公路建设中不可缺少的机种。土石方机械的作业对象是各种土、砂、石等物料。在施工作业时，机械承受负荷重、外载变化波动大、工作场地条件差、环境比较恶劣，因此，要求土石方机械具有良好的低速作业性、足够的牵引力、整机的高可靠性和较高的作业生产能力。

由于现代工程的大型化，土石方机械继续向大型化方向发展，以适应巨大工程机械化施工的需要；同时为满足道路与桥梁建设、环保和窄小场地以及小型土石方工程的要求，小型、多功能、机动性好的机种也得到进一步的发展。现代计算机、电子和激光等技术的发展以及这些技术在土石方机械上的应用，将大大提高土石方机械的自动控制和智能化程度。同时，省力操纵、安全防护、降低噪声、提高可靠性及驾驶人员的舒适性等，将是土石方机械今后继续发展的方向。

2. 施工机械的选型与配套原则

作为生产工具的施工机械，其购价都很高因此使用费用很大（以土方工程为例，设备费占工程费的30%~40%）。工作环境（地形、土壤、质量）复杂、工地施工条件艰巨时，工程的机械设备费用将更高。为了使施工机械在施工过程中发挥其最大的经济效益，顺利地完成工程任务，必须选择最适合施工条件的机种。这种选型工作在设计阶段应该考虑周详。在选定所需机种、数量、工程量等条件后，还须正确估算其成本，然后用优选法选出最优的机械配组，这才是施工机械选型和配组的目的。

（1）施工机械选型的一般选定

合理地选定机种，必须与施工条件、施工方法和技术经济效益联系起来进行比较，才能选出理想的机种。一般机械选定考虑的要点是：

①能适应工地的土质、地形；

②能满足工程质量要求；

③在保证质量的前提下，不影响和损坏附近建成的建筑物；

④能高效率地完成需要的工作；

⑤机械运转费少而施工单价低；

⑥容易进行运转、维修，可靠性又高；

⑦可以自动化和省力；

⑧安全而又不会污染环境；

⑨易于筹办、便于转移。

（2）特殊性机械的选定

根据施工需要，必须引进特殊机械时，除了上述要点外，还要考虑以下几点：

①有无可代替的其他施工方法；

②引进特殊机械后是否具备经营管理的能力并能充分发挥特殊机械的效能；

③能否成为今后新施工方法的典型。

（3）施工机械的配组

根据机械选型要点，选出与其相适应的机种和数量后，还需要研究施工技术和施工组织，合理地进行配组。配组的方法是：首先在已选定的施工机械中，正确确定机组的主体机械，然后配备所需的辅助机械，使之配套，形成单项工程机械化。这样可以提高机械化施工水平，逐步向全工程实行流水作业法的综合机械化发展。为了使组合的每台机械都能在施工中发挥最大效率，机械选型配套应符合下列要求：

①在规定施工期内，机械应完成的工作量；

②要充分利用主机的生产能力；

③主体机械与辅助机械以及运输工具之间各机械的工作能力要保持平衡，还要使机组得到合理的配合和使用。

3. 施工机械组织措施

施工机械使用管理的基本要求是保持机械的良好技术状态，正确使用和优化组合，发挥机械的效能，以达到安全、优质、高效、低消耗地完成施工生产任务。

机械技术状态是指机械所具有的工作能力包括性能、精度、效率、运动参数安全、环保、能源消耗等所处的状态及其变化情况。机械在使用过程中，由于受到各种力的作用和环境条件、使用方法、工作规范、工作持续时间长短等影响，使机械应有的功能和技术状态水平不断发生变化而有所降低或劣化。要控制这种变化过程，除了应创造适合机械工作的环境和条件外，正确使用机械是控制机械技术状态变化和延缓工作能力下降的先决条件。

评定机械技术状态达到完好标准的要求，主要有以下三点：

（1）机械性能良好。机械的性能和精度能稳定地满足施工生产工艺要求，动力部分应能达到规定的功率。

（2）机械运转正常。部件齐全，安全防护装置良好，操纵、控制系统灵敏可靠，机械的牵引力和工作装置的效率应正常。

（3）燃料、动能、润滑油料以及材料、配件等消耗正常，基本无漏油、漏水电现象，外表清洁整齐。

凡不符合上述三项要求的机械，不应称为完好机械。机械完好的具体标准，应能对机械做出定量分析和评价，各行业主管部门根据总的要求结合行业机械特点制定。

正确使用机械是机械使用管理的基本要求，它包括技术合理和经济合理两个方面的内容。技术合理就是按照机械性能、使用说明书操作规程以及正确使用机械的各项技术要求使用机械；经济合理就是在机械性能允许范围内，能充分发挥机械的效能，以较低的消耗得到较高的经济效益。

根据技术合理和经济合理的要求，机械的正确使用主要应达到以下三个标志：

①高效率。机械使用必须使其生产能力得以充分发挥。在综合机械化组合中，至少应使其主要机械的生产能力得以充分发挥。机械如果长期处于低效运行状态，那就是不合理使用的主要表现。

②经济性。在机械使用已经达到高效率时，还必须考虑经济性的要求。使用管理的经济性、要求在可能的条件下，使单位实物工程的机械使用费成本最低。

③机械非正常损耗防护。机械正确使用追求的高效率和经济性必须建立在不发生非正常损耗的基础上，否则就不是正确使用，而是拼机械，吃老本。机械的非正常损耗是指由于使用不当而导致机械早期磨损、事故损坏以及各种使机械技术性能受到损害或缩短机械使用寿命等现象。

在机械化施工过程中，机械的选用和组合是否合理，将直接关系到施工进度、质量和成本，是优质、高产、低耗地完成施工生产任务和充分发挥机械效能的关键。必须做到以下几点：

A. 编好机械使用计划

根据施工组织设计编制机械使用计划。编制时要采用分析统筹、预测等方法，计算机械施工的工程量和施工进度，作为选择调配机械类型、台数的依据，以尽量避免大机小用，早要迟用，既要保证施工需要，又不使机械停置，或不能充分发挥其效率。

B. 通过经济分析选用机械

任何工程配备的施工机械，不仅有机种上的选用，还有机型、规格上的选择。在满足施工生产要求的前提下,对不同类型的机械施工方案,从经济性进行分析比较。即将几种不同的方案,计算单位实物工程的成本费,取其最小者为经济最佳方案。对于同类型的机械施工方案,如果其规格型号不相同,也可以进行分析比较,按经济性择优选用。

C. 合理组合机械

机械施工是多台机械的联合作业,合理的组合和配套才能最大限度地发挥每台机械的效能。合理组合机械的原则是:

a. 尽量减少机械组合的机种类。机械组合的机种数越多,其作业效率会越低,影响作业的概率就会增多,如组合机械中一种机械发生故障,将影响整个组合作业。

b. 注意机械能力相适应的组合。在流水作业中使用组合机械时,必须对组合的各种机械能力进行平衡。如作业能力不平衡时,会出现一台或几台机械能力过剩,发挥不出机械的正常效率。

c. 机械组合要配套和平列化。在组织机械化施工时,必须要注意机械配套,而且要注意分成几个系列的机械组合,同时平列地进行施工,以免组合中一台机械损坏造成全面停工。

d. 组合机械应尽可能简化机型,以便于维修和管理。

e. 尽量选用具有多种作业装置的机械,以利于一机多用。

D. 重视机械的配套使用

要使选用的机械达到高效率,必须做到合理配套,主要有以下几个方面:

a. 工序机械配套。如土石工程中,不仅有挖土、运土机械(挖掘机、推土机、运输车等),还要有平整、压实机械(平地机、压路机、振动夯、洒水车等),要做到机种和工序配套。

b. 机械的规格、能力配套。如自卸汽车应和挖掘、装载机的容量相适应。

c. 同一台机械的主机、副机和一机多用的配套。

d. 组合机械中应以关键及重型机械为基准,其他配套机械都应以确保关键及重型机械充分发挥效率为选配标准。

E. 提高机械操作人员素质

施工机械是由操作人员直接掌握的,机械使用的好坏、生产效率的高低与工作人员的高度责任心和熟练的操作技术有关。因此,必须做好下列工作:

a. 合理配备机械操作和维修人员。根据机械类型和作业班次,按照定额配备技术等级符合机械技术要求的操作和维修人员。

b. 所有机械操作人员都应经过专业技术培训,按照应知、应会要求进行考核,合格者获得操作证,凭证操作机械。

c. 坚持定人、定机,建立岗位责任制及交接班制度。

d. 新工人在独立使用机械时,必须经过对机械的结构性能、安全操作维护要求等方面的技术知识教育和实际操作及基本功的培训。

e. 严格执行机械使用安全技术规程和使用监督检查制度,定期开展机械使用检查评比活动。

F.施工机械的现场管理

施工机械现场管理就是机械进入施工现场的管理工作，目的是维持机械良好的技术状况，保证施工的连续、均衡、协调和高效。机械施工现场准备包括场地准备、机械准备、机械安装、机械组织准备等，这些准备工作可以同时进行或穿插进行。

a.施工场地准备。根据施工现场条件和施工顺序，考虑机械停放、机械作业、行驶路线、管线路设置、材料堆放等位置关系，合理布置施工场地。

b.施工场地要做好"三通一平"，要为机械使用提供良好的工作环境。需要构筑基础的机械（塔式起重机施工升降机等），要预先构筑好符合规定要求的轨道基础或固定基础。一般机械的安装场地必须平整坚实，四周要有排水沟。

c.设置为机械施工必需的临时设施，主要有停机场、机修所、油库以及固定使用的机械工作棚等。其设置要点是：位置要选择得当，布置要合理，便于机械施工作业和使用管理，符合安全要求，建造费用低以及交通运输方便等条件。

d.根据施工机械作业时的最大用电量和用水量，设置相应的电，保证机械施工用电、用水的需要。

G.机械进场运输

机械进场应选择合理的运输方式，尤其是距离较远的施工现场。选择运输方式的原则应以保证安全和按时投入施工为前提，综合考虑机械的体积、质量、行走装置、运输工具和条件、运输距离和装卸能力、运输费用等情况，经计算和评价确定。

H.机械施工组织准备

机械施工组织准备应以施工计划为依据，以有利于施工指挥、调度和协作为原则。

a.编制作业班组。机械作业班组一般按机械类型或作业地点编制。由于施工机械种类繁多，工作性质和内容各不相同，因此，应根据施工任务和现场具体情况确定。总的要求是规定各班组的机械和人员组成、作业内容和职责要求等。

b.确定作业班制。机械作业班应根据施工进度计划确定，并在实施中根据施工进度情况随时调整，以保证按时完成施工任务。机械作业班制可分为单班制、双班制和三班制，在一般情况下，以采用双班制效率较高。

c.配备维修力量。根据机械数量及作业班次配备相应的维修力量。机械数量较多的施工现场应设置维修所，维修人员一般为操作人员的 1/4~1/3，工种应根据需要配备，维修机具也应尽量配套。

I.机械施工计划的协调

在机械施工计划中，有总的施工进度计划、短期（月、旬、日）施工作业计划、各工序（或流水作业）之间的机械协作计划、机械保养修理计划物资供应计划等，这些计划互相联系、互相制约，只要一个计划执行不好，就会影响整个施工进度计划的完成。现场管理就是要根据机械施工的特点，注意各种计划的执行情况及有关信息，发现某计划失调或不平衡时应及时采取措施进行协调，并注意以下几点：

a. 机械施工进度计划和维修计划的协调。在编制机械施工进度计划时，应考虑机械的保养和修理时间，在确定保养和修理日期时，应考虑对施工生产的影响，尽量使保养、修理的停机时间不过分集中；对于施工高潮阶段，保养、修理应穿插进行，保养、修理周期也可适当提前或滞后。总之，应根据施工需要进行合理调节，使机械施工与维修作业基本均衡。

b. 机械施工作业计划和供应计划的协调。机械施工作业计划的执行决定于各项供应计划的实现，为此，应把材料、配件等供应计划统一在施工作业计划中，使机械施工计划有可靠的物质保证。在施工过程中，应随时掌握材料、配件的库存及消耗动态，做出预测及调节措施。如发现计划失调，应立即调整。

c. 机械施工计划应留有余地。机械施工中存在一些不可预见的因素变化（如气候，不明地质以及事故等）需随之调整，因此，机械施工长期计划应留有余地；对于施工短期计划的余地，一般应留在第四季度或年末月份，以利于年度计划的完成并为明年施工做好准备。

J. 机械施工组织调度

机械施工组织调度应以施工计划为依据，对机械施工过程中各阶段、各工序进行组合排列和协调，以达到机械施工的连续和均衡。

全面了解和掌握机械施工进度以及影响进度的有关因素，统筹安排，合理调节，如重点工程的机械、人力和材料应优先安排，保证供给；受气候影响较大的施工项目，应在有利季节组织施工等。

合理组织机械施工必须把空间组织和时间组织结合起来，做出统一的施工组织。如流水作业，可按照工序或机械种类合理布置，要求达到工作面排列系统化、机械运行单向化、作业时间同步化，以缩短机械作业循环时间，提高生产率。

在施工过程中，当某一工序的机械发生故障或某一计划失调时，应从劳动组织或技术综合分析，采取果断措施，进行调度。为此，应广泛收集施工过程中的各种信息措施；还应建立信息反馈系统，提高组织调度效率。为了做好组织调度工作，应有科学的预见性和预防措施，如防洪、防火、防质量事故等。此外，在不影响竣工期的情况下，备留一些工程项目，作为施工淡季时调节备用。

结　语

我国交通行业近年来发展速度很快，这得益于我国经济发展速度的加快，相应的交通行业的发展也会推动我国经济的发展，因此建筑基础设施的建设就显得尤为重要。道路桥梁工程是我国交通基础设施建设中重要的组成部分，我国当前道路桥梁的建设水平有了很大的提升，但是在施工过程中仍然存在一些不足，这给我国道路桥梁工程的施工进度、质量和安全造成了很大的影响，也不利于我国经济和城市的可持续发展。

交通行业的不断发展使道路桥梁工程的运行压力不断增加，因此道路桥梁工程的施工工艺要求很高，而且具有很长的建设周期，施工现场存在大量的施工材料设备以及施工人员，因此增加了施工管理的难度。不仅如此，现代道路桥梁工程涉及众多的专业领域，施工中存在多个施工团队，交叉施工作业的现象比较普遍，很多工程施工管理方法比较单一，无法适应当前的道路桥梁工程建设现状。例如施工材料的管理、机电设备管理，等等，都会有很多的问题。

道路桥梁工程需从多个方面采取相关管理措施来保障工程质量，结合更加先进的信息技术，将工程各个施工阶段的信息与数据汇总并处理，确保工程各个施工环节能够得到更加全面的管控，切实提升工程实际施工效率，为保障道路桥梁工程能够更好满足社会城市化发展要求。道路桥梁工程施工期间，需从质量、技术、成本、安全等各个方面入手，针对道路桥梁工程实际施工要求，对传统工程管理方案进行不断优化。同时，制定出道路桥梁管控标准，从根本上提升道路工程施工人员及管理人员的专业水平，以减少工程质量问题及安全事故发生概率为根本管理目标，确保所制订的管理机制能够在提升工程整体施工水平中发挥出积极作用。道路桥梁工程对我国交通行业的发展至关重要，因此要认识到当前我国道路桥梁工程施工管理中存在的问题，并且根据工程的实际情况采取相应的措施，不断提高我国道路桥梁工程的施工管理水平，从而推动我国交通行业的可持续发展。

参考文献

[1] 朱宁.道路桥梁施工管理中存在的问题及优化措施[J].住宅与房地产,2020(36):158+161.

[2] 张云.道路桥梁施工管理中的问题和解决措施分析[J].工程建设与设计,2020(24):217-218.

[3] 张洪飞.道路桥梁工程施工管理常见问题与措施分析[J].建筑技术开发,2020,47(23):88-89.

[4] 张阳.公路路基和桥梁工程施工中的质量控制[J].智能城市,2020,6(23):99-100.

[5] 曹国辉.道路桥梁工程施工质量管理与控制探析[J].绿色环保建材,2020(12):88-89.

[6] 杨宏.道路桥梁工程造价全过程控制管理方法[J].交通世界,2020(34):160-161.

[7] 王锋.道路桥梁工程施工质量管理与控制措施分析[J].居舍,2020(33):121-122.

[8] 李国兴.道路桥梁施工中的安全管理分析[J].居舍,2020(32):153-154.

[9] 刘运菊.道路与桥梁工程施工质量管理及成本控制研究[J].城市建筑,2020,17(30):188-190.

[10] 马涛.道桥施工管理中存在的问题及对策[J].建筑与预算,2020(09):29-31.

[11] 王欣欣,赵洁,关蕾.道路桥梁工程施工中混凝土施工技术探析[J].散装水泥,2020(04):83-84+86.

[12] 陆全民.道路桥梁施工管理中存在的问题探讨[J].公路交通科技(应用技术版),2020,16(07):86-88.

[13] 邱明君,杨涛.浅谈市政道路桥梁工程施工管理[J].建材发展导向,2020,18(12):79-80.

[14] 刘珂.道路桥梁工程现场施工管理难点和应对策略[J].黑龙江交通科技,2020,43(06):224+226.

[15] 梅雪兵.施工阶段桥梁桩基质量控制研究[J].砖瓦,2020(06):114-115.

[16] 梁万刚.道路桥梁工程建设项目管理的方法及对策研究[J].建材与装饰,2020(15):

277-278.

[17] 史路瑶.道路桥梁工程施工管理存在的不足及应对策略[J].冶金管理,2020(09):190-191.

[18] 梁先吉.桥梁工程施工中混凝土质量控制研究[J].城市建设理论研究(电子版),2020(12):26.

[19] 胡军才.道路桥梁工程现场施工管理[J].智能城市,2020,6(07):111-112.

[20] 吴永钦.道路桥梁工程施工管理现状及对策分析[J].工程建设与设计,2020(07):282-283+286.

[21] 史安宁.浅析道路桥梁建设工程施工管理中存在的问题与解决措施[J].居业,2020(03):165+167.

[22] 费华强.道路桥梁工程的施工管理策略解析[J].建材与装饰,2020(08):267-268.

[23] 仝海军.道路桥梁工程的施工管理及控制措施[J].住宅与房地产,2020(06):161.

[24] 陈大峰.道路桥梁施工技术与管理[J].河南科技,2020(05):99-101.

[25] 吴信运.道路桥梁工程现场施工管理的影响因素及预防[J].住宅与房地产,2020(04):158.

[26] 孙玉进.道路桥梁工程现场施工管理难点和应对策略[J].居舍,2020(02):123.

[27] 马俊.道路桥梁工程中绿色施工技术的应用探讨[J].现代物业(中旬刊),2019(11):211.

[28] 王传荷.道路和桥梁工程施工管理及成本控制分析[J].现代物业(中旬刊),2019(11):98.

[29] 杨耀.道路桥梁工程施工质量管理与控制措施解析[J].地产,2019(21):88.

[30] 陆丽华.加强道路与桥梁现场施工管理的途径探讨[J].住宅与房地产,2019(31):143.

[31] 李超阳.道路桥梁工程施工现场管理办法[J].中国物流与采购,2019(21):79.

[32] 宋呈明.基于道路桥梁工程现场施工管理分析[J].中国住宅设施,2019(10):111-112.

[33] 洪清根.道路与桥梁施工建设管理的技术要点探析[J].河南建材,2019(04):259-260.

[34] 周强.道路桥梁工程施工项目管理关键问题分析[J].智能城市,2019,5(11):158-159.

[35] 王志清.道路与桥梁工程施工的安全管理分析[J].交通世界,2019(10):164-165.